NOUVELLES
CONSTITUTIONS

DE

L'EMPEREUR LÉON AUGUSTE.

J'ai déposé à la Bibliothèque impériale les exemplaires voulus par la loi. Je regarderai comme contrefaits tous les exemplaires qui ne seront pas revêtus de ma signature.

NOUVELLES CONSTITUTIONS

DE

L'EMPEREUR LÉON AUGUSTE,

AYANT POUR OBJET

DE RÉFORMER LA LÉGISLATION ;

Traduites (du grec en latin) PAR HENRY AGYLEUS ;

Traduites en français par M. DUNOYER DE SEGONZAC, Avocat.

A METZ,

CHEZ LAMORT, IMPRIMEUR, RUE DERRIÈRE LE PALAIS.

M. DCCC. XI.

IMPERATORIS LEONIS AUGUSTI

NOVELLÆ CONSTITUTIONES,

AUT, CORRECTORIAE LEGUM REPURGATIONES;

HENRICO AGYLÆO INTERPRETE.

NOUVELLES CONSTITUTIONS

DE L'EMPEREUR LÉON AUGUSTE,

AYANT POUR OBJET DE RÉFORMER LA LÉGISLATION;

TRADUITES (DU GREC EN LATIN) PAR HENRY AGYLEUS.

PRÉAMBULE.

La vicissitude des institutions humaines, l'inconstance et la diversité des états de la vie, ont donné naissance à une multitude de lois, qui, s'étendant par leur nombre à toute espèce de matières, déterminent sur chacune d'elles ce qui est bien et ce qui est mal ; en sorte qu'elles servent à la fois de préservatif et de remède ; car, tandis qu'elles empêchent d'une part que le mal naisse et se propage dans la société, elles réparent de l'autre celui qu'elles n'ont pu prévoir ou prévenir ; elles déracinent en quelque sorte le vice, et s'opposent toujours à ses progrès.

Mais le même cours des choses humaines comme une espèce de flux et reflux, tandis qu'il change et bouleverse toutes les lois et souvent en substitue de mauvaises à celles qu'on avait sagement établies, plonge les autres dans un oubli si profond qu'elles ne sont pas plus connues que si elles n'avaient jamais existé. De cette manière il leur porte à toutes une atteinte également

PROŒMIUM.

Rerum humanarum vicissitudo, vitæque inconstans atque multiformis status, permultis ac omne genus legibus ortum præbuere : quæ leges quia sua multitudine ad quascumque se facilè res protenduunt, quum illas sibi admovent, quidquid rectè aut secus sese habeat, dijudicant. Sunt itaque tanquam custodes quidam vitæ nostræ et medici, dum mala, partim ne oriantur ac in communem vitam promanent, impediunt : partim verò, quæ mala occulta sunt, insinuanterque irrepserunt, eorum noxam corrigunt, ac velut radicitùs vitiositatem evellunt, eamque non sinunt corroborari.

Atqui earumdem humanarum rerum cursus, velutique reciprocus quidam æstus, dum sursum deorsum omnia verlit ac volvit, et multa quæ rectè constituta essent, in pejus commutat, permulta item oblivione obruit, ut perinde ac si in rerum natura visa nunquam essent, incognita sint : non mediocrem illis labem intulit, has profundo silentio tegendo, in illis verò ut inter se dissentiant efficiendo : idque aliâ, dum illi ipsi qui illas intulerunt, in priore sententia ac voluntate non persistunt, verùm sibi ipsi contradicunt : aliàs etiam, dum posteriores modò consuetudine, modò lege illis contraria sustinent, ut hinc confundi leges, nec exiguum rebus mortalium inferri detrimentum contingat, aliis cum aliis commutatis, telorumque instar huc illuc temerè volventibus.

Illas itaque res, ex quarum tranquillo et imperturbato statu salus reipublicæ dependet, in tanta confusione perturbationeque versari, indignum neglectu rati, quàm accuratissima legesinspectione ac consideratione dignati sumus : et quas obtinere conducibile fore animadvertimus, illis selectis, scripto imperatoriæ nostræ majestatis decreto in republica auctoritatem confirmavimus, utque controversias dijudicarent, insuper etiam scivimus : quas verò inutiles judicavimus, harum nonnullas in perpetuum silentium conjectas, decreto et ipsas à legum honore atque ordine exulare jussimus : quarum autem nullam prorsùs mentionem fecimus, has etiam, hoc ipso quòd earum non meminerimus, juxta atque illas in exilium ejecimus. Denique quoniam et inter receptas consuetudines nonnullas ratione non destitui, talesque quales prudens aliquis non contemnat, vidimus, has quoque legis prærogativa honestantes, ex inscriptæ consuetudinis statu ad legis imperium atque honorem eveximus.

Quùm ergo hæc ita à nobis comparata sint, sciat quisque quòd quæ leges per scriptum imperatoriæ nostræ majestatis decretum auctoritatem nactæ, aut quæ consuetudines legis dignitate honoratæ fuerint : hæ et in republica obtinebunt, et controversias in se suspensas habebunt, quæ autem ab illis in contrarium vergunt, aut mentione sempiternam illis taciturnitatem injungente, citrave hanc etiam, ut quæ cum despectis ejusdem conditionis sint, eodem decreto dignæ habitæ sunt : hæ verò dehinc et rejectæ et à republica exules atque extorres erunt.

funeste : il fait tomber celles-ci en désuétude, et fait naitre des contradictions entre celles-là; soit parce que leurs auteurs n'ayant point de volonté constante, ni d'opinions uniformes, se mettent en opposition avec eux-mêmes; soit parce que leurs successeurs laissent introduire des usages ou font des lois contraires à ce qu'ils trouvent établi. Delà nait un inconvénient extrèmement pernicieux : les lois s'embrouillent et se compliquent insensiblement, et il finit par régner entre elles la même confusion qu'entre une foule de traits lancés au hasard.

Or, persuadés qu'il serait honteux de laisser dans un pareil désordre des choses qu'il importe au salut de l'empire d'ordonner et de fixer d'une manière invariable, nous avons jugé à propos de revoir et d'examiner les lois avec le plus grand soin. Après avoir recueilli celles qu'il nous a paru avantageux de conserver, nous avons confirmé leur autorité par un décret, et nous avons ordonné qu'on jugeàt les procès d'après leurs dispositions. Celles au contraire que nous avons cru inutiles, nous avons défendu qu'on les consultàt à l'avenir, et nous les avons rayées du nombre des lois. Quant à celles dont nous n'avons fait aucune mention, nous les avons également abrogées, par cela seul que nous n'avons point pensé à elles. Enfin comme parmi les coutumes que l'usage a confirmées, il en est de fondées en raison et qu'un homme sage doit respecter, nous les avons élevées au rang des lois et leur avons donné la même autorité.

Toutes choses étant ainsi disposées, chacun saura que les lois que nous avons confirmées et les coutumes que nous avons érigées en lois, doivent être observées dans l'état et servir de base à la décision de tous les procès; que toutes celles au contraire qui sont en opposition avec celles-là, soit que nous les ayons formellement abrogées, soit que nous n'en ayons fait aucune mention, doivent avoir un même sort et être à jamais rayées du nombre des lois de l'empire.

CONSTITUTION I.

Que tous les juges doivent décider les contestations d'après les lois que nous avons recueillies, et ne jamais recourir à celles que nous avons abrogées.

Au nom du Christ, notre vrai Dieu, qui a donné des lois salutaires à tout le genre humain; l'empereur César Flavius Léon, pieux, heureux, glorieux, vainqueur, triomphateur, digne de la vénération de tous les siècles, auguste, roi fidelle : à Stylianus, maître très-illustre des fonctions sacrées.

IL fallait que ce Justinien, dont le nom est si célèbre parmi les empereurs , fût animé d'un esprit bien favorable au bonheur de son empire et bien zélé pour sa prospérité , lorsqu'embrassant, malgré leur nombre et leur désordre , toutes les lois qui avaient été faites depuis la naissance de Rome jusqu'à son règne, il tenta de les réunir en un seul corps, et parvint, à force de travail et d'habileté, à consommer cet ouvrage admirable , digne de la reconnaissance de ses peuples. Il concilia les lois qui n'étaient pas d'accord, corrigea celles qui étaient mauvaises, et réunissant toutes celles qui pouvaient assurer le bonheur et la gloire de l'état, il les disposa de manière à présenter un moyen facile et sûr de discerner le juste de l'injuste.

Mais il faut en toutes choses savoir se prescrire de justes bornes. Après être si glorieusement parvenu à ne former qu'un seul corps bien ordonné des matériaux épars et multipliés dont se composait la législation ; après avoir fait disparaître les nombreuses contradictions qui en troublait l'harmonie; après avoir fait un devoir commun à tous les juges de rendre leurs décisions d'après ce nouveau corps de droit, et , en conciliant leurs opinions

CONSTITUTIO I.

Quod unumquemque, qui judicandi prærogativam acceperit, quemadmodum legalium capitulorum à nobis habitus delectus statuerit, dirimere controversias oporteat : quae verò inter reprobata habita sunt, uti ex illis nulla litis ambiguitas dijudicetur.

In nomine ejus qui universo humano generi salutares leges tulit , Christi veri Dei nostri, imperator Cæsar Flavius Leo, pius , felix , inclytus , victor , triumphator , omni ævo venerabilis , augustus , fidelis rex : Styliano illustrissimo sacrorum officiorum magistro.

CELEBERRIMI ille inter imperatores nominis Justinianus, quùm animo esset erga rempublicam et optimo, et ejus utilitatum studiosissimo velut sylvam quandam , constitutiones in Romano Imperio inde ab initio usque ad suam ætatem diversis temporibus editas accipiens, quo benè de republica mereretur , industria et laboribus suis opus admiratione dignum, universarum nempe legum illam incorporationem, summa cum contentione efficere est conatus. Si quid contrarium aut inconveniens appareret, repurgavit : ex quibus verò compositum reipublicæ ac decorum statum exiturum crederet, hæc in unum contexit, atque velut in artem aliquam informavit, quasique in una justitiæ libra, à qua justum à diverso et injusto discerneretur, constituit et collocavit.

Atqui, ut constat, ubique est pulcherrimum, *ut ne quid nimis.* Quùm namque in multas partes divisam legum substantiam ac materiam in unum corpus tanta cum laude coagmentasset, præterea etiam quæ legalis regiminis ordinem ac convenientiam sæpenumero labefactarent, in concordiam redegisset : itaque quòd ad hæc sola omnes sententiæ ferendæ essent, in unum consensum judices compulisset, eosque ad pacificè judicandum, legalibus capitulis in

I *

tranquillo et ab omni contentione libero statu constitutis, inter se conciliasset; his ille non contentus, sed præstantiùs quippiam in reipublicæ gratiam postmodum conficere cogitans, imprudens iis quæ postea statuit, primum opus evertit : neque alterum vituperationi non obnoxium fecit, cùm ex posteriore ipsius instituto non paucæ adversus priùs suscitatæ contradictiones et controversiæ sint. Atque ad hunc sané modum ipse Justinianus à seipso vitium passus est.

Certé quidem cùm usque ad hodiernum diem nunc ex recentioribus sanctionibus, nunc ex inscriptis, et non aliunde quàm quod multitudini placeant, auctoritatem præ se ferentibus consuetudinibus, permulta ab illo tempore innovata sint : parum abest, quin res legalis prorsùs turbata confusaque sit, et communis vitæ negotia sursum deorsum subsultim ferantur. Quapropter quùm siquid aliud, hoc certé quod opitulatrice nostra industria et cura necessariò potiatur, dignum sit tractatum insuper, et consuetudinibus quæ ad rerum gubernationem devenissent diligenter excussis, legum inter se contradictionem sustulimus : quicquid adversarium et ad præsentem rerum constitutionem rationemque illicitum esset , huic legalem auctoritatem abrogantes : quæcumque verò consuetudines non malé neque noxié de rebus constituere viderentur, has non amplius inscriptas et neglectas consuetudines manere sinimus, sed ad legis vim ac potestatem extulimus : alicubi autem et ad sævitiam quiddamque præfractiùs spectantem, ac ceu justitiæ penitùs oblitam legem , ad suum decentemque modum legibus debita cum æquabilitate contraximus.

His itaque hoc pacto dispositis et constitutis, omnibus quibus justitiæ trutinæ commissæ sunt, et magistratibus et judicibus mandamus, ut quæ leges ab imperatoria nostra majestate à legali solo exulare jussæ sunt, has inutiles judicantes, dehinc in omne ævum rejici sinant : secundùm reliquas verò scriptas atque veteres , et quæ haud ita pridem à sempiternæ memoriæ patre nostro, atque nunc à nobis selectæ aut latæ sunt, controversiis dijudicationes suppeditent, neminique posthac

par de sages réglemens, s'être assuré qu'ils jugeraient paisiblement et de sang froid ; non content de ces résultats, et se flattant de mieux faire encore pour le bonheur de l'empire, il eut l'imprudence de créer de nouvelles lois qui ruinèrent son premier ouvrage ; et dans ce second travail, également condamnable par les controverses qu'il suscita et les contradictions qu'il offrait avec le premier , il compromit luimême sa gloire.

Or , depuis cette époque il s'est introduit tant de changemens dans la législation , soit par des lois nouvelles , soit par des usages qui ne doivent leur autorité qu'au suffrage de la multitude, qu'il s'en faut peu qu'il n'y règne autant d'incertitude et de désordre qu'auparavant, et que tous les intérêts de la société ne soient de nouveau confondus. C'est pourquoi , en même tems que nous sommes dignement occupés de beaucoup d'autres choses, portant une attention particulière sur cet objet, qui ne pouvait se passer de nos soins et de nos lumières , et discutant attentivement les coutumes qui se sont introduites sur diverses matières, nous avons cherché à concilier les lois qui se trouvaient en opposition, en abrogeant toutes celles qui pouvaient s'opposer à ce but. Quant aux usages que nous n'avons trouvés ni pernicieux ni déraisonnables , nous avons ordonné qu'ils fussent rédigés par écrit et leur avons donné force de loi. Enfin , lorsque certaines lois nous ont paru trop sévères ou même cruelles et tout-à-fait contraires à la justice, modifiant leurs dispositions avec sagesse, nous ne leur avons laissé que le dégré de rigueur convenable.

Toutes ces choses étant ainsi disposées et fixées, nous faisons savoir à tous juges et magistrats qu'ils doivent considérer à jamais comme nulles, et rejetter en cette qualité toutes les lois que nous avons abrogées ; qu'au contraire, ils doivent puiser toutes leurs décisions dans celles qui ont été faites ou recueillies d'abord par notre père, d'éternelle mémoire , et ensuite par nous ; sans qu'il soit permis à personne après cela de recourir à des lois que nous aurions abrogées, ou à des coutumes que nous n'aurions pas érigées en lois, malgré le privilège dont elles jouissaient comme usages.

ad aliquam à legali auctoritate exterminatam juris speciem declinare, neque ad consuetudinem quampiam, quæ accepta prærogativa pro eo quod consuetudo esset ac diceretur, ad legis majestatem et honorem à potentia nostra subjecta non sit, recurrere permittatur.

CONSTITUTION II.

Que celui qui d'ailleurs est reconnu digne de remplir les fonctions épiscopales, peut être revêtu de cette dignité, quoiqu'il ait des enfans d'un légitime mariage.

OU BIEN,

Que des enfans légitimes ne sont point pour leur père une cause d'exclusion des fonctions épiscopales, s'il est d'ailleurs digne de les remplir.

Le même empereur à Stéphane, très-saint archevêque de Constantinople, et patriarche universel.

LORSQUE les divins canons et les autres réglemens relatifs au sacerdoce ont été faits de la meilleure manière possible (et l'on sent bien qu'ils doivent être parfaits, puisque leurs auteurs ont été inspirés par l'esprit divin), il y a lieu de s'étonner qu'on ait osé les considérer comme des lois imparfaites, et qu'on se soit permis d'en établir de contraires. Tandis qu'ils statuaient relativement à la nomination des évêques que celui qui a des enfans issus d'un légitime mariage peut néanmoins être promu aux premières dignités du sacerdoce, si d'ailleurs sa conduite n'offre rien qui l'en doive exclure, on a décidé tout le contraire par des réglemens postérieurs, dans la crainte, à ce qu'il paraît, car on ne peut pas donner un autre motif à cette disposition, que dans le cas où l'on éleverait à l'épiscopat un individu qui aurait des enfans, sa tendresse ne le portât à dépenser pour eux les biens de l'église. Mais c'est-là une fort mauvaise raison; car il en résulte-

CONSTITUTIO II.

Ut qui caetera secundùm sacros divinosque canones episcopali dignitate dignus esse probatur, si liberi ex legitimo matrimonio illi sint, ob illos in consequendo honore nullum impedimentum sentiat.

ALITER,

Ut qui alioqui principe sacerdotio dignus est, si legitimi illi liberi sint, non impediatur illum consequi.

Idem imperator Stephano sanctissimo Constantinopol. archiepiscopo, et patriarchæ universali.

CUM sacrosancti divinique canones, et quicunque alii de sacerdotio ac episcoporum creatione statuere, in optimum numerisque omnibus plenum editi sint modum (et quidem quomodo illi non exactè perfectèque editi sint, quùm divina inspiratio in auctoribus efficaciter operata sit?) mirari subit, quomodo non veriti nonnulli sint, sacras divinasque leges tanquam illæ absolutæ non essent, promulgatis aliis legibus abrogare. Etenim quùm sacri canones, quibus locis de episcoporum creatione præscribunt, statuant, eum qui ex legitimo matrimonio liberos habeat, si modò in reliqua vitæ ratione nihil impedimenti sit, ad primarium sacerdotium promoveri posse: hi in contrarium statuentes aiunt, ut ii qui liberos habent, tametsi legitimi conjugii munus sint, ad episcopalem dignitatem evadant, suo impedimento vacare. Quod ideò fortasse in animum induxerunt, quod istiusmodi affectione quadam erga liberos (quid enim quis aliud dicat?) sacras facultates oblæsurus videatur. Verùm non rectè sese illa ratio habet. Sic namque nec fratribus aliisve cognatis superstitibus accessum quisquam ad episcopatum haberet : si quidem et ad hos sanguinis propinquitatisque affectio respicit. Quin et hoc prævidentes divini canones fecerunt episcopis potestatem, ut si ipsis pauperes cognati essent, illorum inopiam ex sacris facultatibus sublevarent.

Nostra igitur imperatoria quæ ex Deo est majestas, si mandatis divinis insistatur, id longè convenientiùs fore animadvertens, consonam illis profert legem : ut quemadmodum ipsis videtur ad primarium sacerdotium promoveri posse, qui illo honore alioqui dignus sit, tametsi liberi ipsi lege tamen honorati sint; id ita liceat : et ita quidem censent, ut à lege quæ contradicere ausa fuit, in audaciæ pœnam perpetuum in futurum exigatur silentium.

rait que l'on ne pourrait point être nommé évêque toutes les fois qu'on aurait des frères ou d'autres parens existans, puisque les liens par lesquels on leur est attaché devraient inspirer les mêmes craintes. D'ailleurs les divins canons avaient prévu cet abus, et loin de chercher à le prévenir, ils avaient permis aux évêques qui auraient des parens pauvres de prendre sur leurs bénéfices pour soulager leur indigence.

Ainsi fidelles aux ordres de Dieu de qui nous tenons notre puissance, et jugeant très-convenable ce qu'avaient établi les anciens canons, nous décidons, conformément à leurs dispositions, et en abrogeant tout ce qu'on a osé faire de contraire, que celui qui d'ailleurs sera reconnu digne des honneurs de l'épiscopat, n'en sera point exclus parce qu'il aurait des enfans.

CONSTITUTIO III.

Ut qui sacerdotes creandi sunt secundùm ecclesiæ ritus, ea lege creentur, ut omnem deinceps vitam cœlibem agant : aut si matrimonium contrahere velint, priùs id faciant, ac deinde ad creationem procedant.

ALITER,

Quod ante ineundum sacerdotium matrimonium contrahi debeat.

Idem imperator Stephano sanctissimo Constantinopol. archiepiscopo, et patriarchæ universali.

Cum decenter inde ab initio de iis qui faciendis Deo sacris digni essent, ecclesiasticus ordo constituerit, non rectè (meo quidem judicio) qui præsentis temporis consuetudinem sequuntur, interdùm ecclesiasticam traditionem contemnunt. Nam ubi illa mandat, ut qui creandi sacerdotes sunt, aut per omnem vitam, si promissum non falsum fore fidant : cælibatum voveant; aut si illum servare impossibile ipsis vi-

CONSTITUTION III.

Qu'on ne peut être ordonné prêtre qu'à condition de vivre dans le célibat, conformément aux rites de l'église; et que, si l'on veut se marier, on doit le faire avant de recevoir l'ordination.

OU BIEN,

Qu'on ne peut se marier qu'avant d'entrer dans le sacerdoce.

Le même empereur à Stéphane, très-saint archevêque de Constantinople, et patriarche universel.

Puisqu'on a fixé d'une manière convenable, dès l'origine de l'église, ce qui concerne les personnes qui se destinent au sacerdoce, je ne saurais approuver ceux qui suivent les nouveaux usages à cet égard, au mépris des anciennes traditions ecclésiastiques. Tandis qu'il est établi, d'après celles-ci, qu'en recevant les ordres sacrés, on doit promettre de vivre toujours dans le célibat si l'on croit pouvoir remplir ce vœu, ou bien, si l'on craint de le violer, se marier d'abord et recevoir ensuite l'ordination ; l'usage qui prévaut aujourd'hui exige au contraire qu'on reçoive les ordres sacrés avant le mariage, et laisse ensuite, pendant deux ans, la faculté de se marier. Or comme cela nous paraît fort peu décent, nous ordonnons de conférer l'ordination, à l'avenir, d'après les anciens rites de l'église qui nous ont été transmis par tradition ; car il est honteux de céder à la corruption des sens après s'être consacré aux fonctions pures du sacerdoce ; et il convient beaucoup mieux, au contraire, de s'élever à ce divin ministère pour se mettre au-dessus de toute affection grossière et charnelle.

deatur, legitimum matrimonium ineant, ac deinde divinum ministerium suscipiant : consuetudo quæ in præsenti obtinet, iis, quibus matrimonio conjugi in animo est, concedit ut antequam uxorem duxerint, sacerdotes fieri possint, et deinde biennium ad perficiendam voluntatem jungi matrimonio volenti præstituit. Id igitur quia indecorum esse videmus, jubemus ut ad vetus ecclesiæ et antiquitatis traditum præscriptum dehinc creationes procedant. Neque enim dignum est, ut qui spirituali assensu supra corporis abjectionem et sordes evecti sunt, hi rursum ad carnis sordes delabantur : sed è diverso, ut divinum ministerium ex corporis sordibus tanquam in alium aliquem gradum conscendat, convenientius fuerit.

CONSTITUTION IV.

Que non-seulement les prêtres attachés à des églises générales, mais encore ceux qui desservent des églises particulières, peuvent, s'ils sont appelés pour cela, célébrer les divins mystères et faire toutes les cérémonies du culte dans un temple privé.

Le même empereur à Stéphane, très-saint archevêque de Constantinople, et patriarche universel.

LES anciens ont établi que les prêtres attachés à des églises générales pourraient seuls célébrer le divin sacrifice et faire communier les fidèles dans des chapelles particulières ; mais que ceux qui desservent d'autres églises quelconques et qui mènent en quelque sorte une vie privée ne pourraient y faire aucun office religieux. Il paraît qu'ils ont fait ce règlement pour la conservation de la foi, et qu'ils ont voulu éviter, comme on peut le conjecturer, que des prêtres qui auraient abjuré leur état et qui cacheraient cette coupable défection, dans des vues criminelles, ne parvinssent insensiblement à corrompre les fidèles chez qui ils seraient appelés. Le but de cette précaution était sans doute très-louable,

CONSTITUTIO IV.

Ut non modo universalis ecclesiæ sacerdotes, verùm etiam qui ad quamcumque sacram aedem pertinent, si in hoc vocentur, licitè sacra mysteria exponere divinumque cultum celebrare domi privatae possint.

Idem imperator Stephano sanctissimo Constantinopol. archiepiscopo, et patriarchæ universali.

PLACUIT veteribus, ut quæ sacrificia et communiones in privatis ædibus fiunt, ab illis sacerdotibus, qui ad generales ecclesias pertinent, solis celebrentur : ab illis verò qui alicui alii sacræ ædi addicti deserviunt, privatoque vitæ in statu sunt, ut nullum neque officium neque sacrificium perficiatur. Atque hoc quidem ut statuerent, religionis conservandæ causa in mentem illis venisse videtur, quo videlicet (ut conjicere est) dum nonnulli sacerdotii prætextu lethale defectionis malum tegunt, usu non veniat, uti qui profanati sacrificii participes fuerint, longè magis contaminentur quàm expientur. Qui profectò eorum qui istiusmodi religioni cautionem excogitarunt, propositus finis hoc ipso

nomine quod sacrosanctæ fidei stabilimen-
tum adinvenerint, simul laudabilis, simul
commendatione diguus est. Verumtamen
quatenus se firmitatem allaturos existima-
runt, eatenus illam ex lege promanasse
atque se extendisse non videas. E diverso
verò subinde illam ipsam legem religiosis
et divinis ministeriis operam navantibus
etiam adversari conspicitur. Ut autem
pollutus sacerdos, qui notus non est, pol-
lutæ suæ inquinationis aliquem participem
faciat, verisimile fortasse est aliquando id
evenire : verùm non ita ut semper et om-
nino tale quiddam contingat. Quis enim
animo tam facili est, tamque omnia pro-
miscua habet, ut quem non norit sacerdotem, neque cujus religionis neque quibus
moribus sit, hunc ad sacrificandum advo-
cet? Rursum verò qui defectionem moliuntur, remque sacram profanantes faciunt, ne illi cum alienis ab impietate
conventus agere non velint. Ut inde stabiliri lex videtur, non inde quemadmodum
existimatum sit, stabiliatur. Tum et religiosis in multis utilitatibus consequendis
eadem impedimento esse comperitur. Siquidem cum divina gratia in omnibus ferè
omnium non modò potentiorum, verùm
etiam tenuiorum domibus sacraria Deo
erecta sint, et verò sumptus reliquaque ad
rem familiarem necessaria sacerdotibus ab
omnibus similiter suppeditari non possint :
evenit propter legem, ut, quemadmodum
dixi, qui tenuiores sunt quàm ut privatim
sacerdotes suscipere possint, persæpe divinorum mysteriorum expertes maneant,
et sacra delubra , quæ in illis sacrificia
fieri debeant, his defraudentur. Quin verisimile etiam est, nonnunquam defunctorum memoria instante ob defectum sacerdotis præsentem memoriæ diem nullo facto
sacrificio elabi, ut inde et qui hic vivunt,
et quos altera vita tenet, utrisque non
exiguum damnum obveniat.

Statuimus igitur , ut non solùm generalis ecclesiæ sacerdotes, sed etiam qui ad
quamcumque aliam sacerdotum domum
pertinent, quibuscumque cujusque domus
dominis accersitis accessum ad sacra ora-
toria, et sacrarum rerum functionem dare
voluerit, in quibuslibet ædibus sacrifi-
candi, Deique arcana enarrandi facultatem
habeant.

puisqu'on l'avait prise dans l'intérêt de la
foi. Cependant on ne voit pas qu'elle fût
aussi propre à l'affermir qu'on se l'était
persuadé ; et il est évident au contraire
qu'elle affaiblissait son plus ferme appui en
nuisant à l'exercice du culte divin. Il n'est
pas impossible, à la vérité, qu'un prêtre
dont on ne connaît pas la dépravation,
parvienne à corrompre les personnes qui
l'attirent chez elles ; mais cela doit arriver
très-rarement : car il est peu de fidelles
assez insoucians ou assez légers pour invi-
ter des prêtres, dont ils ne connaîtraient
ni les mœurs ni les principes religieux, à
venir célébrer chez eux les cérémonies du
culte. D'ailleurs le prêtre apostat qui ose
profaner la religion, évite de se trouver
parmi ceux que l'impiété révolte. Ainsi
le réglement qu'avaient fait les anciens ne
remplit point l'objet qu'ils s'étaient pro-
posé. D'un autre côté, il tend à priver
un grand nombre de fidelles des secours
de la religion; car comme, par la grace
de Dieu, les plus opulens ainsi que les plus
pauvres de nos sujets ont tous des chapelles
chez eux, mais que d'ailleurs tous ne sont
pas assez riches pour avoir un aumônier
particulier et lui fournir les ornemens et
les autres choses qui lui sont habituelle-
ment nécessaires, il en résulte que les plus
pauvres ne peuvent pas jouir de la célébration des divins mystères, et qu'en même
tems leurs chapelles ne servent pas à l'u-
sage auquel elles avaient été consacrées.
Bien plus, il peut arriver que lorsque la
mémoire d'une personne décédée réclame
de promptes prières, on laisse, à défaut
de prêtres, passer le jour où l'on devait
les faire sans avoir rempli ce devoir, chose
qui n'est pas moins funeste pour les vivans
que pour les morts.

Ainsi nous décidons que non-seulement
les prêtres attachés à des églises générales,
mais encore ceux qui desservent toute autre église quelconque peuvent, sur l'invi-
tation des fidelles, aller célébrer les divins
mystères et faire tous les offices religieux
dans leurs oratoires particuliers.

CONSTITUTION

CONSTITUTION V.

Que ceux qui possèdent des biens après être entrés dans un ordre religieux, peuvent en disposer en partie par testament : que si en y entrant ils y ont apporté quelque chose, leur testament peut comprendre tout ce qu'ils ont acquis par la suite ; mais que s'ils n'y ont rien apporté, il ne peut comprendre que les deux tiers de ce qu'ils ont acquis, et que le tiers restant appartient au monastère.

OU BIEN,

Que les moines peuvent faire des dispositions testamentaires sur les biens qu'ils ont acquis.

Le même empereur à Stéphane, très-saint archevêque de Constantinople, et patriarche universel.

O VOUS, que le principe de toute lumière a placé dans le vaste firmament de l'église comme un astre divin qui doit éclairer le monde ! vous m'avez souvent fait part, de concert avec de pieux évêques, de l'incertitude où vous étiez sur la question de savoir si l'on devait laisser ou ôter aux moines la propriété des biens qu'ils avaient acquis après avoir embrassé la vie religieuse ; vous m'avez, dis-je, pressé plusieurs fois, dans votre incertitude, d'examiner avec vous cette question embarrassante, dont les doutes, comme un nuage, obscurcissent les lumières de la raison, sans lesquelles on ne peut la résoudre clairement. Toujours pénétré de vénération pour vos dignités sacerdotales, je vais m'occuper de satisfaire à votre demande.

Et d'abord, rappellons ici ce qu'avaient *Novelles de Léon.*

CONSTITUTIO V.

Ne quibus, postquam monasticæ vitæ institutum subierint, facultates suppetunt, in universum hi de illis testari prohibeantur : sed ut si, quo tempore monasterium adierunt, in id quidpiam contulerint, in illorum potestate sit, ut quemadmodum velint de iis quæ sibi postmodum pararunt, in plenum assem etiam testamentum condant. Si verò nihil ab initio intulerint, tum ut de besse statuendi facultatem habeant : monasterium autem alteram partem sive trientem accipiat.

ALITER,

Ut monachus de acquisitis testari possit.

Idem Imperator Stephano sanctissimo Constantinopol. archiepiscopo, et patriarchæ universali.

QUONIAM de monachorum bonis quæ post susceptam vitam monasticam coacervassent, persæpè nobis unà cum Dei amantissimis sub te primariis sacerdotibus dubitare te (ò divinum, et, ut mundo præluceas, in magno ecclesiæ firmamento à principe lumine collocatum lumen) dixisti, an constitutione facta monachos istiusmodi bonorum dominos designari oporteret, an verò ipsos ab illorum dominio arceri conveniret : nimirum quòd tanquam nubes, quæ istinc ambiguitas existit, rationis radios, quominus perspicuè ea res dijudicari possit, subeat et offuscet : quoniam, inquam, de hoc dubitantes variis nos postulationibus ad hujus rei considerationem unà vobiscum suscipiendam hortati estis : nos, ut in aliis, ita et hic sacerdotalem tuam dignitatem venerantes, ad satisfactionem petitionis tuæ accingimur.

Ac illa quidem primùm à nobis dicantur, quæ à veteribus de illis qui se jam in monasticam rempublicam adscribi volunt, constituta sunt : illis nempe de rebus suis priùs testandum esse, ac deinde ad concupitum vitæ institutum procedendum, nec dispositionem rerum suarum vitæ mutatione anticipandam. Nam si hoc ita evenisse constet, non ampliùs ipsis jam tonsis ut de rebus suis quicquam statuant permittendum esse : omnemque substantiam, in qua ecclesia tonsi sunt, illi cessuram. Quod sanè de iis qui vitam monasticam jam subierint, decretum (extra quam si liberi qui hæreditatem petant, supersint) et optimum, et ita ut nemo possit melius, constitutum est : tum nec addi nec adimi illi quicquam queat. Etenim qui ante mutatam vitæ rationem, quàm bonorum dispositionem in arbitrio suo positam haberet, de iis statuere noluerit : meritò postmodum id facere prohibetur, ut qui se ipse in has angustias conjecerit. Propterea enim quòd cùm licitum ipsi esset prædisponere res suas testamento noluerit, ejus postea faciendi facultatem, tanquam ab ipso damnatam, sibi adimi, id verò jure longè optimo sustinet. Cæteroquin etiam, quomodo non absurdum fuerit, si qui se ab hujus vitæ curis sejunxerit, illarum adhuc onus sufferat, indeque promananté molestia prematur? Liberos igitur qui in monachorum numerum adscriptus est, quemadmodum dixi, quando non habet, non profectò hoc decretum decreto alteri cedat. At si liberi supersint (non enim tunc illos propter parentis silentium damno affici fas esset) non omninò testamenti ordinationem monachicus habitus impediat : sed manifestum est quòd de liberorum portionibus testari poterit, quæ illis æquabili legitimaque divisione attribuentur. Quæ verò pars ad ipsum respicit, in ea testamenti factio deficiat : quippe quæ integra ad monasterium pertineat. Cæterùm si mors etiam, ut multi sunt rerum humanarum casus, subitò perveniens rerum distributionem intercipiat, neque tunc quidem quæ liberis succurrat dispositio omninò conticebit ; sed secundùm dictum modum, quæ ad illos pertinent legitimo ipsis jure separabuntur : residuum autem involabit monasterium.

établi les anciens à l'égard de ceux qui veulent entrer dans une communauté religieuse. Ils avaient décidé qu'ayant de se soumettre à la règle sous laquelle ils désiraient vivre, ils devaient disposer de tous leurs biens par testament ; que lorsque cet acte n'aurait pas précédé leur changement d'état, il ne leur serait plus permis de le faire, et qu'alors tout ce qu'ils auraient serait dévolu à l'église dans laquelle ils auraient été tonsurés. Ce réglement (hors des cas où ceux qui se destinaient à la vie monacale laissaient des enfans pour héritiers), était si excellent qu'il serait impossible de mieux faire, et qu'alors on ne doit rien y changer. En effet, celui qui pouvant disposer de ses biens avant son changement d'état, en a changé sans user de cette faculté, peut alors en être privé avec raison, puisqu'il s'est mis lui-même dans l'impuissance d'en jouir ; il est en quelque sorte censé y avoir renoncé, et le droit le plus rigoureux ne s'oppose plus à ce qu'il en soit dépouillé. D'ailleurs, puisqu'il a voulu s'affranchir des soins de ce monde, il serait absurde qu'il en supportât encore le fardeau et en ressentit les sollicitudes. En conséquence nous ne croyons pas devoir changer les anciens réglemens à l'égard de celui qui se destine à la vie religieuse, pour tous les cas où il n'a point d'enfans, ainsi que nous venons de le dire. Mais comme, dans le cas où il en aurait, il ne serait pas juste qu'ils souffrissent du silence de leur père, il doit conserver en partie, malgré son état, la faculté de tester, et il n'est pas douteux qu'il peut disposer en leur faveur de la partie de ses biens à laquelle ils peuvent prétendre, laquelle il doit diviser entr'eux par portions égales ; mais il ne peut pas également disposer de celle qui lui revient, elle est acquise en entier au monastère. Toutefois si la mort, comme cela peut arriver, venant le surprendre tout-à-coup, l'empêche de faire ce partage entre ses enfans, les dispositions qu'il a faites en leur faveur doivent avoir néanmoins tout leur effet ; et alors, comme nous venons de le dire, on divise entr'eux également ce qui leur revient, et le reste passe au monastère.

Voilà pour les biens qu'on posséderait avant d'embrasser la vie religieuse. Quant à ceux qu'on aurait acquis après l'avoir embrassée, et sur lesquels votre sainteté veut avoir notre décision, nous croyons qu'il faut les distinguer avec soin de ceux qu'on aurait eus antérieurement. Car de ce qu'un religieux ne peut disposer de ceux-ci qu'avant d'entrer dans son couvent, il ne s'ensuit pas qu'il ne puisse disposer de ceux-là après y être entré. S'il ne peut plus alors disposer des prémiers, c'est qu'il s'est ôté cette faculté en n'en usant pas dans le tems où il le pouvait; mais la même raison n'existe pas à l'égard des seconds. D'ailleurs, de ce qu'on est moine, il ne s'ensuit pas qu'on ne puisse rien acquérir que pour le monastère, et je ne sais pas même si une pareille décision serait conforme à l'esprit des ordres religieux. Il ne convient point que ceux qui font profession de mépriser les richesses les appréhendent avec tant de cupidité et se les approprient sur de vains titres. Ensuite il peut se faire qu'un moine ait des parens ou des amis dans l'indigence, et alors il serait également honteux et inhumain que ses confrères, au lieu de leur accorder des secours sur les biens de leur parent ou de leur ami, retinssent tout pour eux et les repoussassent comme des étrangers, semblables à ces hommes voraces que nous voyons dans un repas ne vouloir rien laisser à leurs convives. Enfin un religieux qui n'aurait rien en propre ne pourrait ni donner la liberté à son esclave, ni soulager les besoins du pauvre, en un mot exercer envers qui que ce fût aucun acte de bienfaisance. D'après ces considérations, nous décidons que ceux qui en entrant dans un monastère y ont apporté quelque chose, peuvent disposer à leur gré de tous les biens qu'ils ont acquis par la suite; que ceux au contraire qui n'y ont rien apporté, ne peuvent disposer que des deux tiers des mêmes biens, et que le tiers restant doit passer au monastère. Telle est notre décision sur la question que vous nous avez soumise. Nous invitons votre sainteté à la faire connaître à tous ses archevêques, et de leur donner des ordres pour qu'ils en instruisent les évêques suffragans de leurs métropoles respectives,

Atque hæc quidem de hisce facultatibus, quas ante susceptam vitam monasticam habuerit quisquam. Verùm de quo paterna vestra beatitudo prodire decretum petiit (de iis nimirùm rebus quæ post monasticæ vitæ susceptionem accesserunt) de eo hoc statuimus, ut inde ab eo tempore ex quo monasticæ vitæ rationem susceperit, consideratione procedente, quæ postmodum ab ipso comparata sunt discernantur. Non enim quòd qui à profana vita ad monasticam transit, nisi priùs testetur : testandi postmodum facultate privatur : ideo et de iis quæ postmodum conquisierit, quicquam statuere in universum prohibeatur. Illic namque jure testamenti factione privatur : quia quùm ipsi in profano statu res adhuc tractanti, aliquid constituere integrum esset, eo ipso quod id non fecerit, se ipse in has angustias circumcluserit : hic verò nihil simile est ut quisquam aut à seipso, aut ab alio prohibeatur. Quòd si quis dicat, hoc solo nomine quod monachus sit, monasterium omnia esse percepturum : haud scio, si istiusmodi, quæ monachos deceant, statuat. Primùm enim an qui homines opum contemptum professi sunt, hos ita illas amplecti, ac quacunque ratione retinere convenit? Deinde sint alicui cognati pauperes, alioquive noti, qui consolatrice manu indigeant : quomodo non ab omni humanitate alienum, nullo illos ex cognati rebus sublevamine dignari, tanquam non modò peregrinos, sed et cognatos amicosque propellere, atque omnia ad se trahere monachis decorum sit ? Quemadmodum helluones voracesque homines nullam omninò partem aliis qui unà accumbunt relinquere velle videmus. Neque enim servus servitutis vinculis liberatur, neque egenus commiseratione potitur, non alius quisquam necessitatibus pressus consolationis fructum invehit, cùm omnes monachi facultates monasterio dantur. Ac propter hoc sanè statuimus, ut si quis, quo tempore monasticam vitam suscepit, ecclesiæ quidpiam consecrarit, illi circa res postmodum comparatas et liberum ratumque judicium sit quomodocumque de illis statuere velit : siu nihil omninò ab initio in monasterium allatum sit, tum ut bifariam substantia dividatur, ita ut una pars in bessem, altera verò in trientem circumscribatur, ac monachus quomodocumque ipsi visum fuerit de besse testamento statuat : triens autem applicetur monasterio. Atque hæc quidem, de quibus requisitis nostra decrevit potentia. Oportebit autem tuam beatitudinem, quæ decreta sunt omnibus sub ipsa Dei amantissimis metropolitanis facere manifesta : et hos similiter sub se constitutis episcopis, illosque quarum curam sortiti sunt ecclesiis ista indicare : quo videlicet et in præsens et in futurum hæc ab omnibus tum cognoscatur, tum hunc ad modum fiant.

afin que ceux-ci la notifient à leur tour aux églises confiées à leurs soins, et que de cette manière elle soit universellement connue et toujours fidellement suivie.

CONSTITUTIO VI.

CONSTITUTION VI.

Ut utrumque tempus tum quod sancta sexta constituit synodus, tum quod decernit divus Basilius, in iis qui monachi fieri statuunt, observetur : et bonorum ejus qui à synodo præstituto tempore monachus fit, dispositio secundùm editam à nobis formam procedat.

Qu'on peut indifféremment se faire moine à l'âge fixé par le sixième concile, ou à celui qu'a déterminé le divin Basile ; mais qu'en le devenant à l'âge fixé par le concile, on doit se conformer, pour la disposition de ses biens, aux règles que nous allons établir.

ALITER,

OU BIEN,

Ut decennis puer in monachorum numerum assumatur.

Qu'un enfant de dix ans peut se faire moine.

Idem imperator Stephano sanctissimo Constantinopol. archiepiscopo, et patriarchæ universali.

Le même empereur à Stéphane, très-saint archevêque de Constantinople, et patriarche universel.

Quo tempore eos qui monasticam vitam subire desiderant re concupita potiri oporteat, id quia non unum atque idem, sed aliud atque aliud à divinis nostris patribus præstitutum sit, ut ad hunc etiam tractatum dijudicandum, et quæ subesse videtur contrarietatem conciliandam me componerem, effectum est. Itaque quæ magnus ille ac admirandus decernit Basilius (ut videlicet qui monachicum habitum ambiunt, decimosexto primùm aut decimoseptimo ætatis anno digni illo habeantur) quæque sancta sexta mandata synodus, anno decimo, qui istiusmodi vitam capesserent, suscipiendos esse monens : hæc cum sanctissimo patriarcha Deique amantissimis

Nous nous sommes proposés d'éclaircir et de concilier les divers réglemens des saints pères sur la fixation de l'âge auquel on doit permettre de se faire moines aux jeunes gens qui ont cette vocation. En conséquence, examinant à la fois, avec votre sainteté et ses pieux archevêques, l'opinion du grand et admirable Basile, qu'on ne peut être reçu dans un ordre religieux qu'à seize ou dix-sept ans, et la décision du sixième concile qu'on peut y entrer à dix, nous avons approuvé l'une et l'autre, et décidé qu'on y serait également admissible à chacun de ces âges. Quant à la faculté de disposer de ses biens, nous avons décidé spécialement que celui qui prendrait l'habit religieux à seize ou dix-sept ans pourrait en user à son gré ; car nous ne doutons pas que le grand Basile n'ait déterminé cet âge afin qu'il ne fût point un obstacle à l'exercice de cette faculté. Pour celui qui voudrait prononcer ses vœux à dix ans, nous ne voulons point qu'il trouve d'obstacle à cet heureux dessein ; car c'est évidemment pour le favoriser que le sacré concile a avancé l'âge auquel il pourrait l'accomplir, mais en même tems néanmoins nous ne lui accordons pas la faculté de tester, et nous décidons qu'il n'en pourra jouir que lorsqu'il aura l'âge requis pour cela. S'il meurt avant de l'avoir atteint, nous disposons pour lui que tous ses esclaves recouvreront la liberté et que ses biens seront divisés en trois parts égales, dont l'une sera dévolue à ses parens et les deux autres au monastère. S'il n'a point laissé de parens le tout restera au monastère.

metropolitanis diligenter expendentes, neutram sacrarum legum diximus esse contemnendam : sed contra ad utrumcunque tempus religioso habitu qui illum sumere cupiunt dignos haberi jubemus. De bonorum autem dispositione peculiarem sententiam prounciavimus, ut nempe qui sextodecimo aut decimoseptimo tonderi voluerit, de rebus suis quomodo velit, statuere possit. Existimo enim propterea etiam magnum illum Basilium hoc tempus hujusmodi actioni tribuisse, quod ad id legitimæ ætatis requisitio ad statuendum de rebus suis impedimento non sit. Qui verò decimo anno in monasticæ vitæ sanctimoniam mutato statu transire in animo habeat, ut neque huic salutaris conatus impedimentum aliquod obviet (hoc enim, ut videtur, et sacra synodus intelligens, ac volens, tempus quo vitam monasticam adire esset ampliavit) ne tamen is quomodo istiusmodi vitam ineundi, sic etiam de rebus suis testandi facultatem accipiat : sed donec illud tempus, quo legitimam plenamque ad testandum ætas potestatem capit, advenerit, à disponendis rebus inhibeatur. Quòd si, ut sunt res humanæ, ante illius temporis completionem è vita excesserit, servi ejus omnes à servitute liberentur : reliqua verò bona bifariam dividantur in bessem et trientem : ac bessem quidem monasterium auferat, triens autem defuncti cognatis detur. Quorum si nulli supererunt : quò bes processit, eò triens quoque abeat.

CONSTITUTION VII.

Que le clerc insensé qui ose quitter l'habit religieux pour prendre l'habit profane, doit être contraint à reprendre le premier.

OU BIEN,

Qu'après avoir embrassé la vie religieuse, on ne peut plus rentrer dans la vie séculière.

Le même empereur à Stéphane, très-saint archevêque de Constantinople, et patriarche universel.

ON nous a vu jusqu'à présent, en cher-

CONSTITUTIO VII.

Ut quotiescunque à clericorum habitu ad profanorum transire per vecordia maliquis tentarit, in illum is invitus etiam restituatur.

ALITER,

Ne clericus denuò profanus fiat.

Idem imperator Stephano sanctissimo Constantinopol. archiepiscopo, et patriarchæ universali.

QUEMADMODUM antehàc, quando certiorem firmioremque rerum constitutionem investigaremus, si civilis lex plus roboris ac firmitatis, quàm ecclesiastica præbere videretur, illi prærogativam dedimus : eo modo et hic decretum sacrum rectæ rerum moderationi, quàm civile sit, conducibilius fore intelligentes, illi per assensionem consona præscriptione edita, statuimus, ut quicunque clericorum habitum mutare profanorum habitu improbè instituerit, is quotiescunque actus fuerit in istiusmodi vecordiam, secundùm ecclesiasticum decretum, quantumvis invitus in clericorum habitum restituatur : tametsi qui ecclesiastici ordinis statum recipiat, dignus non sit, uti qui se ipse illo indignum transfugio constituerit.

chant à fixer et à affermir la législation, préférer constamment les lois civiles aux lois ecclésiastiques, lorsque celles-ci n'avaient pas le même degré de force et d'autorité. C'est pourquoi, jugeant qu'il serait avantageux de confirmer ici un règlement d'ordre religieux par un décret émané de l'autorité civile, nous ordonnons, conformément à la discipline ecclésiastique, que tout clerc assez insensé pour quitter ses habits religieux et se revêtir d'habits profanes, doit être contraint à reprendre les premiers, bien qu'il ne soit plus digne de rentrer dans son couvent après s'en être échappé de cette manière.

CONSTITUTIO VIII.

Ut qui rejicere venerandum monasticæ vitæ habitum in animum induxerit, ac pro illo profanorum habitum susceperit, quotiescunque hoc facere ausus fuerit, etiam invitus in illum restituatur : et ex quo monasterio improbè aufugerit eidem reddatur.

CONSTITUTION VIII.

Que le clerc qui ose quitter l'habit religieux pour l'habit profane, doit toujours être contraint à le reprendre et être ramené malgré lui dans le couvent dont il s'est échappé.

ALITER ,

De eo qui vitam monasticam deserit, qui præsidum cohortibus ascribi solet.

OU BIEN,

Des clercs qu'on enrôle dans les cohortes des gouverneurs des provinces , pour s'être enfuis de leurs couvens.

Idem imperator Stephano sanctissimo Constantinopol. archiepiscopo, et patriarchæ universali.

Le même empereur à Stéphane , très-saint archevêque de Constantinople , et patriarche universel.

CUM alioqui, qui incompositè vivere instituunt, ac præ laudatis moribus sectantur flagitiosos, quotiescunque flagitii quicquam designasse deprehensi sint, malum ipsorum institutum multifariam coërceatur, nec improbam, pravamque voluntatem ac molitionem correptione vacare toleretur : subit mirari, quomodo lex vetus iis qui monasticæ vitæ exercitationi se emancipassent , deinde verò stationem suam et ordinem deseruissent, quomodoque sacræ litteræ habent tanquam canes

TANDIS que l'on combat, d'ailleurs, avec tant de soin, les inclinations des jeunes gens qui veulent mener une vie déréglée et qui recherchent la société des libertins, séduits par l'élégance de leurs manières, et qu'on prend tant de mesures pour éviter qu'ils réalisent leurs projets de débauche, il y a lieu d'être surpris que les anciennes lois aient souffert que ceux qui avaient embrassé la vie religieuse, osassent tenter de l'abandonner, réussissent dans ce coupable dessein, et, reprenant leurs habits profanes, rentrassent dans le monde corrompu dont ils s'étaient retirés. Elles ont établi que celui que des affections déréglées entraîneraient hors de son couvent, serait contraint à y rentrer la première fois que cela lui arriverait ; mais qu'à la seconde il ne pourrait plus s'y représenter, et qu'il serait enrôlé dans les cohortes provinciales. Or, si l'on a trouvé convenable qu'un religieux sorti de son couvent se revêtît ainsi d'habits profanes, pourquoi ne pas l'avoir souffert la première fois qu'il en avait fui et l'avoir contraint au lieu de cela à reprendre la profession qu'il avait quittée ? Et si, au contraire, ce qu'on a décidé pour ce cas a paru sage, pourquoi ne pas s'y être tenu, et avoir établi qu'à sa seconde incartade ce malheureux moine serait obligé de se faire soldat ? Cela nous paraît tout-à-fait contraire à la décence, et nous ne saurions approuver que celui qui a été reçu dans les légions de la milice divine puisse être enrôlé dans notre milice profane. Nous érigeons au contraire en loi ce réglement d'ordre ecclésiastique, qu'on ne doit point permettre de reprendre l'habit profane à celui qui, par dégoût de la vie religieuse, s'échappe plusieurs fois de son couvent ; car bien qu'on le force d'y revenir la première fois qu'il en sort, comment ne tentera-t-il pas d'en sortir encore, s'il sait que, par ce moyen, il dépend de lui de rentrer dans le monde, où il est entraîné par ses passions ?

ad suum ipsorum vomitum, aut sues ad pristinæ vitæ cœnosam cloacam reversi essent, ac profanorum in habitu statuque se ipsi collocassent, improbum hoc scelus tentari omninoque perfici permiserit. Jubet enim, ut qui semel monasticæ vitæ institutum reliquerint, unde flagitiosè exissent, reverterentur : qui verò iterum id ausi essent, ex eo tempore pulsi monachatu, inter cohortales provincialis cohortis recenserentur. Atqui si ut desertor ordinis profanorum habitu indueretur, id illi statutum pulchrum visum fuit, quid causæ est cur ipsum ab initio ita non vestierit : sed ut qui monachus professionem suam semel deseruerit, is ad illam quamlibet invitus denuò cogeretur, constituerit? Si hoc ita præcipi decorum putavit, quare in eodem decreto non consistit, sed tanquam in ipsum placiti sui pœniteat, miserum illum monachum ad militarem vitam protrahit? Nequaquam verò id nobis esse fas videtur, neque qui in divinæ militiæ legiones receptus sit, hunc in mundanis militiis placet collocari. At contrà, quod ecclesiastico ordini observari debere visum est, ut si quis sæpius vitam monasticam aspernatus vagetur, huic profanum habitum recipere non concedatur, id per legem etiam nos jubemus. Si enim qui vitam monasticam exuit, mundanæ voluptatis velut asylo concitus id facit : quæ ratio est, tametsi semel cupiditatis suæ motu prohibitus sit, quùm si rursum ad hoc faciendum animum appellat, se ad finem insolens suum consilium perducturum, ac in profanorum statum recipiendum esse sciat, ut is non omnibus modis monasticæ vitæ institutum iterum communi vivendi modo mutet?

CONSTITUTION IX.

De l'esclave qui se fait recevoir dans l'ordre ecclésiastique à l'insu de son maître.

Le même empereur à Stéphane, très-saint archevêque de Constantinople, et patriarche universel.

Toujours occupés du soin de fixer tout ce qui a rapport à la discipline ecclésiasti-

CONSTITUTIO IX.

De servo qui ignorante domino clericus factus est.

Idem imperator Stephano sanctissimo universalique Constantinopolitano archiepiscopo.

Eidem rectæ rerum ecclesiasticarum constitutionis curæ insistentes, quæque sacrosanctis canonibus placuerunt, hisce nos etiam album calculum adjicientes, ab adversariis civilibus legibus hanc contradictionis pœnam, ut ex legitimis constitutionibus subtrahantur, exigimus. Ut enim qui, cùm servilis conditionis esset, ignorante domino venerandam sacerdotii dignitatem assumpserit, nudatus istinc promanante honore, in pristinum servitutis restitueretur statum, secundùm ecclesiæ Dei voluntatem et nos constituimus. Legem autem quæ servum ignorante domino sacerdotem factum, servitute liberat, huc ut neque effectum neque fandi facultatem habeat, redigimus.

que, nous approuvons ce qu'ont établi à cet égard les divins canons, et abrogeons celles de nos lois qui peuvent leur être contraires. En conséquence nous statuons, conformément à la volonté de la sainte église, que l'esclave qui a été élevé à la prêtrise sans la participation de son maître, doit être dépouillé des honneurs attachés à cet état et rendu à sa première condition; et nous abrogeons au contraire la loi qui, dans le même cas, l'affranchit de la servitude.

CONSTITUTIO X.

De servo qui inscio domino monachismum suscepit.

Idem imperator Stephano sanctissimo Constantinopolit. archiepiscopo, et patriarchæ universali.

QUAM præstans monasticæ vitæ professio sit, quique suave illud et beatum jugum suscipiunt, quanta illi reverentia et honore digni sint, scimus quidem et ipsi. Itaque non quo illum vituperemus, sed potius quo vituperatione eximamus, hæc statuere visum est, et censemus. Quanto enim illa admirabilior diviniorque est, tanto majore, et quidem quanta maxima attingi cum veneratione, nequaquam verò ingratitudinis et improbitatis velamen ac prætextum monasticæ vitæ dignitatem fieri oportet. Et certè quomodo improbitas dicenda non est, si homo servus dominum suum fugiens, ad illud vitæ institutum deveniat? Quoniam igitur de servis fugitivis ad vitam monasticam devenientibus, statutum à superioribus est, ut si intra tres annos fugitivus manifestus fiat, illum habitu nudatum recipiendi facultatem dominus habeat: si verò usque in tertium annum incognitus manserit, tametsi postmodum agnoscatur, ut domini potestati non obnoxius sit, præterque illius voluntatem liber nuncupetur: et verò inde multos fugiendi dominos suos occasionem cepisse, ac re honesta monasticæ vitæ professione,

CONSTITUTION X.

De l'esclave qui s'est fait moine à l'insu de son maître.

Le même empereur à Stéphane, très-saint archevêque de Constantinople, et patriarche universel.

NOUS savons combien est élevée la profession de la vie religieuse, et combien ceux qui se soumettent à cet heureux et doux esclavage sont dignes d'honneur et de vénération. Aussi cette constitution a bien moins pour objet d'en faire la censure que de la mettre à l'abri de toute espèce de blâme. Plus elle est admirable et divine, plus on doit l'embrasser avec respect : un acte aussi saint ne doit point servir de voile ou de prétexte à l'ingratitude et à l'improbité. Or, lorsqu'un esclave se fait moine pour se soustraire à la puissance de son maître, rien n'est moins probe, à coup sûr, que le motif qui le détermine. C'est pourquoi nos prédécesseurs avaient décidé, que si son maître le découvrait dans l'espace de trois ans, il pouvait le dépouiller de l'habit religieux et le faire rentrer sous sa puissance; mais ils avaient aussi décidé qu'au bout de ce tems il n'avait plus ce pouvoir, et qu'alors son esclave devenait libre malgré lui. Or, voyant aujourd'hui qu'un très-grand nombre d'esclaves ont profité de cette disposition pour se dérober à la puissance dominicale (car il leur est bien facile de
vivre

vivre cachés pendant trois ans et d'acquérir ainsi la liberté), et qu'ils ont abusé d'une profession sainte pour déguiser ce coupable motif, nous statuons que toutes les fois qu'un esclave se fera moine dans cette vue, son maître pourra, à quelque époque qu'il le retrouve, le dépouiller de ses habits religieux et le faire rentrer sous sa puissance. En vain dirait-il qu'il a embrassé la vie religieuse par un mouvement de piété; ce n'est-là qu'un faux prétexte : ou il a quitté un bon maître, et alors il est coupable d'ingratitude autant que d'improbité; ou il a quitté un maître méchant parce qu'il n'a pu supporter ses mauvais traitemens, et alors il est indigne de se trouver dans un corps dont tous les membres doivent savoir souffrir et mourir sans se plaindre, comme Jésus-Christ.

ad tegendam malitiam abuti videmus (cuilibet enim servo perfacilè est, ut ad triennium se occultet, deindeque libertatem consequatur) jubemus, ut quantocumque tempore servus tali consilio monachus factus delituerit, si ipsum aliquando dominus inveniat, nihilominus is quem malo proposito habitum sumpsit, hoc exuatur, rursumque in domini potestatem subigatur. Nam quod pio affectu habitum illum sumpserit, quantumvis id verbis ipse fingat, ne dici quidem potest. Sive enim cùm benevolo placidoque domino uteretur, pro amore, odio concepto, fugere decreverit : extremæ ingratitudinis et improbitatis argumentum habes ; sive, ut sunt res humanæ, molestiis et injuria affectus non tolerarit, ac idcircò dominum deseruerit, quomodo eam rempublicam magnifaciet, quæ cives suos in Christi crucem et mortem continenter respicere vult?

CONSTITUTION XI.

De l'esclave qui a été élevé à l'épiscopat à l'insu de son maître.

Le même empereur à Stéphane, très-saint archevêque de Constantinople, et patriarche universel.

CONSTITUTIO XI.

De servo qui ignorante domino episcopus factus est.

Idem imperator Stephano sanctissimo Constantinopolitano archiepiscopo et patriarchæ universali.

CONFORMÉMENT aux constitutions de l'église, nous décidons à l'égard de l'esclave qui s'est élevé furtivement à l'épiscopat ce que nous avons déjà décidé contre celui qui s'est fait ordonner prêtre; c'est-à-dire qu'il doit être dépouillé de la dignité qu'il a usurpée et rentrer dans son premier état. Car si nous condamnons un escroc et un voleur à restituer ce qu'ils ont dérobé, et souvent même les punissons comme des malfaiteurs, à plus forte raison ne devons-nous pas souffrir que l'esclave assez hardi pour usurper un rang aussi éminent que celui d'évêque, jouisse paisiblement de l'existence honorable que ce moyen lui procure, et retire d'une aussi mauvaise action le double avantage de recouvrer sa liberté et d'être revêtu des premières dignités du sacerdoce. Ainsi la promotion d'un esclave à l'épiscopat, faite sans l'aveu de son maître, ne peut point le dérober à la servitude.

QUOD de servo qui venerandam sacerdotii dignitatem furatus sit, idem et de illis servis quibus nesciente domino ad primarii sacerdotii honores conscendere visum est, statuimus : ut videlicet secundùm ecclesiasticæ constitutionis voluntatem exauthorati, honore in quem clam irrepserint, priventur, et ad suum servilemque statum reducantur. Non enim profectò qui aliis in rebus furto vel fraude aliquid subtrahunt, his non modò ea quæ subtraxerint retinere non concedimus, sed interdum etiam ut maleficos puniemus : et qui tantarum rerum furta audent, hos inde honestè vivere, et ex uno fraudis pessimo exercitio duo omnium longè pretiosissima, libertatem et sacerdotii prærogativam, lucrari sinemus. Ergo si quis servus ignorante domino episcopus creatus sit, inde ad servitutis effugium nihil juvatur.

CONSTITUTIO XII.

De officinarum magnae ecclesiae usu.

Idem imperator Stephano sanctissimo Constantinopolit. archiepiscopo, et patriarchæ universali.

CONSTANTINUS, is qui primus Christi nomine imperii coronam splendidiorem ac augustiorem reddidit, ubi etiam dignum aliis suis præclaris facinoribus imperatoriaque cura fore prospexisset, de sepultura nempe eorum mortuorum quos in ea etiam re egestas premeret, officinas, ex quarum vectigali necessarios ad humandos mortuos sumptus suppeditandos ordinasset, sanctæ Dei ecclesiæ applicavit. Hanc igitur provisionem quum piorum hominum æmulatio postmodum excepisset, quæ et ipsa pauperibus ad sepeliendum sufficeret, permultum illa in hunc usum sumptus auxit. Verùm nunc omninò nihil ea sollicitudine, qua initio ter ille quaterque beatus princeps voluit, dispensari inde videas. At nos, et scientes quidem quod postquam ecclesia officinarum vectigalia occupavit, tametsi (quod usus non postulet) in quem ab initio constitutum est, numinis cultum illa non expendat, in aliud tamen quodpiam ministerium, et ipsum ad numinis cultum pertinens, prorsùs illa dispenset : statuimus, ut quæ de his jam olim edita constitutio est, immota et inviolata permaneat. Officinæ autem omnes, quæ in hoc ministerium attributæ sunt, supra mille numero sunt ad centum.

CONSTITUTIO XIII.

De perpetuis emphyteusibus.

Idem imperator Stephano sanctissimo Constantinopolitano archiepiscopo, et patriarchæ universali.

REM fraudulentam simul et illicitam consecratarum Deo ædium (ecclesiarum videlicet hospitiorum), et viduis pupillis-

CONSTITUTION XII.

De l'usage des boutiques de la grande église.

Le même empereur à Stéphane, très-saint archevêque de Constantinople, et patriarche universel.

LE premier empereur qui, en régnant au nom du Christ, rehaussa l'éclat et la majesté du trône, Constantin, jugeant qu'il n'était point indigne de sa sollicitude impériale et de la gloire de ses hauts faits, de s'occuper de l'inhumation des pauvres qui ne laisseraient point, après leur décès, de quoi se faire enterrer, consacra à cette dépense le revenu d'un certain nombre de boutiques qu'il attacha à l'église métropolitaine de Constantinople. Bientôt de pieux fidelles rivalisèrent de zèle pour recueillir les fruits qui en provenaient, et bien qu'ils suffissent à leur objet, leur charité les porta à les augmenter considérablement. Mais aujourd'hui l'on ne remplit plus du tout cet office pieux avec la sollicitude que ce prince, trois et quatre fois heureux, avait jugée nécessaire. Nous savons au contraire que l'église, depuis qu'elle perçoit ces revenus, bien qu'elle ne s'en serve pas pour payer les frais du culte, auxquels il a été pourvu dans le principe, les applique néanmoins à des objets qui le concernent. En conséquence, nous décidons qu'ils doivent être rendus à la destination qu'ils avaient reçue de Constantin, sans qu'on puisse jamais les en détourner. Or, le nombre des boutiques dont les loyers doivent être consacrés à cet objet, s'élève à onze cents.

CONSTITUTION XIII.

Des baux emphytéotiques perpétuels.

Le même empereur à Stéphane, très-saint archevêque de Constantinople, et patriarche universel.

IL nous a été rapporté que les administrateurs des édifices consacrés à Dieu, comme les églises, les hôpitaux et les maisons desnées à recevoir les veuves et les orphelins, osoient exercer des concussions contre les personnes auxquelles ils avaient loué ces édifices. On s'est plaint qu'à l'expiration des baux, et lorsqu'il s'agissait de leur en faire le renouvellement, au lieu de se contenter de la rétribution déterminée qui leur est due pour cela, et qu'on appelle proprement εἰσδεκτικὸν, ils se permettaient de les imposer au gré de leur avarice. Or, comme une pareille exaction est très-onéreuse pour tous les locataires, et particulièrement barbare pour les plus pauvres, qu'elle réduit à la plus dure nécessité, nous la condamnons expressément par cette loi, et nous défendons à nos administrateurs de percevoir, dans ce cas, au-delà du double du prix de l'emphytéose ; tout ce qu'ils exigeraient au-dessus doit être porté dans l'acte ; et de plus, ils ne peuvent faire à l'édifice loué aucun changement qui aurait plutôt pour objet leur propre intérêt que l'utilité de cet édifice.

que alendis destinatarum domuum) præfectos, etiam audere ad nostras delatum est aures. Narratum est enim quum domus elocatæ sint, jamque tempus pacto constitutum decurrat, quando locationis terminus, ac possessionis renovatio instat, non fieri certam aliquam et salutam solutionem, quam peculiari nomine εἰσδεκτικὸν vocant : sed quomodo præfectis pro ipsorum avaritia visum sit, ita exactionibus domuum possessores prægravari. Id igitur cum omnibus grave, tum pauperioribus (quod ita ipsis durior egestatis necessitas imponatur) longè esse acerbissimum videntes, ne id amplius fiat lege cavemus : sed ut certa quantitate ad duplum emphyteutici vectigalis constituenda solutio definiatur : et insuper omnis illatio locationis instrumentis inscribatur, domuique nulla novatio adferatur : non verò in præfectorum quæstum intervertatur, illi non ut domuum utilitati consulant ; sed scelestè sibi lucrum parent, hoc agunt.

CONSTITUTION XIV.

De ceux qui laissent un monastère imparfait.

Au même.

CELUI qui forme une entreprise avec précipitation et chaleur, et qui manque un instant après de force et de moyens pour l'exécuter, soit qu'il ait des vices réels ou seulement de la faiblesse dans son caractère, me paraît également digne de blâme et de mépris. Notre Seigneur Jésus-Christ, qui commence toujours ses instructions par des comparaisons et des proverbes, s'exprime en ce sens dans son évangile, lorsqu'il parle de la fondation d'une ville comme si elle était déjà achevée. C'est donc avec raison que nos lois sacrées et civiles donnent un prétexte du même genre lorsqu'elles défendent de fonder un monastère si l'on n'est deux pour consommer cette entreprise. En effet, ce n'est que lorsqu'une chose est parvenue à sa perfection, qu'on peut lui donner le nom qu'elle doit porter ; tant qu'elle est imparfaite, il

CONSTITUTIO XIV.

De iis qui monasterinm imperfectum relinqunt.

Eidem.

QUI præcipitanter ambitioséque ad faciendum aliquid fertur, ac ipso in initio viribus ac facultate destituitur, sive manifestum vitium, sive benignitatis speciem conatus præ se ferat, simul ille reprehensione dignus simul aspernandus est. Hoc sanè et qui similitudines ab initio proverbiaque loquitur, Dominus noster et servator in evangeliis vult, ubi de edificatione urbis et absolutione, ac de similibus sermocinatur. Meritò igitur et sacræ leges et civilia decreta similes edunt, ejusdemque sensus admonitiones, ut quicunque monasterium constituere instituerent, si ad perficiendum opus pares non essent, id aggredi prohiberentur. Oportet enim quascunque res, ubi ad perfectionem pervenerint, tum demum convenientem appellationem iudipisci : nequaquam verò nomen rebus imperfectis, ut consummatæ constitutionis sint , præstare potest. Itaque , quod dictum est, rectè sacra civilisque lex eos qui ad rem absolvendam pares non sint, fabricandi monasterii inceptione prohibet. Verùm quoniam incognitum illud est , quando monasterium sufficienter absolutum judicari debeat , non enim expressè ab illis hujusmodi absolutio definita est , hac de re certum atque evidens edictum promulgare placuit. Dicimus igitur (quoniam divinum os loquutum est : *Ubi duo aut tres in nomine meo congregati sunt, ibi in medio illorum sum*) quod opus aliquod monasterii appellationem subiturum , minimum tribus sufficere oporteat : quod nimirum idem opus, si facultatibus quoque abundè instruatur, ad celebritatem nominis etiam valeat. Ut ergo quis liberam impedimentoque carentem ad dedicandum monasterium aggressionem habeat, in tot minimùm monachos dedicationem concipiat necesse fuerit. Porrò quia permulti , qui se istiusmodi incœpto dedunt, præveniente morte, ipsosque hominum consortio eripiente, interdum proposito destituuntur : illud à nobis statuitur, ut si testamentum conditum sit, quæ in illo ecclesiæ assignata sunt, ea illi cedant. Si verò , ut identidem ex mortis incertitudine contingit, antequam de rebus suis statuerit, evectus fuerit, tum si ad tres numero liberi supersint, quadrantem bonorum involabit monasterium : sin ultra ternarium numerum sobolis multitudo procedet, liberis connumerabitur monasterium , et deducto ære alieno, ex universa substantia, quantum ipsorum quisque capiet. Quòd si defunctus sine liberis decesserit, parentes autem superstites habeat, rebus bifariam divisis, una pars parentibus, altera monasterio applicabitur. At si neque parentes, neque liberos heredes habeat, et cognati ad hereditatem prodeant, ipsi quidem quotcumque fuerint, trientem inter se distribuent, bes verò ecclesiæ accedet. Verùm enim verò si aut per oblivionem aut aliam quampiam causam, in contrariam, laudabili legitimoque proposito , testamentum sententiam conceptum sit, ut ejus loci antistes Dei amantissimus, quantum ad ecclesiæ, eorumque qui in illa assessuri sunt, susten-

serait absurde de la désigner par le nom qu'elle ne peut recevoir que lorsqu'elle est entièrement achevée. Aussi, je le répète, c'est avec raison que nos lois sacrées et civiles défendent de fonder un monastère si l'on n'est deux pour consommer cette entreprise. Cependant, comme on ne sait pas précisément quand il peut être considéré comme fini , car elles n'ont rien décidé à cet égard , nous avons cru nécessaire de publier un édit qui résolût clairement la question. Or, puisque notre Seigneur a dit : *Par-tout où deux ou trois se sont réunis en mon nom, là je suis au milieu d'eux*, il s'ensuit que pour qu'un édifice quelconque puisse prendre le nom de monastère, il faut qu'il puisse suffire au moins à trois personnes ; auquel cas, si l'on y a joint des biens considérables , il peut même passer pour un monastère renommé. Ainsi donc, pour pouvoir consacrer un monastère, il faut comprendre au moins trois religieux dans cette consécration. Mais comme la plupart des personnes qui se livrent à des entreprises de ce genre meurent avant de les avoir terminées, nous décidons ici que si elles ont fait un testament leur monastère pourra demander la délivrance des legs qu'il contiendra en sa faveur ; que si elles décèdent sans avoir testé, ce qui arrive souvent faute d'avoir pu prévoir l'heure de sa mort, il aura droit au quart de leurs biens, si elles n'ont laissé que trois enfans; ou bien, si elles en ont laissé un plus grand nombre , il prendra sur leur succession , prélèvement fait de toutes charges et dettes, une part égale à celle de chacun d'eux ; que si au contraire elles sont mortes sans enfans , mais qu'elles aient laissé des ascendans , leur succession sera divisée en deux parts égales , dont l'une sera dévolue à ses ascendans et l'autre au monastère ; que si, au lieu d'enfans ou d'ascendans, elles n'ont laissé pour héritiers que des parens collatéraux, ceux-ci ne pourront prendre, quel que soit leur nombre, que le tiers de l'hérédité, et que les deux tiers restans passeront au monastère ; enfin, que si par oubli, ou pour toute autre cause, elles ont fait, dans des vues légitimes, un testament contraire à ces dispositions, le supérieur du couvent pourra prendre sur leurs biens de quoi pouvoir entretenir le monastère et nourrir les religieux, et que pour le reste on suivra les dispositions du testament et de la loi.

CONSTITUTION XV.

Qu'on peut donner le baptême dans toute espèce d'oratoire particulier.

Le même empereur à Stéphane, très-saint archevêque de Constantinople, et patriarche universel.

Il existe un canon du sixième concile, qui veut qu'on donne le baptême dans les temples consacrés à l'usage commun, et ne permet point qu'on l'administre dans les chapelles attachées à des maisons particulières; de même que d'autres canons du même concile défendent d'y célébrer les divins mystères. Or si nous avons cru devoir réformer ceux-ci, nous devons en faire autant de celui-là, puisqu'il présente les mêmes dispositions. Nous statuons donc qu'il sera permis de baptiser dans toute espèce d'oratoire privé, comme nous avons établi déjà qu'on pourrait y célébrer les divins mystères. Si le concile avait si strictement défendu ceci, c'était pour préserver les fidelles des pièges de ces hommes impies qui cachent un cœur dépravé sous les marques extérieures du sacerdoce, qui se servent pour les corrompre des moyens qui leur sont donnés pour les purifier, et qui appelés dans des assemblées de chrétiens pour y célébrer le culte divin, n'y cherchent, au lieu de cela, qu'à les pervertir. Or, une pareille précaution, quoiqu'inspirée par le ciel et très-salutaire à beaucoup d'égards, est cependant un faible moyen pour arracher à leur corruption ces hommes pervers; car le vice est audacieux, et peut, pour arriver à ses fins, se frayer des chemins jusqu'aux lieux les plus secrets. Cependant comme, par la grace divine, nous sommes parvenus à détruire toutes les opinions perverses, je ne vois plus de raison pour conserver encore la loi qui défend de baptiser dans des chapelles particulières.

tationem suffecerit, vindicet: de reliquis verò legum præscriptio et testamentum dijudicent.

CONSTITUTIO XV.

Ut salutarem baptismum in quocunque sacro oratorio peragi liceat.

Idem imperator Stephano sanctissimo Constantinopolitano archiepiscopo, et patriarchæ universali.

Etiam hic venerandæ sextæ synodi sacer canon, qui non in privatarum ædium oratoriis seorsum, sed in solis in communem usum consecratis templis, divinam regenerationis lotionem perfici vult, quùm similia cum illis jubeat, qui sacrosancta sacrificia et mysteria in privatis domibus celebrari vetant: ideoque à nobis jampridem consideratiùs expensi sunt: tanquam illorum germanus similiter correctionem consequetur. Statuimus igitur, quemadmodum de sacrificiis, sic quoque de salutifero baptismate, ut et ipsum in quocunque sacro oratorio quibuslibet peragere licitum sit. Nam hæc tam strictè sacrum synodo decretum constituisse mihi quidem videtur, propter eos qui quanquam sacerdotem nomen gerant, profani tamen sunt, et quos ad lavacrum adducunt, pollutos reddunt: qui, ut apparet, domos ejusdem opinionis hominum subeuntes, non rem divinam faciunt, sed cum iis qui conveniunt, inauspicati aliquid moliuntur. Hanc verò provisionem tametsi et divinam esse, et multa salutaria continere constet, non tamen illa ad impietatis plenos à suis vitiis coërcendos sufficiat. Nam et res audax est malitia, omnique modo, clausis etiam oratoriis, ad explendum propositum suum, suam inveniat viam. Verumtamen quùm nunc divina gratia omnes perversæ opiniones sint profligatæ, etiam quantum ad hoc attinet, quamobrem reipublicæ hoc decretum ad prohibendam in privatarum ædium oratoriis regenerationis lotionem obtrudat, nullam equidem esse necessariam causam video.

CONSTITUTIO XVI.

Ut qui viginti annos habet, hypo-diaconus creari possit.

Eidem.

VETUS verbum, quod de rebus suis dicenti aures esse aperiendas monet, cùm in aliis omnibus perbellè sese habeat, tum hic longè esse pulchriùs apparet. At quorsùm hoc? Civilis lex statuit, ne minor viginti quinque annis in divinis officiis creetur hypodiaconus. Decretum sacrum contra statuit, ut qui ad istiusmodi ministerium accedit, hunc vigesimus annus ad ordinationem perducat. Dignum itaque sacram legem de rebus suis præcipientem audire imperatoria nostra majestas rata, et in eandem cum illa sententiam descendit, et statuit, ut qui ad vigesimum annum pervenit, modò anteactæ vitæ ratio obstaculo non sit, quantùm ad ætatem, hypodiaconi officium suscipere non impediatur.

CONSTITUTIO XVII.

De puerperis, quando divinorum mysteriorum participes fiant : et quando infantes baptizentur, post quadraginta videlicet dies, extra quàm si necessitas urgeat.

Eidem.

ID quod beatitudo tua postulat, à vobis procedere, quàm à nobis originem sumere ac proficisci, æquius fuerat. De re enim sacra sanctitatem tuam sancire oportebat. Verùm quoniam super uno duntaxat capite concilium consultare (quùm de multis decernere concilii sit) inconveniens esse, nos verò et citra concilium decretum facere posse dicitis : admonitionem suscipientes, quibus de rebus postulationem instituistis, de his constitutionem emittimus. Quum itaque Dominus et servator noster, quò splendore gloriæ ipsius illuminarentur qui in tenebris ambulant, juxta

CONSTITUTION XVI.

Qu'on peut être fait sous-diacre à vingt ans.

Au même.

UN vieux proverbe dit, qu'il faut écouter avec une attention particulière ceux qui parlent de choses qui sont de leur compétence, s'ils parlent bien de toutes ils parlent encore mieux de celles-là. Mais voyons où tend cette réflexion. Les lois civiles ont établi qu'on ne pouvait être fait sous-diacre qu'à vingt-cinq ans ; les lois sacrées, au contraire, décident qu'on peut l'être à vingt. Or comme celles-ci ont rendu cette décision sur un objet qui fait partie de leurs attributions, nous croyons devoir la préférer, et nous statuons avec elles qu'on peut être fait sous-diacre à vingt ans, si d'ailleurs on ne s'en est pas rendu indigne par la conduite qu'on a tenue jusqu'alors.

CONSTITUTION XVII.

Que les femmes en couche ne peuvent participer aux divins mystères, et leurs enfans être baptisés, que quarante jours après l'accouchement, à moins qu'il y ait nécessité urgente de dévancer ce terme.

Au même.

VOTRE sainteté était plus compétente que nous pour rendre la décision qu'elle nous demande ; car c'est à elle à statuer sur les matières de droit divin. Cependant comme elle assure qu'il serait peu convenable de consulter le concile sur un cas particulier, lorsqu'il ne lui appartient de régler que des choses générales, et que d'ailleurs nous pouvons décider sans lui la question qu'elle nous propose ; après en avoir pris connaissance, nous avons fait à son égard la constitution suivante. Puisque notre Seigneur Jésus-Christ, dont la gloire est si propre à éclairer ceux qui marchent dans les ténèbres, a daigné se revêtir de notre chair et de notre sang, c'est manifester, à mon avis, des sentimens bien contraires à sa divine providence que de vouloir qu'une femme nouvell'ment accouchée et qui se trouve en danger de mourir avant l'expiration du jour fixé pour ses relevailles, c'est-à-dire le quarantième après ses couches, soit considérée malgré cela comme indigne d'être éclairée sur les choses de la foi, et qu'à cause de l'impureté de son corps, on la laisse mourir sans purifier son ame, c'est-à-dire, sans lui donner le baptême et sans lui faire prendre aucune part aux choses saintes. Ceux qui pensent ainsi ne voient pas la grandeur du danger et du mal auxquels l'expose leur religion funeste et inconsidérée. C'est une absurdité monstrueuse de croire que les secours de la religion lui soient inutiles. Il ne saurait être permis, ou, pour mieux dire, il est affreux aux yeux du Dieu qui sauve tous ceux qui croient en lui et qui reçoivent le baptême, de la laisser mourir dans son incrédulité et dans sa corruption originelle, et d'être ainsi la cause de sa perte éternelle quand on aurait pu faire son salut. Aussi, condamnant à jamais cette fausse sagesse, nous décidons que si une femme nouvellement accouchée, et qui éprouve par suite une évacuation naturelle, n'est pas d'ailleurs dangereusement malade, elle ne pourra pas, avant l'expiration des quarante jours, ou être baptisée si elle ne l'avait pas encore été, ou recevoir d'autres sacremens si elle avait déjà reçu le baptême ; mais que, dans le cas contraire, elle pourra participer à toutes les choses saintes. Pourquoi, en effet, la corruption naturelle de ses sens serait-elle une raison pour l'en priver, tandis que celui qui à cause de l'énormité de ses crimes a été excommunié pour plusieurs années, est néanmoins admis à y prendre part, lorsqu'il tombe dangereusement malade, avant l'expiration du tems que doit durer son excommunication? Si l'ancienne loi avait fixé un tems pendant lequel elle en serait exclue, c'est moins, à mon avis, à cause de l'état d'impureté où elle se trouve, que pour des raisons particulières qui étaient cachées dans son esprit. Je pense en effet que son principal

atque nos carnis atque sanguinis nostri particeps factus fuerit: valde, mea quidem sententia, à salutifera ipsius providentia diversè sentiunt, quotquot eam quæ ex recenti puerperio decumbit, et morte præ foribus consistente, nec diem quem ipsi expectandum autumant (quadragesimum nempè post partum) expectante, citiusque obtorto velut collo protrahente, corripitur, illuminatione indignam esse opinantur, et ut ob corporis immunditiem revera illa è vita immunda excedat (quippe quæ in sacris non instituatur, nec sacri lavacri lustrationis, regenerationisque particeps fiat) efficiunt. Neque verò illi periculi damnique magnitudinem quam inconsiderata ipsorum et perniciosa religio adfert præ oculis habent. Verùm ea illa est absurditas, ut oratione non indigeat. Talem enim mulierem incredulam reformationemque destitutam decedere, et istiusmodi ob causam pro eo quod inter servandos collocanda esset, in perditorum damnatorumque locum rejici, quomodo fas, Deove, qui per fidem in ipsum et in aqua spirituque regenerationem, salutem donat, non grave atque acerbum est? Vanam igitur istiusmodi prudentiam dehinc futuram è medio tollentes de mulieribus, quæ recens pepererunt, quæque naturali ex purgatione occupatæ sunt, statuimus, ut si quidem alia quacunque affectione morbida ipsarum vita non tentetur, usque ad præfinitum quadraginta dierum tempus expertes maneant, nondum initiatæ illuminatione: ad sacra receptæ et initiatæ, sacrosanctorum mysteriorum perceptione, at si quis ipsis morbus, qui vitæ internecionem minitetur, superveniat et incumbat: sacrarum rerum omnibus modis participes fiant. Etenim si illis qui propter enormia flagitia multis annis vivifica communione arcentur, mors adobruens præscriptum tempus incidit, neque quisquam hos sacrorum participatione prohibere sustinet, qua ratione hæ propter naturales carnis sordes prohibebuntur? Quod profectò non tam propter muliebrem hanc immunditiem, quàm ob alias causas in intima legis ratione reconditas, et veteri prohibitum esse lege, et gratiæ tempus traditionis loco suscepisse puto. Existimo siquidem sacram legem id præscripsisse, quo protervam eorum qui intemperanter viverent, concupiscentiam castigaret : quemadmodum et alia multa per alia præcepta ordinantur et præscribuntur, quo indomitus quorundam in mulieres stimulus retundatur. Quin et hæc providentiæ quæ legem constituit voluntas est, ut partus à depravatione liberi sint. Quia enim quicquid natura supervacaneum est, idem corruptivum et inutile est, quòd hic sanguis superfluus sit, quæ illi obnoxiæ essent in immunditiem ad id temporis vivere illa lex jubet : quo ipso etiam nominis sono lasciva concupiscentia ad temperantiam redigatur, ne ex inutili et corrupta materia ipsum animans coagmentetur.

Et sanè de infantibus eundem ad modum constituimus, ut si non inquietentur, inimicosque naturæ casus superent, antequam gratiæ splendore illustrentur, quadragesimus dies expectetur. Consentaneum namque est, ut quemadmodum fœtus quadraginta diebus in naturæ maternoque receptaculo plenè informantur, sic etiam in æquali dierum numero in divinæ gloriæ æternique omnium Patris domum procedant. Si tamen et octavo à partu die baptizare aliquis volet, neque id absurdum fuerit. Dominus enim noster Christus octavo die circumcisus, imposito circumcisioni fine, pro hac vivifico baptismate initiari concessit. Verum hæc obtineant, si nulla necessitas, quæ mortem minetur, existat. Ac si periculum aliquod emergens vim vitæ inferat, omni diligentia omnibusque viribus etiam intra octavum diem sacram lotionem peragi oportebit, ne non illuminatus, neque sacri lavacri, atque adeò summi boni expers partus decedat.

motif avait été de mettre un frein à la concupiscence de ceux qui se livrent sans modération aux plaisirs des sens, comme on a fait beaucoup d'autres réglemens pour émousser l'aiguillon de la chair dans ceux qui sont trop passionnés pour les femmes. Je pense aussi qu'elle avait voulu éviter que la santé ne fût point altérée par l'accouchement. Or, comme tout ce qui est inutile dans le corps peut y engendrer la corruption, elle avait défendu aux femmes, qui dans leurs couches seraient sujettes à des pertes de sang, de mettre aucun obstacle à cet écoulement pendant un tems déterminé ; et pour qu'elles ne fussent point tentées de l'arrêter, elle les avaient forcées à vivre pendant ce tems dans la tempérance.

Quant aux enfans qui viennent de naître, nous pensons également que, dans le cas où ils ne sont pas en danger de mourir, on ne doit les baptiser qu'au bout de quarante jours. En effet, puisqu'ils ne prennent une forme et ne sont animés qu'au bout de quarante jours dans le sein de leur mère, il faut décider par analogie qu'ils ne doivent recevoir que dans quarante jours la vie spirituelle que doit leur donner le baptême. Cependant il ne peut y avoir d'absurdité à les baptiser au bout de huit jours si l'on ne veut pas attendre plus long-tems ; car notre Seigneur a été circoncis au bout de huit jours, et le baptême a été établi pour remplacer la circoncision. Au reste, nous ne parlons jusqu'ici que du cas où leur vie n'est pas en danger ; car, dans le cas contraire, on ne saurait mettre trop de diligence à leur administrer le baptême, crainte qu'ils ne meurent sans l'avoir reçu.

CONSTITUTIO XVIII.

Ut in sponsalibus constituta pœna exigatur.

Idem imperator Styliano excellentiss. sacrorum officiorum magistro.

IN omnibus rebus et dictis quod præstantiùs sit seligi, reprehendendum non est.

CONSTITUTION XVIII.

Que la peine stipulée dans les promesses de mariage doit recevoir son application.

Le même empereur à Stylianus, maître très-illustre des fonctions sacrés.

QUAND on juge des choses et des discours, on ne peut être répréhensible d'accorder

corder la préférence à ce qui parait le meilleur. Mais pour prendre une détermination convenable à cet égard, il ne faut point consulter ceux qui agissent ou qui parlent, mais bien connaître le fonds de ce qu'on fait ou qu'on dit. D'après cela nous croyons devoir ériger en loi l'usage qui veut que, dans le cas où l'on se désisterait d'une promesse de mariage, on soit passible de certaines peines. Je suis loin de croire, en effet, que la loi existante sur le même objet, renferme à cet égard des dispositions plus sages ; car, tandis qu'elle ne condamne dans ce cas celui qui ose manquer à sa parole qu'à perdre les arrhes ou à les restituer au double, l'usage veut qu'il paie les dommages et intérêts stipulés et déterminés dans le pacte de noces. Or, je crois cette disposition beaucoup plus capable d'empêcher qu'on viole les promesses de mariage aussi légèrement qu'on a coutume de le faire : car la simple perte des arrhes à laquelle a été condamné celui qui les a données, lorsqu'il ne tient pas sa promesse de mariage, ou leur restitution au double à laquelle est sujet dans le même cas celui qui les a reçues, est une peine si légère, qu'elle ne fait que disposer à rompre le pacte de noces celui qui est tenté de le faire ; tandis qu'il s'exposera beaucoup moins facilement à encourir la peine déterminée dans ce pacte. Aussi, jugeant que l'application de cette peine peut être favorable au mariage, nous érigeons en loi l'usage qui l'a établie. Je ne vois dans la perte des arrhes qu'un moyen facile de se dégager de sa promesse ; l'application de la peine stipulée au contraire en assure davantage l'exécution, puisqu'elle menace d'un préjudice plus grave. Ainsi qu'à l'avenir l'usage existant à cet égard tienne lieu de loi, qu'on juge les procès d'après ses dispositions, et que celui qui viole sa promesse de mariage encoure la peine stipulée.

Atque tunc quidem, ut aliquid sequare, aut declinandum censeas, non eorum qui aliquid aut faciunt aut dicunt, habenda ratio : sed eorum quæ fiunt ac dicuntur, cognoscendus status est. Idcircò quod consuetudini placuit ut in sponsaliorum reprobationibus pœnæ imminerent iis qui reprobare instituerent, id in legis auctoritatem collocamus. Arbitror enim, id quod consuetudini visum est, ea lege quæ de hujusmodi rebus lata est, nihil improbabilius esse, ac res ipsas referre in melius. Nam quùm lex arrhæ perditione, aut in duplum restitutione solùm temeritatem puniat, hæc definitum pactoque constitutum in sponsaliorum rescissione subiri damnum vult. Ac sanè, ne, ut fieri assolet, sponsalia sursum deorsum ferantur, hoc mihi, quemadmodum dixi, majorem obtinere vim videtur. Solius enim arrhæ perditio, quæ in eum qui dedit, ac deinde sponsalibus non acquiescit, constituta est : ejusque in duplum restitutio, quam mulctam is qui arrham cepit, deindeque in pacto convento non persistit, sustinet : ut propter pœnæ levitatem ad pactorum rescissionem, qui id facere cogitant, facilius ferantur, facit. At ex pacto definitæ pœnæ gravius damnum sibi obvenire videns inconstans ille, tardior omniuò ad divellenda sponsalia fiet. Quod sanè nos etiam nuptialibus contractibus magis conducibile fore animadvertentes, quod ex consuetudine fieri solet, in legitimam constitutionem traducimus. Ex arrhæ siquidem perditione faciles sponsaliorum eversiones video : ex pœnæ persolutione non item. Nam graviùs dispendium (pacto enim constituta pœna, arrha major prorsus atque gravior est) vel invitum inhibens, animi inconstantiam acquiescere illis, quæ antea de sponsalibus placuerunt, compellet. Sic igitur quod à consuetudine confirmatum est, quemadmodum hactenus, ita deinceps et obtineto, et causas dijudicato : tum etiam qui sponsalia evertit, pœnæ exactione feritor.

CONSTITUTIO XIX.

De pacto paterno, ex æquo heredem futurum filium.

Idem imperator Styliano excellentiss. sacrorum officiorum magistro.

NON contemnendi alios studio, ut et anteà à nobis dictum est, neque ut gloriam nobis paremus, ad legum correctionem processimus : sed ut, quod conducibile non est, quoad ejus fieri potest, à subditorum consortio removeamus : id scientes, ad moderandam rempublicam legum rectam constitutionem omnium esse præstantissimam. Nam qui leges reipublicæ oculos esse dixerit, is profectò, mea sententia illas ita vocans, nihil indecens pronunciaverit. Quemadmodum enim res maximè necessaria est animali non titubans oculus, ita et reipublicæ legum æquus et rectus status. Hujus ergo nos curam gerentes, posteaquàm in selecto Codice legem esse cognovimus (quæ propter evidentem absurditatem in hominum animis neutiquam locum invenit, ut susciperetur : nedum vim aliquam et efficaciam habet. Contraria enim statuit naturali, quæ à parentibus liberis debetur, æquabilitati, adversusque filium patri ad iniquitatem, fenestram aperit : quin et parentem ut illi morem gerat obstrictum, mendacio, doloque obnoxium facit); posteaquàm, inquam, istiusmodi quandam esse legem animadvertimus, tametsi etiam ante nostram sanctionem ipsam ne susciperetur, excluserit communis hominum voluntas : tamen nos nihilominus omnem illi prorsus functionem et usum decreto adimimus. At quid dicit ? Etiamsi, inquit, pater, quùm in matrimonium collocaret filium, illum post decessum suum ex æqua parte cum aliis fratribus paternorum bonorum heredem fore pacto promiserit, in potestate tamen illius, si velit, erit, ut pactum ejusmodi negligat, aliisque liberis amplius attribuat; et illi cui æquam portionem in hereditate pactum concedebat, minorem assignet.

CONSTITUTION XIX.

Du pacte par lequel un père promet à son fils dans sa succession une part égale à celle de ses autres héritiers.

Le même empereur à Stylianus, maître très-illustre des fonctions sacrées.

CE n'est point, comme nous l'avons dit, par mépris pour ce qu'ont fait nos prédécesseurs, ou pour acquérir une certaine gloire, que nous corrigeons les lois, mais afin d'en faire disparaître, autant que possible, ce qui n'offre aucun avantage à nos sujets, et parce que nous savons d'ailleurs qu'une bonne législation est le premier moyen de bien gouverner. Aussi celui qui a appelé les lois *les yeux de l'état*, a dit à mon avis une chose très-sensée. Or, comme il est indispensable pour un animal que ses yeux soient bien fixés dans sa tête, il importe de même à l'état que ses lois soient établies d'une manière sage et invariable. En conséquence, puisque c'est-là l'objet de nos soins, ayant remarqué qu'il existe dans le Code une loi tellement absurde qu'elle n'a jamais été approuvée de personne, et qu'elle est entièrement tombée en désuétude ; une loi dont les dispositions sont tout-à-fait contraires à l'égalité naturelle qu'un père doit conserver entre ses enfans, qui l'autorise à être injuste à l'égard des uns, et à se rendre à son gré coupable de dol et de mauvaise foi ; sachant, dis-je, qu'il existe au Code une loi semblable, quoiqu'elle ait été généralement rejettée bien avant que nous pussions lui donner notre sanction, nous ne croyons pas moins devoir l'abroger. Mais voyons ce qu'elle porte. Quoiqu'un père, dit-elle, en mariant son fils, lui ait promis de le constituer héritier des biens qu'il laisserait après son décès, concurremment avec ses frères, et pour une part égale à celle de chacun d'eux, il peut ne pas remplir cette promesse et donner plus à ses frères et moins à lui. Or, quoique cette loi ne soit observée nulle part, comme nous l'avons dit, nous l'abrogeons ici de la manière la plus absolue, et nous statuons au contraire qu'un père ne pourra rien changer à la promesse qu'il aura faite à son fils, en le mariant, de lui conserver dans sa succession une part égale à celle de ses autres enfans. Toute disposition de sa part qui tendrait à violer sa promesse et à diminuer cette portion, sera considérée comme nulle, et son fils lui succédera toujours pour une part égale à celle de ses frères, conformément à la promesse qu'il en aura reçue. Il ne peut être permis en aucune manière de préférer le mensonge à la vérité ; et d'ailleurs il n'est ni équitable ni décent de la part d'un homme raisonnable de manquer à ses engagemens : le soin le plus digne de lui, au contraire, est de chercher à inspirer de la confiance en sa parole ; à moins que, substituant le mensonge à la vérité, et dépourvu de toute espèce de sens, il ne veuille dépouiller de leur caractère les choses les plus raisonnables. De plus, il n'est point convenable qu'un père ne montre pas la même affection pour des enfans qui sont tous également nés de lui ; qu'au lieu de pourvoir également aux besoins de tous, il donne de grands biens aux uns et rien aux autres, qui n'excitent pas même sa compassion. Il est de toute justice, au contraire, qu'ils prennent tous une part égale dans ses biens, puisqu'ils sont tous également ses enfans, de même qu'il serait souverainement injuste qu'il accordât plus à l'un et moins à l'autre selon le degré d'affection que chacun lui inspire.

Hoc itaque quanquam alioqui, quomodo diximus, in republica nullum locum habeat, nostro etiam decreto velut in exilium ejectum, omnibus modis in rempublicam ingressu prohibemus. Statuimus verò, ut parentum nemo jura filiorum, quibuscum reliquis liberis æqualem hereditatis portionem servatum iri in nuptialibus contractibus spoponderint, innovare tentet. At si quis pactiones suas aspernari, et illius, cui tantumdem, quantum alii fratres habituri sunt, promiserit, portioni detrahere compertus fuerit : sciat is, pœnitentia mutatam voluntatem invalidam atque vanam habendam. Ex æquo enim cum aliis fratribus secundum initum pactum filius in bona succedet. Neque verò mendacium veritati præferri ulla ratio patitur, nec æquum est, neque rationabili animali convenit pacta conventa per improbationem adulterari. Atqui si quid aliud hoc certè hominem decet, ut verbis suis fidem præstet : nisi mendaciis veritatem corrumpendo, destitutus ratione, eorum albo, quæ ratione prædita sunt, excidere velit. Quinimò nec illud consentaneum est, ut parentes iis qui pariter ex ipsis nati sunt, non parem curam exhibeant, neque æquabiliter ipsorum vitæ prospiciant : sed alios quidem uberiores facultates habere, aliis verò nihil parcere, neque illorum misereri, tametsi inopes in miseria victuri sint, velint. Cæterùm æquum est, ut quemadmodum omnibus liberis ex æquo vitam impertiti sunt, ita etiam ad hanc facultates impertientes : nequaquam verò, velut ancipiti libra his levius quiddam, illis verò gravius, pro inæquabilitate animi sui attribuant.

CONSTITUTION XX.

Que le survivant des deux époux ne peut rien prendre dans la succession de l'autre au-delà des biens donnés à cause de noces.

Le même empereur à Stylianus, maître très-illustre des fonctions sacrées.

Puisque les anciennes lois qui traitent des pactes à cause de noces avaient jugé

CONSTITUTIO XX.

Ut ne maritus quemadmodum uxor, illa præmoriente, præter donationem propter nuptias quicquam capiat.

Idem imperator Styliano excellentiss. sacrorum officiorum magistro.

Cum vetustis legibus, quæ de pactionibus nuptialibus tractant, tum in prima matrimonii coitione, tum in ejus dissolutione, quam mors in alterum conjugum irruens efficit, æquabilitatem et viro et mulieri assignare visum sit : haud scio qua re moti, quibus postmodum leges condere studio fuit, diversis constitutionibus has subjecerunt. Etenim vetustiores leges mox à conjugii coitione æquales esse collationes, tum muliebrem, tum virilem, et ut altero vita defuncto, quùm liberi nulli superessent, nec pactum in quo quippiam de lucro significaretur, subesset, ex æquo ad utrumque sua reverterentur, constituerunt. Si verò de lucro pactum initum esset, tunc ut utercunque vitae xcessisset, qui superstes esset, receptis rebus suis, insuper quantum pacto comprehensum esset, lucraretur, et in ambobus lucri æqualitas servaretur : ita ut viro præmortuo mulier dotem, propterque nuptias donationis partem aliquam, eamve totam, si ita convenisset, asportaret ; et si mulier ante virum in mortem incidisset, vir donationem propter nuptias conservaret, illumque lucrum, sive dos tota, sive ejus pars, prout pacta vellent, sequeretur. Atque hæc quidem quùm vetustioribus placuissent, posterioribus displicuerunt. Quapropter et contrà statuunt : quanquam non rectè. Statuunt autem, uti statim ab initio conjugii inæquales procedant collationes, et major dos sit, donatio verò propter nuptias contractior ; ejusque uxor ab eo die quo matrimonium contractum est, sit domina, quanquam, ut fieri assolet, alterius viri consortio postmodum se mancipet. Et iniquè judicantes, ubi matrimonium morte distractum fuerit, mulieris mœstitiam lucro consolantur : viri verò supra amissionem uxoris, dispendio rerum ipsius mœrorem adaugent. Jubent enim, uti mulier superstes cum sua dote universam propter nuptias donationem auferat, et ad hæc ex reliqua mariti substantia tantum quantum dotis donationisque propter nuptias in unam summam contractarum quadrans conficit, ceu hæres capiat. Quòd si mulier ante maritum mortem obeat, tum ut illius heredes unà cum dote donationem propter nuptias lucrentur : maritus autem nihil aliud quàm quantum dotis donationisque propter nuptias quadrans facit,

convenable d'établir que le mari et la femme apporteraient à la formation de leur mariage, et reprendraient à sa dissolution, arrivée par la mort de l'un d'eux, une égale quantité de biens, je ne sais par quel motif de nouveaux législateurs ont fait depuis plusieurs lois contraires. Les premières avaient statué qu'à la formation du mariage les apports du mari et de la femme devaient être les mêmes, et qu'à sa dissolution chacun reprendrait ce qu'il aurait apporté, à moins qu'il n'existât des enfans, ou qu'on n'eût stipulé des gains de survie. Si cette stipulation avait eu lieu, elle décidait qu'au décès de l'un des époux, le survivant, après avoir prélevé ses apports, prendrait sur les biens de l'autre les gains de survie stipulés, et que ces gains seraient les mêmes pour tous deux ; c'est-à-dire que si la femme avait survécu, elle préleverait d'abord sa dot et prendrait ensuite une partie des biens donnés à cause de noces, ou même la totalité, si cela avait été ainsi convenu ; et que si le mari survivait, au contraire, il conserverait les choses données à cause de noces, et retiendrait une partie ou la totalité de la dot de la femme, conformément à ce qui aurait été convenu. Voilà ce qu'établissaient les lois anciennes, et ce que les lois nouvelles ont désapprouvé et aboli sans motif raisonnable. Celles-ci ont décidé, au lieu de cela, qu'à la formation du mariage la femme apporterait une dot plus considérable que la donation qui lui serait faite par son mari, et que du jour du mariage elle acquerrait la propriété des objets compris dans cette donation, quand même elle convolerait en secondes noces, comme cela arrive souvent. Par la disposition la plus injuste, lorsque la mort de l'un des époux vient à dissoudre le mariage, elles adoucissent les regrets de la femme en lui accordant des avantages sur les biens de son mari, et aggravent au contraire la perte du mari en le dépouillant de tous les biens de sa femme. Elles décident en effet que la femme survivante peut, en reprenant sa dot, retenir en même tems la donation toute entière que lui aurait faite son mari, et prendre en outre à titre d'héritière, sur le restant de ses biens, une part égale au quart de la dot et de la donation réunies ; que si elle meurt la première, au contraire, ses héritiers acquièrent tout à la fois la dot et la donation, sans que le mari puisse retenir plus que le quart des deux réunies, et que cette disposition doit avoir son effet indépendamment de toute convention à cet égard. Quelle iniquité ! quelle extrême injustice ! On peut trouver quelque raison dans les droits qu'on accorde à la femme survivante, mais dans ceux qu'on donne à ses héritiers lorsqu'elle meurt la première, on ne saurait voir qu'une injustice monstrueuse. Aussi notre père, d'éternelle mémoire, et nous qui lui avons succédé dans la suprême puissance, avons-nous montré la plus haute sagesse lorsque, pour maintenir les anciennes lois, nous avons pensé qu'on devait abolir les lois nouvelles qui établiraient sans fondement des dispositions contraires. Mais l'habitude est opiniâtre et rebelle à la loi, et l'opinion la plus absurde devient très-difficile à détruire lorsqu'elle est profondément enracinée dans l'esprit des hommes, surtout de ceux qui ne veulent pas prendre la peine de l'examiner. Quelque frivole qu'elle soit on ne saurait les en détacher pour leur en faire embrasser une meilleure. C'est au point que la constitution faite par notre père, à jamais digne de mémoire, pour rétablir les anciennes lois sur les pactes à cause de noces, a été rejetée comme une loi absurde, et qu'on suit publiquement au contraire celle qu'elle tendait à abroger. Que nous reste-t-il donc à faire ? Puisqu'on a déjà trouvé préférable d'établir que les époux, en se mariant, ne feraient pas des apports égaux, mais que la dot serait plus considérable que la donation à cause de noces, nous confirmons cette disposition. Si la mort dissout le mariage, qu'il n'en reste point d'enfans et qu'il n'ait été rien convenu sur les droits de l'époux survivant, la femme survivante pourra reprendre sa dot et retenir les biens donnés à cause de noces, mais ne rien prétendre au-delà ; si elle meurt la première, ses héritiers pourront répéter sa dot, mais son mari conservera ce qui lui appartient ; car il serait inique, que des étrangers s'enrichissent à ses dépens, et qu'outre le cha-

habeat : utique res eum ad modum procedat, sive subsit pactum, sive nihil hujusmodi inter ipsós convenerit. Sed hæc quomodo non iniqua ? Quomodo pro jure hæc non extrema injuria est ? Quæ quidem præmortuo marito mulier accipit, in his fortasse aliqua ratio : quæ verò illa præmortua ad ejus heredes devolvuntur, in his quomodo non omnis injustitia et enormitas inest ? Ea propter decenter valdè sapienterque perpetuò ille memorandus imperator, et qui ex ipsius lumbis natus post ipsum rebus præest, fecit, qui veteribus legibus auctoritatem conservandam, quæque perversè contra statuerent, eas è republica in exilium ejiciendas putavit. At enim refractaria contentiosaque consuetudo est, ac frequenter absurda aliqua opinio, ubi in hominum animis (eorum præsertim quibus recto judicio illam expendere curæ non est) altas velut radices egit, haud facilè extirpari nequit. Qui homines anticipatam opinionem, quamvis frivola sit, amplexantur, noluntque sequi meliora. Adeò ut ne nunc quidem in æternum commemorandi patris nostri constitutio, quæ ad veteres leges nuptialium pactionum rationem reducit, absurdam constitutionem missam esse faciendam persuaserit, atque in quæ ille exilium decreverat, in publico etiamnum usu sint. Quid nos igitur ? Postquam semel prævalere visum est, ne in matrimonii coitione ex æquo collationes fiant, sed major donatione propter nuptias dos sit, hoc in republica obtineto. Et si mors matrimonium dirimat, tum si maritus sine liberis decedat, pactumque non subsit, uxor dotem donationemque propter nuptias, nihil autem amplius auferto : si verò mulierem mors abripiat, dotem heredes ejus capiunto ; maritus autem suis rebus ne privator, neque quæ ipsius sunt alii, sed ipse habeto. Quomodo enim iniquum non est, alios ex illius rebus lucrum sentire : ipsum verò, supra amissionem conjugis, bonis etiam suis, sive donatione propter nuptias privari ?

grin d'avoir perdu sa femme, il éprouvât celui d'être dépouillé de ses propres biens, ou bien de ceux qu'il lui aurait donnés à cause de noces.

CONSTITUTIO XXI.

Ut dotis promissio ex paternis aut maternis bonis facta præstetur.

Idem imperator Styliano excellentiss. sacrorum officiorum magistro.

QUEMADMODUM in libra videmus, eam tum rectè ad rerum earum quæ ponderantur, dijudicationem desumi, quando lances æquales sunt, neque vel tantillum in alteram partem proclinant: ita quoque lex, quùm ne tantillum quidem jus intorquet ac depravat, digna est quæ ad rerum dijudicationem procedat. Illius enim partes sunt, ut æquabilitatem: hujus autem, ut jus stabile conservet. At quorsum hæc? In Codicibus descripta constitutio est, quæ dum à parentibus quæ in matrimonium liberos collocarunt, promissa dotis donationisve propter nuptias nomine facta exigit, haud scio quomodo jus commisceat. Vult namque, uti pater, qui pro liberis dotem donationemve propter nuptias promiserit, si promissionem indistinctè fecerit, illam totam de suo expleat, suisque solis ex bonis persolvat : sin distinxerit, huncque ad modum locutus sit, *ex meis filiique bonis promissa exhibebo :* tum si inops sit, nihil ille in promissum contribuat, sed filii facultates, quæ se unà cum filio daturum pollicitus est parens, solæ expleant : sed si dives sit, contrarium statuatur, ut ipse solus de suo quæ pollicitus sit, expleat, filiusque nihil cum illo communicet : tametsi non se solum, sed cum filio promissum expleturum pollicitus sit : quod filium, qui ipse non promiserit, dare quippiam indignum putetur. Hoc itaque æquitatis subversionem esse rati sumus. Nam quantacumque inopia teneatur parens, si filius solus de suo promissa solvat, nulla justitia legis apparet : neque rursum quùm satis affluens rerum patri copia est, filium contributionis omninò esse exper-

CONSTITUTION XXI.

Qu'on doit remplir la promesse de dot faite sur des biens paternels ou maternels.

Le même empereur à Stylianus, maître très-illustre des fonctions sacrées.

DE même qu'on peut prendre une balance pour juger du poids d'une chose lorsque ses bassins sont parfaitement égaux et ne penchent pas plus d'un côté que de l'autre ; de même une loi est digne de servir de base à la décision des procès, lorsque ses dispositions ne présentent rien de contraire au droit. L'usage des premières est de conserver l'équilibre, l'objet des secondes est de maintenir la justice. Mais voyons où tend ce préambule. Il existe au Code une loi qui me paraît renfermer des dispositions très-peu conformes au droit sur l'exécution des promesses de dot ou de donation à cause de noces qu'un père fait à ses enfans en les mariant. S'il a fait, dit-elle, ces promesses d'une manière générale, il doit les exécuter lui seul et sur ces propres biens. Si, au contraire, il a distingué et s'est exprimé en ces termes : *Je remplirai ma promesse sur mes biens et sur ceux de mon fils :* alors, s'il est pauvre, il ne contribuera point à son exécution, elle sera remplie toute entière aux dépens de son fils ; mais s'il est riche, au contraire, il devra la remplir à lui seul et sans que son fils y contribue, bien qu'il n'ait promis de la remplir que concurremment avec lui ; parce que son fils n'a point pris part à cet engagement, et qu'il serait indigne alors de le faire concourir à son exécution. Une pareille loi est subversive de toute équité ; car quelque pauvre que soit le père, il sera toujours injuste que son fils soit obligé de remplir toute sa promesse à ses dépens ; et s'il est riche, au contraire, il ne sera pas plus convenable qu'il la remplisse lui-même toute entière et sans que

son fils y contribue. C'est pourquoi nous statuons qu'on devra se conformer pour son accomplissement à la manière dont il l'aura formée. Que s'il l'a faite à lui seul, il devra la remplir toute entière ; que s'il l'a faite conjointement avec son fils, celui-ci devra participer à son exécution ; et cela pour des parts égales, s'il n'y a rien eu de déterminé à cet égard, ou bien pour la part déterminée, si l'on a fixé celle que chacun donnerait. Cette disposition n'offre rien de contraire à l'équité ; elle est d'ailleurs dans l'intérêt des enfans, que la loi du Code ne favorise pas assez. Pourquoi cela ? Parce qu'un père avare et qui considère avant tout la dépense, afin d'attendre que son fils soit en âge de promettre efficacement pour procéder à son contrat de mariage, perdra souvent l'occasion de le marier avantageusement. Ainsi donc, pour l'avantage et le bonheur de l'un et de l'autre, pour le maintien de la justice et l'intérêt des enfans, nous abrogeons la loi du Code, et érigeons en loi de l'état les dispositions que nous venons d'établir, et que l'usage avait déjà approuvées et substituées à la loi du Code.

tem, universumque promissum à parente exhiberi convenit. Quamobrem etiam statuimus, ut secundùm parentis verba promissorum solutio procedat, ab ipsoque solo quando se solum daturum pollicitus est, promissum exigatur : quando verò cum filio se daturum promisit, filius etiam solutioni obnoxius sit, eaque ex æqualibus partibus, quando illæ definitæ non sunt, fiat : ac tum ex inæqualibus etiam, quùm utrique certæ partes diversè assignatæ sunt. In hoc nulla æquitatis eversio est, insuperque id ad liberorum utilitatem spectat, quam in Codicibus edita constitutio non magnopere curat. Quid ita ? Quoniam sæpenumero parens quùm ad dispendium respicit, ideòque illud tempus quod filio efficaciter promittendi potestatem facit, ineundo nuptiali contractui expectat, quod conducibile filio sit, perdit. Ut igitur ea res ambobus commoda felixque sit, neque æquitas iniquo judicio involvatur, nec verò denique liberorum utilitati noceatur, Codicis decretum vacato : hoc verò jam etiam consuetudini cognitum in republica obtineto. Quùm etenim pro decreto legis in republica habeatur, jam prælatum est, quæ in Codicibus est, constitutioni.

CONSTITUTION XXII.

Que le survivant des deux époux qui ne convole pas en secondes noces, peut prendre dans la succession de l'autre une part d'enfant en toute propriété.

Le même empereur à Stylianus, maître très illustre des fonctions sacrées.

Puisque nous avons déféré à l'usage toutes les fois qu'il n'offrait rien d'absurde ni de nuisible, et lui avons même donné force de loi lorsque le peuple s'y était habitué et qu'il eût été difficile de l'en détourner ; nous croyons devoir adopter de même les dispositions à l'égard de l'avantage qu'il accorde à la femme survivante sur les biens donnés à cause de noces, lorsqu'ayant des enfans de son premier ma-

CONSTITUTIO XXII.

Ut mulier quæ matrimonium non iterat, unius liberorum portionem proprietatis jure capiat : similiter et pater.

Idem imperator Styliano excellentiss. sacrorum officiorum magistro.

Sicut in plerisque aliis, quando absurdi nihil incideret, neque rebus noxium quicquam inferretur, consuetudini cessimus : quin et legis prærogativam illis dedimus, quùm jam plebs assuefacta illi esset, nec ab illa se avelli sineret : ita etiam in parte donationis propter nuptias, quam mulier liberos habens, nec animo alteris nuptiis applicito sponsalem eorum commiscens accipit, faciendum putavimus. Quùm enim antiquior lex id donum ita circumscribat, ut donatione propter nuptias mulieri in usumfructum data, illa præter usumfructum ex eadem propter nuptias donatione, unius liberorum portionem proprietatis jure capiat : ac deinde posterior lex rursum hanc unius liberorum portionem non ex donatione propter nuptias duntaxat lucrum mulieri afferre, sed in alia etiam mariti bona procedere illam velit. His ita per leges constitutis, consuetudo neutram legem directè, sed partim hanc, partim illam sequens, neque ex sola donatione propter nuptias, neque ex aliis extra donationem consistentibus mariti facultatibus, unius liberorum portionem mulieri dari dignum putat : verùm immutata illa portione, omnium simul ipsius bonorum illi partem largitur. Hanc igitur consuetudinem quoniam acerbam esse rebus mortalium non videmus, ut in aliis etiam faciendum putavimus, legis dignitate honestamus : illaque quidem dehinc vim legis, non autem consuetudinis obtineto. Ac si quidem omnes mariti facultates in sola donatione propter nuptias numerentur , cùm hujus liberis superstes mater portionem quæ ad ipsam pertinet, pleno dominio accipiet, residuique usumfructum habebit. At si ad donationem propter nuptias facultates non sufficiant, non pro quantitate imminutæ donationis portionem mulier accipiet, sed quæ tantumdem habeat quantum haberet, si nihil imminuta et plena donatio propter nuptias esset. Hujusmodi igitur portione mulieri data, reliqua liberorum sunto ; et, si nihil superfuerit, tanquam hereditatem successionis privationem et egestatem illi auferunto. Atque hæc quidem de muliere. Vir autem si liberos non habeat (quo modo alibi correctum et constitutum est) nihil neque accipiet, neque perdet : si habeat, neque alteris nuptiis uxoris desiderium inaniat, liberorum educationis exhibitæque priori matrimonio reverentiæ et honoris gratia, et ipse unius liberorum portionem capiet.

riage, elle ne pense pas à se remarier. L'ancienne loi avait déterminé cet avantage, de manière qu'en lui cédant l'usufruit de ces biens, elle lui permettait encore d'en prendre une part d'enfant en toute propriété. Une loi postérieure avait décidé qu'elle pourrait prendre cette part d'enfant, non-seulement sur les biens donnés à cause de noces, mais encore sur les autres biens de son mari. Enfin l'usage n'approuvant entièrement ni l'ancienne loi ni la loi nouvelle, mais les suivant toutes deux en partie, ne pense pas qu'il soit convenable de lui assigner une part d'enfant à prendre soit sur la donation à cause de noces, soit sur les autres biens du mari ; mais changeant la nature de cette part d'enfant, il lui permet de prendre une partie de tous ses biens déterminée d'une manière plus générale. Or cet usage ne présentant rien de contraire au bien de nos sujets, nous croyons devoir l'élever comme plusieurs autres au rang des lois et lui en donner toute l'autorité, au lieu de celle qu'il a comme usage. Si le mari n'a laissé pour tous biens que ceux qu'il avait donnés à cause de noces, la femme survivante prendra sur ces biens, avec les enfans qu'elle a eus de lui, la part qui lui revient en toute propriété, et jouira du reste en usufruit. Si les biens du mari ne suffisent pas pour remplir la donation à cause de noces, la part de la femme ne souffrira pas une réduction proportionnée à ce qui manque ; elle sera tout aussi considérable que si les biens donnés n'avaient souffert aucune diminution. Après avoir été ainsi remplie de la part qui lui est assignée, le reste des biens passera aux enfans, qui, dans le cas où leur père n'aurait rien laissé , seront obligés de l'indemniser de la perte qui en résulte pour elle , et de la mettre à l'abri de l'indigence. Voilà pour les droits de la femme survivante. Si c'est le mari qui survit, au contraire, il ne prendra ni ne perdra rien, dans le cas où il n'aurait point d'enfans, comme nous l'avons établi ailleurs en corrigeant une loi ; mais s'il a des enfans, au contraire, et qu'il ne pense pas à se remarier , alors pour l'indemniser des frais de leur éducation et en considération de l'hommage qu'il rend à ses premiers lieus, il pourra

prendre

prendre une part virile sur la dot de sa femme.

CONSTITUTION XXIII.

Que les gouverneurs ne peuvent ma-
rier dans leurs provinces aucun
individu de leur maison.

Le même empereur au même Stylianus.

IL serait honorable pour l'esprit humain et pour la vertu des magistrats, que, plus ils sont élevés en dignités, plus ils missent d'exactitude à observer les lois divines, et de soin à faire le bonheur de leurs administrés, au lieu d'être les instrumens de leur oppression. Mais comme il en est beaucoup qui, entraînés par un esprit injuste et cruel hors du droit chemin de leurs devoirs, exercent le despotisme le plus rigoureux, et ne montrent que le dessein de nuire à l'état au lieu du désir de lui être utiles, une ancienne loi, dans la vue salutaire de leur imposer un frein, avait décidé que les gouverneurs ne pourraient pas former de mariage dans leurs provinces. Mais en leur faisant cette défense pour leurs fils, petits-fils et autres personnes de leur maison, elle ne l'avait point étendue à leurs filles. Or, jugeant à propos de réparer cette omission dans cette excellente loi, nous statuons que les gouverneurs des provinces ne pourront y marier aucune personne du sexe féminin, comme ils ne peuvent y marier ni leurs fils, ni d'autres parens ou domestiques du sexe masculin. Car pourquoi ne leur ferait-on pas cette défense pour leurs filles comme pour leurs fils et autres individus mâles, sur-tout lorsque ceux-ci ont une foule de moyens d'être utiles non-seulement à eux-mêmes, mais encore à leurs conjoints et autres alliés? Ils peuvent en effet parvenir aux dignités, se livrer à des spéculations de commerce, ou former toute autre entreprise dans la vue de gagner leur vie; tandis que les femmes ne sont propres à rien de semblable.

CONSTITUTIO XXIII.

Ne præsides in provinciis suis do-
mestica sponsalia contrahant.

Idem imperator eidem Styliano.

DIGNUM herclè humano ingenio magistratuumque virtute esset, si qui in magistratum assumuntur, eo quod supra multos alios gloria et honore fruuntur, religiosè præcepta Dei observarent, et custodirent, providéque subditorum res curarent, nequaquam verò illos gravi manu opprimerent. At quia sunt quos ferox iniquusque animus è recta præceptorum semita exorbitans, in perversam tyrannicamque cupiditatem ducit, et pro reipublicæ cura efferati animi propositum exhibere facit, tanquam illos refrenatura lex vetus statuit, ne præsides in suis provinciis contractus et sponsalia ineundi facultatem haberent. Atque hanc quidem juris rationem quùm in filiis, nepotibus, et aliis constituisset, filiarum elocationem non prohibuit. Hoc igitur nos tanquam quod desit optimæ legi adjicientes, statuimus, ut quibus præsidatus obvenit, quemadmodum filios aliosque virilis sexus cognatos et domesticos, ita quoque filias aliasque fœmini sexus personas, in suis quique provinciis in matrimonium collocare prohibeantur. Quid enim causæ est quare filius, et si quis alius virilis sexus est, decreto obnoxius sit, filia verò à legis observatione libera permaneat? quùm præsertim virilis sexus sæpenumerò multis et modis et exercitiis sibi, conjugi, aliisque quos affinitas conjunxit, utilis esse possit. Nam dignitates fortasse consecutus, aut mercatura aliqua instituta, aliave sustentandæ vitæ cura suscepta, neque sibi, quomodo dixi, neque aliis propinquis inutilis fuerit. Quæ ut muliebris sexus subeat, non ferè idoneus est.

CONSTITUTIO XXIV.

Ne filii naturales cum adoptivis matrimonium contrahant.

Idem imperator eidem Styliano.

MULTI, dum prisca tempora laudibus celebrant, prima illis in ordinandis constituendisque rebus tribuere volunt. Atque illa in plerisque recentiora vincere, scio quidem et ego : verumtamen in nonnullis vinci etiam video. Et cum non pauca sint in quibus à recentioribus temporibus illa superentur, tum verò maximè in adoptionibus id fieri conspicitur : quas illa adoptiones nentiquam decenti cum ritu et ornatu faciebant, dum citra divinum sacrificium divinosque cantus faciebant : et qui adoptari vellent, id illis simpliciter fieri lex permittebat. Unde usuveniebat persæpe, ut sororis appellatio in uxoris transiret, et quæ puella paulò antè filia dicta esset, nurus nomine compellaretur, aut filius qui esset, pro eo gener agnosceretur : quando videlicet naturalis, quemque adoptio in filiorum ordinem collocaret, matrimoniali commercio inter se jungerentur : ac susque deque isthæc actio haberetur : quod cùm sacrum ministerium non intervenisset, nullum inde ad matrimonialem consuetudinem existeret obstaculum. Cæterùm olim quùm decenti ratione non adoptaretur, quanquam matrimonium infame quiddam complecteretur, non tamen nefarium aliquid continebat. Verùm nunc quùm adoptio secundùm ritus tum decoros, tum justos fiat, et per sacrosanctum sacrificium hi in parentum locum, illi verò in filiorum jus subeant, nulla amplius reliqua ratio est, ut filii adoptivi cum naturaliter genitis in matrimonium connectantur. Quocirca etiam statuimus, ut qui eo modo fratrum nomen subierint, iis nequaquam mutato fraternitatis jure in matrimonium jungi liceat.

CONSTITUTION XXIV.

Que les enfans naturels ne peuvent point se marier avec les enfans adoptifs.

Le même empereur au même Stylianus.

BEAUCOUP de personnes accoutumées à louer les tems anciens veulent leur attribuer la gloire d'avoir fait les meilleures lois. Je sais très-bien que nos prédécesseurs nous sont, à cet égard, supérieurs en beaucoup de choses ; mais je sais aussi qu'il en est dans lesquelles nous les surpassons ; et dans ce nombre, qui est assez considérable, on doit remarquer particulièrement l'adoption. Elle se faisait autrefois sans la pompe et les cérémonies convenables, hors des sacrifices et sans aucun chant religieux ; enfin ceux qui voulaient adopter pouvaient le faire de la manière la plus simple. Il résultait de là que le nom de sœur se changeait souvent en celui d'épouse, et celui de fille en celui de bru, ou celui de fils en celui de gendre, lorsque le fils ou la fille adoptifs se mariaient avec leur frère ou sœur naturels ; ce qui pouvait avoir lieu, parce que le ministère divin n'étant point intervenu dans l'adoption, elle n'était plus un empêchement au mariage. Au reste, quoique le mariage eût dans ce cas quelque chose de honteux, il ne présentait cependant rien de criminel, puisque l'adoption se faisait sans les solennités convenables. Mais aujourd'hui qu'elle est entourée de toute la pompe et de toutes les cérémonies nécessaires, et qu'on reçoit le titre de père et de fils adoptifs au milieu du saint sacrifice, il n'y a plus moyen de permettre le mariage entre les enfans naturels et les enfans adoptifs d'un même père ; en conséquence nous statuons que ceux qui deviennent frère et sœur par suite de l'adoption, ne peuvent point se dépouiller de cette qualité respective, ni par conséquent se marier ensemble.

CONSTITUTION XXV.

De l'émancipation, et de la restitution de dot.

Le même empereur au même Stylianus.

LES anciens empereurs avaient fait sur l'émancipation des lois excellentes que leur sagesse aurait dû mettre à l'abri de toute innovation ; et je ne conçois pas comment elles ont inspiré assez peu de vénération pour qu'on ait pu les rejeter, sinon en totalité, du moins en très-grande partie, et sans motifs raisonnables. Tout le monde respecte et observe les lois par lesquelles plusieurs ont établi que l'esclave affranchi pourrait retomber en servitude lorsqu'il serait atteint par sa faute de l'une des causes qui font perdre la liberté ; et l'on n'a pas cru devoir approuver et admettre celles par lesquelles d'autres ont décidé que les enfans une fois émancipés jouiraient à tous égards de l'exercice libre de leur volonté. Au reste, il est bien évident qu'on a dépouillé celles-ci de leur autorité sans aucun prétexte ; car il n'existe aucune loi nouvelle qui les abroge. Enfin certain juge a pensé, et j'admire pour quelles raisons, non pas, comme cela était tout simple, que les enfans émancipés jouiraient du pouvoir que leur aurait conféré l'émancipation ; mais que s'ils n'avaient point eux-mêmes d'enfans, cette émancipation serait sans effet, et qu'ils rentreraient sous la puissance paternelle. Il ne s'est point arrêté là ; il a ajouté que si l'enfant émancipé avait lui-même des enfans, et qu'il vint à les perdre, non-seulement il serait privé de l'exercice libre de sa volonté, mais encore qu'il n'aurait plus la faction de testament, et ne pourrait pas même administrer les biens que lui auraient donnés ses parens. Or, quelques personnes ayant adopté ces dispositions, celles qui leur ont succédé ont été par-là plus disposées à les suivre ; en sorte qu'elles sont encore en vigueur aujourd'hui, au mépris des anciennes lois. Mais rétablissant celles ci dans toute leur autorité à cet égard, nous statuons qu'il faudra admettre les réclamations de ceux qui seront en litige au

CONSTITUTIO XXV.

De emancipatione, et dotis restitutione.

Idem imperator eidem Styliano.

QUÆ à veteribus imperatoribus de emancipatione constituta sunt, eximia illa quidem, dignaque quæ ab innovatione libera conserventur, haud scio quomodo non decentem reverentiam obtinuerint : sed, tametsi non omninò, at certè despici tamen cernantur. Non rectè sanè. Quod enim statuerunt, servis libertate donatis, non prorsus non aufferri munificentiam posse : sed si quis in unam aliquam vetitarum causarum, quæ libertatis dignitatem in servitutis habitum transformare possunt, malo animo commisisse deprehenderetur, uti tum rursum in servorum locum deduceretur : illos religiosè omnes audiunt, legisque lationem venerantur. Quod verò liberis parentum potestate semel liberatis, libera animi voluntate per omnia plenè uti permittunt : non visum est audiendum, neque, quasi illi improbanda statuissent, decreto acquiescendum. Sed manifestum nunc est, nulla id ratione (neque enim lege noviter lata reprobatum est) auctoritate privatum esse. Quidam saltem judex censuit, et miror quo pacto censuerit, ne, qui liberi sui juris facti essent, simpliciter potestatem quam cepissent, haberent ; sed nisi ipsis liberi essent, liberum arbitrium abrogaretur : rursumque patriæ potestati subjicerentur. Neque verò ille hoc unum censuit, sed etiam si quis ex semine suo efflorescentem fœtum viderit, ac verò hunc mors torvis oculis inspexerit, itaque ad liberorum orbitatem redactus sit : ut ille pariter cum liberis liberam voluntatem amitteret, neque testamenti factionem haberet, neque quæ donata à parentibus essent, pro arbitrio administrare permitteretur. Atque hoc quidem ubi nonnullis placuisset, facilèque à posterioribus susceptum esset, despecta veteri legislatione, in hodiernum usque diem in republica valere conspicitur. Nos itaque pristinam legum hac de re auctoritatem renovantes, statuimus, ne quis illorum qui de dotis restitutione disceptant, rejiciatur, infectaque re inanis dimittatur. At quid aiunt illæ? si filius liberis orbetur, donum quod illi à patre processerit, ad donatorem oportere reverti : quod verò aut à matre aut ab extraneo quopiam donatum filius habet, non item, nisi reverti debere id donatores pacto complexi sint. Sed quæ filiis patres inter emancipandum dederunt, apud eos qui acceperunt, irrevocabiliter permanere, illosque de illis testari jubent : nisi pacti cujuspiam, quùm pater donaret, initi, obstaculum subsit. Nos itaque in harum sententiam pedibus euntes, scire omnes jubemus, si filius sui juris factus, nullosque liberos habens testetur, parentes illa duntaxat quæ ex lege Falcidia ad ipsos manant, nisi pactum, quo modo supra dictum est, initum sit, percepturos : reliquos verò cognatos , quanquam ab intestato vocarentur, ut qui de restitutione pactum interponere neglexerunt, omninò nihil. Illud porrò annotatu dignum, solius virilis personæ in potestate esse filium dici. Cæterùm quoniam præter alios modos hic quoque sui juris filium esse ostendebat, si qui ipsum in potestate habebat (sive is pater, sive avus esset), libertate ipsum suo ore donasset : nos hoc insuper annectimus, ut si pro suo saltem arbitratu vivere filius videatur (sive id ejus verbis cujus sub potestate degit, concessum fuerit, sive verbis quidem concessum non sit, sed consensus tacitus filio vitæ rationes separatim instituenti non adversatus sit, verùm ipsum suo modo seorsùm vivere permiserit) tametsi à conjugii commercio liber sit, jus tamen liberi arbitrii ratum illi et confirmatum sit. Etenim si servi semel jugo emissi, dum mali non apparent, iterum illud trahere non coguntur : quomodo indignum non est, filios patria potestate liberatos, denuò sub jugum mittere, ipsosque perpetua libertate, qua, quomodo dixi, servi etiam fruuntur, expertes esse?

sujet de la restitution de dot, et qu'on ne devra pas les renvoyer sans avoir jugé leur contestation. Mais voyons d'abord ce que décident les lois anciennes. Si l'enfant émancipé, disent-elles, perd ses enfans, la donation que son père lui avait faite est révoquée au profit de ce dernier; mais il n'en est pas de même de celle qui lui aurait été faite par sa mère ou par un étranger, à moins qu'on n'eût stipulé que la révocation aurait également lieu dans ce cas. Il n'en est pas de même non plus de la donation que son père lui aurait faite en l'émancipant ; il conserve les biens qui y sont compris , et peut en disposer par testament , à moins qu'il n'existe dans la donation des clauses qui s'y opposent. En conséquence, adoptant entièrement ces dispositions, nous décidons que si l'enfant émancipé et n'ayant point d'enfans, fait un testament, son père pourra prendre ce qui lui est assigné par la loi Falcidia, à moins qu'il n'y ait renoncé dans la donation ; mais que ses autres parens, quoiqu'appelés *ab intestat*, n'auront droit à rien s'ils ont négligé de joindre à la donation la clause de restitution. Enfin, une chose digne de remarque dans ces lois, c'est qu'on y dit que l'enfant ne peut se trouver sous la puissance que d'un parent mâle. Au reste, comme, indépendamment des autres modes d'émancipation qu'elles renferment, on y voit qu'il peut aussi être émancipé verbalement par son père ou par son aïeul, nous ajoutons à leurs dispositions que s'il parait vivre maître de lui, soit que son père l'y ait autorisé verbalement, soit qu'il ne l'y ait point autorisé, mais qu'il ait souffert tacitement qu'il s'établit et vécût à part, quoiqu'il ne fût pas marié, son indépendance doit être approuvée et confirmée. En effet, si les esclaves affranchis du joug de la servitude ne peuvent pas y être assujettis de nouveau lorsqu'ils se conduisent bien, comment ne serait-il pas indigne que les enfans, une fois émancipés, retombassent sous la puissance paternelle et n'eussent pas le privilége accordé aux esclaves, de rester toujours libres?

CONSTITUTION XXVI.

Que les eunuques peuvent adopter.

*Le même empereur à Stylianus, maître
par excellence des offices sacrés.*

LE mariage est le plus grand bienfait que
les hommes doivent à Dieu. Non-seulement
il répare les pertes que la mort fait faire à
la nature et assure la perpétuité de l'espèce humaine, mais il nous procure encore des biens inappréciables en nous rendant pères. Quoi de plus doux en effet pour
le cœur de l'homme que les jouissances que
lui donnent des enfans? Quoi de plus utile
dans le relations de la vie, sur-tout pendant notre vieillesse? Nous savons combien leurs soins adoucissent les chagrins
de cet âge. Mais comme tous ceux qui
se marient ne sont pas assez heureux pour
avoir des enfans, la loi a voulu qu'ils dussent à sa bienfaisance ce que la nature
leur aurait refusé. Cependant elle n'a pas
décidé cela d'une manière si générale
qu'elle ait étendu ses dispositions à tout
le monde. En accordant à certaines personnes la faveur de se donner des enfans
sans le secours du mariage, elle l'a refusée
à plusieurs autres. Cependant il eût été
convenable que tout le monde participât
également au bienfait d'une loi qui avait
pour objet de faire cesser l'état de privation de ceux qui n'auraient point d'enfans,
et de venir au secours des pères à qui le
mariage n'en aurait point procuré. Mais
elle ne l'a pas voulu ainsi, et elle exclut
de cette faveur ceux qui ont été mis dans
l'impuissance d'engendrer, bien qu'ils ne
dussent pas inspirer moins de pitié. Elle
donne cependant pour raison de cette exclusion, que la loi ne doit pas reconnaître
comme propres à la génération ceux qui
ne le sont pas aux yeux de la nature. Mais
c'est à la cruauté des hommes, et non pas
à la nature, qu'il faut attribuer leur impuissance. Aussi ne jugeant pas que la loi
doive être aussi cruelle que ceux qui leur
ont fait cet outrage, nous statuons que
s'ils veulent adopter ils auront le pouvoir
de le faire. Je crois en effet qu'on doit ap-

CONSTITUTIO XXVI.

Ut eunuchi adoptare possint.

*Idem imperator Styliano excellentiss.
sacrorum officiorum magistro.*

MAGNUM sanè excellensque donum à
Deo creatore ad mortales promanavit,
matrimonium. Non modó enim naturæ
mortis ingluviei obnoxiæ opem fert, hu-
manoque generi perpetuitatem elargitur,
id dum ab illa depascitur, non omninó
deperire sinens : verumetiam per liberorum procreationem permagna alioqui hominum vitæ præstat. Nam quid ea quæ ex
liberis percipitur voluptate ad oblectandos
hominum animos suavius? aut verò quid
in humanæ vitæ negotiis, cum aliis, tum
quæ in senectute nobis se offerunt, utilius?
Levari senectutis molestias liberorum ministerio videmus. Verùm quoniam eam
utilitatem per matrimonii commercium
consequi non omnes valeant, voluit lex,
et rectè quidem, in eos qui id donum à
natura non accepissent, sua benignitate
beneficium conferre. At id propositum
non ita erga omnes servavit, ut omni de-
fectu vacuum beneficium daret. Aliis enim
etiam extra matrimonium acquirendi liberos potestatem fecit, alios hujus benefi-
centiæ extorres reliquit. Quanquam ejus
legis, quæ in hoc semel edita esset, ut
liberorum orbitate qui nullos haberent,
liberaret, ac sua ope patres, quibus ex
matrimonio id esse non contigisset, efficeret, pertinere ad omnes beneficentiam
conveniebat. Verùm illa id ita non vult :
sed rejicit illos qui lethalia passi sunt:
quorum tamen, quod injuria affecti, gene-
randique facultate privati sint, misereri
par erat. Repulsæ autem causam hanc
ponit, quod dicat. Quos natura ad gene-
randum non idoneos noverit, hos neque
legem hoc beneficio affecturam. At verò
non natura, sed hominum injuria his generandi vim ademit. Qui homines, si præter injuriam quam ab hominibus sustinue-
runt, alteram per leges non subirent, dignum fore imperatoria nostra majestas
rata statuit, ut si adoptare vellent, liberam

id faciendi potestatem haberent. Existimo enim illic beneficium magis esse necessarium, ubi ejus impensiùs requiritur utilitas. Eunuchis autem præcipuè liberorum acquisitio, quæ per legem fit, est necessaria, eoque magis, quod una hac ratione, ut patres sint consequantur: itaque liberorum ministerio ipsis frui contingat : quo inhumanum esset, si, quod genitalibus privati sint, insuper etiam privarentur. Sed quemadmodum cui vocis usus ademptus est, quæ linguæ munia sunt per manum adimplere, et qui sermonem labris fundere nequit, per scripturam ad ordinandas res suas procedere non prohibetur : ita neque qui, quod genitalibus privati sunt, liberos non habent, horum indigentiam alio modo compensare vetandum est.

pliquer ce bienfait là où sa nécessité se fait le plus sentir. Or la faculté d'adopter est principalement nécessaire aux eunuques ; d'autant plus qu'ils cherchent à se procurer par elle le bonheur d'être pères, de jouir des secours et des soins d'un enfant, et qu'il serait tout-à-fait inhumain de leur ôter tout moyen d'en avoir parce qu'ils n'auraient pas le pouvoir d'en procréer. En effet, puisque celui qui est muet peut s'expliquer par gestes, et que celui qui n'a point de facilité à s'énoncer peut arranger ses idées par écrit, de même ceux qui n'ont point d'enfans, parce qu'ils sont privés des organes de la génération , doivent pouvoir s'en procurer d'une autre manière.

CONSTITUTIO XXVII.

Ut pariter omnibus adoptare liceat.

Idem imperator eidem Styliano.

CUM eos qui sua industria rem aliquam humanæ vitæ utilem adinvenire student , in commune illam proponere, quam certis hominibus devovere, aliosque ejus expertes relinquere, decentius sit : tum verò longè magis legum beneficium commune esse convenit. Nam sicut sub principe, virtute : sic sub legibus, quotquot illis paremus atque subditi sumus, illarum beneficio in commune frui debemus. At quid sibi vult hoc proœmium? Quod quùm liberorum orbitate infelices liberare infortunio lex vellet adoptare, et quod à natura accipi non posset, opinione comparere jubendo, non erga omnes similiter servarit, propositum : atque viros quidem et mulieres, quas natura postquam matres novisset , ademptione sobolis ad liberorum orbitatem redegisset, adoptandi jure donarit : eunuchos verò et mulieres, è quarum sinu nondum ullus fœtus effloruisset, beneficio indignos censuerit, tam viliter nescio quomodo ratiocinata. Non enim qui hoc incommodo, ut natura patres esse nequeant, eunuchi affecti sint, continuo, idem incommodum lege augeri oportet : sed è di-

CONSTITUTION XXVII.

Qu'il est également permis à tout le monde d'adopter.

Le même empereur au même Stylianus.

S'IL est convenable que ceux qui appliquent leur industrie à des découvertes utiles en fassent également jouir tous les hommes , au lieu d'en consacrer tout le fruit à certaines personnes et d'en priver ainsi toutes les autres, il l'est beaucoup plus encore que les bienfaits des lois soient communs à tous les citoyens. Car de même que les sujets d'un prince doivent tous jouir de ses vertus , de même les sujets de la loi doivent également participer aux avantages qu'elle accorde. Mais voyons où nous conduit ce préambule. Quand je considère que le législateur , avec l'intention d'adoucir l'infortune de ceux qui n'ont point d'enfans, en leur donnant la faculté d'adopter et de se procurer ainsi l'image d'un bien que la nature leur refuse, n'a accordé cette faculté qu'aux pères et mères qui ont perdu leur famille, et l'a refusée au contraire aux eunuques et aux femmes stériles, qu'il n'en a pas jugé dignes ; je ne conçois pas comment il a pu faire des dispositions si peu d'accord avec ses vues. En effet, au lieu d'aggraver le malheur des eunuques qui ne peuvent point devenir pères, il devait bien plutôt leur permettre de se dédommager de cette privation, de même qu'il laisse ceux qui ont perdu les membres à l'aide desquels nous agissons, comme les mains, les pieds ou toute autre partie de leur corps, user de tous les moyens possibles pour suppléer à ce défaut. D'un autre côté, il n'est pas plus raisonnable de refuser le pouvoir d'adopter aux femmes stériles. Quel motif peut-il y avoir, en effet, pour accorder cette faculté à la mère qui a perdu ses enfans, et pour mettre la femme qui n'en a point eu dans l'impuissance d'en jamais avoir? Certes, si la principale utilité des enfans est de soutenir leurs parens dans leur vieillesse, il n'est pas moins équitable d'accorder à celle-ci qu'à celle-là le pouvoir de s'en procurer. L'adoption offrirait à celles qui sont pauvres un moyen d'alléger leur misère par les secours qu'elles pourraient attendre de leurs enfans, et elle ne serait pas moins avantageuse à celles qui sont riches. L'enfant adoptif dévoué au service de sa mère adoptive lui tiendrait lieu de fils comme elle lui tiendrait lieu de mère, il administrerait ses biens, il partagerait le poids de ses peines et lui procurerait ainsi une existence plus douce et plus paisible. En conséquence, abrogeant les lois qui refusent le pouvoir d'adopter soit aux eunuques, soit aux femmes qui n'ont jamais eu d'enfans, nous l'accordons également aux uns et aux autres, non-seulement à cause des avantages qui résultent de l'adoption, mais encore parce qu'elle offre un moyen de conserver sa virginité. Or, comme beaucoup de personnes préfèrent demeurer vierges que de se marier, et cependant éprouvent par fois le désir d'avoir des enfans, elles ne pourront plus être tentées de sacrifier leur virginité, lorsqu'elles verront qu'elles peuvent s'en procurer sans le secours du mariage. Il est faux d'ailleurs qu'on ne doive pas permettre à une femme d'adopter parce qu'elle ne peut point avoir ses enfans sous sa puissance; car, si l'on admet cela, il faudra refuser ce pouvoir non-seulement à celles qui n'auront jamais eu d'enfans, mais encore à celles qui auront été mères. La loi dit en effet d'une manière générale, *que la femme ne peut point*

verso ejus rei defectum alio modo compensari non prohibere, longè magis par est : quemadmodum aliis membris, quæ ad actiones naturales requiruntur (ut manibus, pedibus) mutilatis, aut si qua alia parte privati sint homines, illi quocunque possunt modo, mutilationem sarcire non prohibentur. Jam verò neque mulieres quia matres non fuerint, ne adoptent, coerceri, rationi consentaneum est. Quæ enim ratio est, ut illis, quod liberis orbatæ sint, denuò acquirendorum liberorum jus largiare : has verò, quòd istiusmodi possessionis prorsus inopes fuerint, per omnem vitam in illa inopia vivere velis? et certè si hæc præcipua liberorum utilitas est, ut parentes in senio sustentent : quo pacto non tam his quàm illis ex æquo ut beneficii participes essent, concedere æquum fuit? Sic enim quibus tenues arctæque facultates sunt, filiorum ope et auxilio levior paupertas esset : quæ verò illas omni rerum copia affluentes habent, et his adoptio conduceret. Nam qui in filii locum assumptus esset, is et inserviens matri, et pro illa quæ par est filium facere sedulo exequens, quum bona illius, ita ut in suo statu manerent, administraret, tum cum matre curatum onus partitus ut illa tranquillius lætiusque viveret, efficeret. Nostra itaque imperatoria majestas, iis legibus quæ adoptare his quos diximus non permittunt, administrationem abrogans, evulgat legem, quæ omnibus qui adoptare velint, sive quispiam viri facultate orbatus sit, sive aliquam necdum matrem sol viderit, ejus faciendi potestatem facit, non solùm autem ob commoditates quas ex adoptione manere dixi, sed etiam quòd inde virginitatis decus cohonestari animadvertam. Si quidem quæ conjugali consuetudini virginitatem anteponunt, interimque liberorum desiderio punguntur, quum id extra matrimonii consuetudinem consequi se posse videbunt, virginitatis honestatem negligere non sustinebunt. Neque porrò verum est, ut quia mulieri liberos in potestate habere permissum non est, idcirco illi adoptare non liceat. Primum enim, quia si quis hoc admittat, non modò mulieres, quæ nunquam pepererunt, verumetiam quæ matres extiterunt, ab adoptione arcet. *Fœmina enim, ut lex inquit, habere in potestate non potest.* Deinde quæ hoc sanxit lex, loquitur de illis qui à matribus recedentes seorsum suo arbitratu vivere malunt : non item verò de iis qui materna imperia libenter tolerant, ipsarumque præscriptis per omnem vitam parere proposuerunt. Non igitur obedientiam et famulatum voluntarium, quanquam is rarus sit, lex prohibet : sed illic fœmina potestate privatur, ubi voluntatis assensus ad obedientiam non coit. Nam si hoc ita sit, quomodo multæ matres jam viduæ liberos secum unà viventes et subditos ad extremum usque diem habent, et animam in illorum manibus expirantes, maternæ benedictionis suarumque facultatum illos relinquunt heredes ? Porrò et illud etiam imperatoria nostra majestas benignè subitis largitur, ut non modo ab imperatore (quemadmodum vetustiores leges præcepere), sed etiam à quocumque, cui cujuscunque loci rectio injuncta erit, qui adoptare volet, id faciendo facultatem accipere possit.

avoir sous sa puissance. D'ailleurs en établissant cette disposition, il n'est pas douteux qu'elle entend parler de ceux qui se séparent de leur mère parce qu'ils préfèrent vivre seuls, et non de ceux qui se soumettent volontairement à son autorité, et qui se sont fait un devoir de lui toujours obéir. Elle ne prohibe donc point cette obéissance, cette espèce de servitude volontaire, quoiqu'on en voie bien peu d'exemples ; et la femme n'est privée d'autorité, que là où ses ordres ne sont point suivis. Or, peut-on dire que cela arrive lorsqu'on voit une foule de mères, déjà veuves, avoir leurs enfans avec elles, les tenir dans leur dépendance pendant toute leur vie, expirer dans leurs bras, et leur laisser en mourant leur bénédiction et leur fortune ? Nous statuons en outre, pour l'avantage de nos sujets, qu'à l'avenir ils pourront recevoir la faculté d'adopter non-seulement de l'empereur, comme l'avaient établi les anciennes lois, mais encore du magistrat de chaque lieu.

CONSTITUTIO XXVIII.

Quo tempore et à quibus rerum suarum administratio adultis concedi debeat.

Idem imperator eidem Styliano.

QUANDOQUIDEM hoc etiam legislatoribus rectè placuit, ut minoribus curatores præficerentur, qui parentum de illis curam supplentes, et ætatis imbecillitatem curæ haberent, et bona convenienti sollicitudine illæsa conservarent : quod legislationi rectè se habenti deest, ex nobis addendum putavimus. At quis ille defectus est ? Quòd à solo imperatore, jussis recedere curatoribus, rerum administrationem tradi minoribus : atque quùm jam præfinitæ ætatis modum attigerint (quem maribus vigesimus, fœminis verò decimus octavus annus tribuit), et tanquam ad hanc ætatem, qua sapere rectèque atque utiliter res suas administrare possunt, jam pervenerint, in plenam rerum suarum potestatem collocari velit. Verùm quoniam,

CONSTITUTION XXVIII.

A quel âge et de qui les mineurs peuvent recevoir l'administration de leurs biens.

Le même empereur au même Stylianus.

LES législateurs ont établi, avec raison, qu'il fallait donner aux mineurs des curateurs qui pussent leur tenir lieu de parens, suppléer à la faiblesse de leur âge et veiller à la conservation de leurs biens ; mais je remarque un défaut dans leurs lois à cet égard, que je crois devoir corriger. Ce défaut consiste en ce qu'elles établissent qu'à la fin de la curatelle les mineurs ne pourront recevoir l'administration de leurs biens que de l'empereur seulement, et qu'ils ne pourront la recevoir qu'à un âge déterminé, c'est-à-dire les garçons à vingt ans et les filles à dix-huit, comme celui auquel ils peuvent administrer sagement et utilement leur fortune. Or, comme tous les hommes ne sont pas raisonnables à la même époque, on ne pouvait pas statuer
d'une

d'une manière générale qu'ils recevraient tous, à un seul et même âge, l'administration de leurs biens; il fallait considérer, d'après l'état de chacun, à quel âge il était à propos de lui confier cette administration. Car faut-il reconnaître que tel en est digne parce qu'il a atteint l'âge déterminé, si d'ailleurs son jugement n'est pas encore formé; et que tel autre en est indigne parce qu'il n'a pas encore atteint cet âge, lorsqu'il a d'ailleurs la sagesse et la capacité nécessaires? Ainsi, puisque les hommes n'offrent pas moins de différences entr'eux au moral qu'au physique, que tel, avant l'âge fixé, jouit déjà de toutes les forces de sa raison; et que tel autre, même après cet âge, ne possède encore qu'un esprit faible et débile, la loi qui a déterminé cet âge d'une manière générale, est évidemment défectueuse. Mais elle pèche encore sous d'autres rapports : d'abord en ce qu'il est très-difficile, et, pour dire encore plus, impossible que tout le monde puisse profiter de ses dispositions. Comment, en effet, ceux qui sont séparés de l'empereur par un très-grand espace de terre ou de mer, sans parler ici des autres obstacles qui peuvent s'offrir dans le cours de la vie, comme les maladies, la crainte des piéges que nous tend un ennemi, les fractures de membres, accidens qui très-souvent ne permettent pas même de se montrer dans le lieu qu'on habite, et qui doivent empêcher, à plus forte raison, d'entreprendre un voyage de long cours; comment, dis-je, des jeunes gens au milieu de ces obstacles et de mille autres qui froissent continuellement notre existence, parviendront-ils à obtenir de la seule personne de l'empereur le pouvoir d'administrer leurs biens? Aussi voulant faire disparaître ce vice de la loi, comme nous l'avons dit plus haut, nous statuons que les pubères qui auront atteint leur majorité, c'est-à-dire, les garçons de vingt ans et les filles de dix-huit, jouiront pleinement de la faculté d'administrer eux - mêmes leurs biens, comme ayant à cet âge toute la prudence nécessaire pour le faire sagement et utilement. Cependant s'ils ne paraissent pas avoir assez de bon sens pour cela, qu'au moment de régir leur fortune ils n'agis-

sapiant , omnibus non eadem ætate contingit , non ita simpliciter statui neque ex sola ætate ad rerum suarum gubernationem pariter omnes produci oportebat ; sed erat quam ætatem cujusque eorum qui rerum suarum administrationem suscepturi essent, status requireret, inspiciendum. Quid enim? an quùm hic, postquam eam ætatem egressus sit, nondum autem satis sapere cœperit, administratione dignus judicatus fuerit : ille, quanquam etiamnum infra eam ætatem sit, prudentia tamen non destituatur, ut rectè res suas administrandas suscipere non possit, ab administratione arcendus erit? Quando igitur non minus animo quàm corpore inter sese homines differunt, et alii etiam ante legitimum tempus rationem benè constitutam habent : aliis verò etiam id supergressis mens nondum stabilita est : quod lex hæc ita vellet, ut defectuosa eadem esset, factum est. Quin et alia hujus legislationis incommoda sunt. Ac primùm quidem, quod difficile, imò verò prorsùs impossibile sit, ut ad omnes legislatoris voluntas pertingat. Quomodo namque qui longis terræ marisque distinentur intervallis (ut interim alias vitæ difficultates, ut morbos, insidiarum hostilium metus, membrorumque mutilationes omittam : quæ persæpè difficultates, ne in ipso quidem domicilii loco prodire, nedum longinquam profectionem suscipere permittunt) quomodo, inquam, hisce, sexcentisque, quæ mortalium vitam allidunt rebus aliis adolescentes impediti, rerum suarum administrationem ab unius imperatoris nutu petent? Quod ergo, sicut superius diximus, legislationi deerat, id adimplentes, jubemus, ut qui puberes imperfectæ ætatis tempus jam superarunt (mares nempe annum XX. fœminæ verò XVIII.) animumque ad res gerendas idoneum habent, ac prudentiam, quæ administratio refrenata res non labefactet, ut illa nocenter concessa non videatur, collegerunt : his plena rerum suarum auctoritas detur. Accipiunto itaque hi, justaque potestate res suas agunto. At quibus rerum rectè gerendarum judicium adhuc deest, eò quòd sibi ipsis (utpote qui quùm gubernare debeant, imprudentiæ imperio regantur) damnosi futuri sint, etiamsi id tempus prætergressi fuerint, non percipient. Si quidem si, qui propositus finis erat, ut bona rectè administrarentur, is necdum præsens sit, qua ratione, quanquam ætas advenerit, cum periculo ipsis committentur, quæ ipsius procuratione non rectè administrabuntur? Ad hunc ergo modum qui rebus prudenter præesse poterunt, tametsi ad administrationis tempus haud dum pervenerint, non prohibebuntur. Unum est enim quod requiritur, ne bona labefactentur, quod cùm adsit, supervacaneum est ætatem expectare. Et non tantùm imperator rerum suarum procurationem administrationemque concedet, verumetiam quibus cujusque loci magistratus obtigerit, plenamque jurisdictionem habent. Ita enim legislatoris providentia omnibus qui indigebunt, utilis erit, atque lex vim suam magis exeret.

sent eux-mêmes qu'au gré de leur imprudence, et soient exposés à se nuire, quoiqu'ils aient passé l'âge auquel ils peuvent en recevoir l'administration, elle ne leur sera point accordée; car s'ils ne peuvent pas remplir l'objet de la loi, s'ils ne peuvent sagement administrer leurs biens, pourquoi cette administration leur serait-elle confiée, encore bien qu'ils aient atteint l'âge auquel ils peuvent la recevoir? Et par la même raison pourquoi la refuserait-on à ceux qui n'ont point atteint cet âge, si d'ailleurs ils ont la prudence qu'elle exige? La loi en effet n'a qu'un but, c'est que les biens soient bien administrés; quand elle s'est assurée de cela, elle n'a plus besoin de considérer l'âge. De plus, ce n'est point l'empereur seulement qui pourra donner cette administration, mais encore le magistrat du lieu où se trouvera le mineur: de cette manière chacun pourra jouir du bienfait de la loi, et son application deviendra beaucoup plus facile.

CONSTITUTIO XXIX.

Ut ancillarum partus apud alium editus, ad ipsius dominum sequatur.

CONSTITUTION XXIX.

Que l'enfant dont une femme esclave accouche ailleurs que chez son maître, appartient néanmoins à celui-ci.

Idem imperator eidem Styliano.

Le même empereur au même Stylianus.

QUEMADMODUM hunc sermonem, qui nullam præ se fert mendacii perversitatem, verum esse atque rectum scimus : ita etiam veram legem, quæ iniquitate perverti non deprehenditur. Atque adeò si qua id non observat, ea lex non est, quamvis ea appellatione digna habita sit. Si enim hoc legis est, *ut cuique jus suum tribuat*, quomodo quæ hoc non præstat, lex erit? At cùm alia etiam nomine tenus leges in id committere deprehensæ sunt, tum verò illa maximè, quæ partum ancillæ, quæ non apud dominum, sed furto aliove modo subducta, apud alium quempiam peperit, postquam facinus innotuit, non cum matre ad suum dominum abire, sed ab hoc quem alieni mancipii dominum fuisse constat, detineri jubet. Hoc itaque quia non rectè se habere visum est, con-

PUISQUE nous considérons comme vrai le discours qui ne présente rien de faux, nous devons reconnaître comme juste la loi qui ne renferme rien d'inique. Toute loi qui blesse la justice n'est pas proprement une loi, encore bien qu'on l'ait jugée digne de ce nom. Si c'est une loi, par exemple, *que de rendre à chacun ce qui lui appartient*, comment pourrait-on appeler de ce nom celle qui déciderait le contraire? Parmi celles à qui l'on peut faire ce reproche, une des plus remarquables est celle qui établit que, dans le cas où une femme esclave, enlevée à son maître par vol ou de toute autre manière, accoucherait hors de chez lui, au lieu de lui être rendue avec son enfant, lorsque le vol serait découvert, elle lui serait rendue seule, et que son enfant resterait à celui

chez qui elle en serait accouchée. Or, trouvant cette disposition très-peu juste, nous croyons devoir la corriger, et nous ordonnons en conséquence que l'enfant suive sa mère et passe avec elle à son maître : car, de ce que la mère doit lui être rendue, comme cette loi le décide, il ne s'ensuit pas qu'on doive le frustrer de son enfant, pour en faire profiter celui chez qui elle est accouchée. C'est assez pour celui-ci qu'il ait pu jouir comme il l'a voulu des services de la mère. On dira peut-être que s'il a fait des dépenses pour elle il doit en être indemnisé, et qu'alors il est tout simple qu'il garde son enfant. Mais s'il peut donner une pareille raison pour conserver l'enfant, il est clair qu'il n'aura qu'à grossir la somme qu'il a droit d'exiger en indemnité, pour pouvoir retenir aussi la mère. Et n'est-il pas plus équitable que celui qui a éprouvé le chagrin de l'avoir perdue en soit dédommagé par le bénéfice de l'accession, que si l'on accordait ce bénéfice à celui qui non-seulement n'a fait aucune perte, puisqu'il peut se faire rembourser ce que la mère lui a coûté, mais qui encore a profité de ses services ? Décidons donc qu'il ne pourra pas conserver son enfant, et que cet enfant reviendra avec elle à son maître ; car, soit que le voleur qui l'a lui a vendue soit assez riche pour lui rembourser le prix qu'il lui en a payé, soit qu'il soit mort ou bien dans la misère et ne puisse pas lui rembourser ce prix, il est toujours plus équitable que le maitre qui a perdu son esclave soit dédommagé de ce chagrin en recouvrant avec elle l'enfant dont elle sera accouchée.

venienti medela nos dignati, uti suus matrem partus sequatur, jubemus. Non enim quia fur, quæ lex domino persolvi debere decernit, obtinet ; idcircò etiam ille ancillæ suæ partu privari, eumque alius lucrari debet. Ad lucrum autem huic satis sit, quod illa ad ministerium pro arbitrio usus est. At dixerit aliquis : Sed si quid in illam, dum possedit, impenderit, oportet et ipsum ex pretio lucrari : ideoque alienum non est partum apud ipsum permanere. Atqui si quisquam ad detinendum fœtum hoc rationem præbere putat, quomodo ut ille matrem sequi debeat, à domino persolutum pretium non majorem præbebit ? Quin quomodo convenientiùs non est, si qui perdidit, indeque dolores in corde pertulit, ex accessione delinimentum sentiat : quàm si ille eam habeat, qui præterquam quod nihil amisit (ab illo enim qui furto subductam ancillam ipsi vendidit, pretium recuperare licet) ancillæ etiam ministerium lucratus est? Neutiquam ergo, quomodo diximus, detineatur partus, sed quemadmodum matrem sic etiam filium prior dominus habeat. Sive enim qui furtum commisit, dives sit, tumque ipsi quod malè accepit, ejus pretium reddet, nihil amplius negotii restet : sive mortuus aut vivus adhuc inopia laboret, ut quæ lex à furibus exigat, exolvere nequeat, tum verò quoque qui ancillam amisit, ejus calamitatem filii cum matre receptione deliniri æquius sit.

CONSTITUTION XXX.

De la femme qui contracte un nouveau mariage avant la dissolution du premier.

Le même empereur au même Stylianus.

Si notre amour pour le bien public nous fait remplacer des lois inutiles par des lois plus avantageuses, il doit également nous faire préférer à celles qui sont mauvaises et nuisibles à nos sujets celles qui sont

CONSTITUTIO XXX.

De muliere quæ vivo marito alios de matrimonio compellat.

Idem imperator eidem Styliano.

Ut quùm leges reipublicæ inutiles deprehenduntur, necessariò illas justa reipublicæ providentia in meliùs transformat : ita quoque ejusdem providentiæ munus sit, ut leges rectè constitutas, nihilque subditos contristantes à malè constitutis subditosque contristantibus seligat, hisque illas anteponat : præsertim verò quando eadem ex re duæ inter se pugnantes leges statuunt. Quomodo enim ratione fultum sit, si ,quùm duces atque præfecti ex pejoribus præstantiores eligantur, et qui in gubernatione ad subditorum utilitatem omnia facturi putantur, præponantur : non item ex legibus, quibus donec respublica consistet, præesse datur, quùm contrà temporanea ducum præfectura sit, non præstantissimæ, sed pejoris notæ, quasque neque à principio innotuisse decuisset, ad gubernacula deducitur? At quorsùm hæc à nobis dicta sunt? Justinianus ille, cujus diadema, præter religionem subditorum, cura etiam decoravit, quùm priùs de solutione matrimoniorum sanctionem edidisset : ut si mulier marito etiamnum superstite de matrimonio cum altero agat, non amplius illam, ut ipsius membrum ipsi jungi liceat, sed ceu insidiatrix ab ipso avellatur : postmodum sibi ipse contradicens, ob hanc causam dirimi non permittit matrimonium. Nos itaque priorem hominis voluntatem, ut quæ his ipsis quæ statuit roboretur, et adversus matrimonia insidias præcidat, humanæ vitæ conducibiliorem esse intelligentes, cam lege lata in republica observari jubemus : quam verò cantata palinodia evulgavit, eam in reipublicæ nostro theatro locum invenire non permittimus. Si qua igitur marito adhuc vivo, de contrahendo matrimonio cum altero sermonem habuisse deprehendatur, ut quæ seipsa nefario proposito abruperit, et matrimonii solutione ab illo abstrahetur, et profectò etiam pecuniariis pœnis, quibus quæ aliis modis à maritis avelluntur, obnoxiæ sunt, subjicietur. Quæ enim matrimonii compage in unam carnem cum marito coiit, non acquiescit autem, sed simul ad alium respiciendo, creatorem qui illam conjunxit, contumelia afficit, simul in maritum hostili animo est : quomodo non justè hæc, quùm priùs se ipsa à conjunctione prorsùs abruperit, abscindetur? Et sanè quando mulier protervo proposito oculum à membro suo avertens, in alienum respicere gestit : quæ alia signa et testimonia ipsam in maritum hostilia cogitare desideres.

bonnes et qui peuvent contribuer à leur bonheur, sur-tout lorsqu'il en existe deux en contradiction sur un même objet. Serait-il conséquent en effet que, lorsqu'on choisit parmi les généraux et les magistrats les plus distingués par leur mérite, ceux qui peuvent travailler le plus efficacement au bien de l'état, on prît au contraire parmi les lois dont l'autorité n'est pas temporaire comme celle de leurs ministres, non les meilleures, mais les plus mauvaises, celles dont on aurait dû même ignorer l'existence? Mais voyons où nous conduisent ces réflexions. L'empereur Justinien, qui n'a pas moins illustré son règne par sa piété que par sa sollicitude pour le bien public, après avoir décidé, en statuant sur la dissolution du mariage, que si la femme, du vivant de son époux, se marie avec un autre, son mariage avec ce dernier sera regardé comme nul, et qu'elle en sera séparée comme ayant voulu lui tendre un piége, établit au contraire par une loi postérieure que, dans ce cas, le premier mariage ne peut pas entraîner la dissolution du second. Or, convaincus qu'il est plus utile au bien de l'humanité de confirmer ses premières dispositions, puisqu'elles tendent à affermir les liens du mariage, nous ordonnons qu'elles soient observées dans l'état, et nous abrogeons au contraire les secondes. En conséquence, si l'on découvre qu'une femme, du vivant de son mari, parle de se marier avec un autre, et qu'elle ait consommé ce coupable dessein, elle sera arrachée à ce nouvel époux avec qui son mariage sera dissous, et condamnée rigoureusement aux peines pécuniaires dont sont passibles les femmes qui abandonnent leurs maris de toute autre manière. Il convient en effet que celle qui, après avoir confondu son existence avec celle de son mari, au lieu d'arrêter sur lui toutes affections, non-seulement se montre son ennemie, mais encore outrage le créateur qui a formé ses liens, en voulant en former de nouveaux, soit contrainte de renoncer à ceux-ci si elle a brisé les premiers : car quel indice et quel témoignage plus certain d'inimitié peut-elle donner à son mari que de détourner ses affections de lui pour les porter sur un autre?

CONSTITUTION XXXI.

*Que la femme qui se fait avorter
par haine pour son mari peut être
répudiée par lui.*

Le même empereur au même Stylianus.

DIEU, après avoir créé l'homme, ayant formé la femme d'une de ses côtes, l'unit à lui comme une partie de lui-même destinée à lui servir de soutien, afin qu'elle sût, en pensant au motif pour lequel elle avait été créée, quelle bienveillance et quel amour inviolable elle devait conserver pour son mari. Aussi celle qui est animée par ces sentimens, qui garde à son époux toute sa tendresse, est véritablement un soutien pour lui et remplit dignement les vues du créateur. Mais celle qui éprouve des sentimens contraires, non-seulement paraît ignorer le but de son existence, mais ne peut pas même être considérée comme liée à son époux, quoique par le mariage elle soit censée ne former qu'un seul être avec lui. Aussi a-t-il été fait deux lois contre la femme qui, par ressentiment contre son mari, use d'industrie pour se faire avorter, et fait périr ainsi le fruit de son amour : l'une fait au mari qui a reçu un pareil outrage un devoir de la répudier; l'autre, au contraire, lui refuse ce pouvoir : mais nous croyons devoir accorder la préférence à celle qui conseille le divorce comme étant beaucoup plus utile. C'est en effet une chose dénuée de sens et tout-à-fait inique qu'une femme qui manifeste contre son mari une haine assez prononcée pour détruire dans son sein le germe de sa postérité (sans parler de l'outrage qu'elle fait alors à la nature), conserve encore le droit de rester avec lui. Si nous évitons comme un malfaiteur celui qui nuit à l'ouvrage d'autrui, comment un mari pourra-t-il garder auprès de lui comme une personne de sa famille, plutôt que de repousser comme un ennemi dangereux, celle qui porte atteinte à l'œuvre si excellent et si nécessaire de la procréation, lui qui ressent le plus grand mal de cet attentat? Quel signe plus évident peut-on

CONSTITUTIO XXXI.

*Ut quae mulier mariti odio abortat,
repudiari ab illo possit.*

Idem imperator eidem Styliano.

QUI hominem è terra creavit, costa ipsius in mulierem transformata, adjutricem illi ex ipsius membris conjunxit : quo videlicet suæ creationis causam illa cognoscens, vel hinc discat, qua lege erga conjugem, benevolentiam atque amorem incontaminatum conservet. Quæ igitur ita animata est, benevolentiamque suam marito custodit, revera illa auxiliatrix est, neque conditoris promissum fallit : quæ verò diverso animo est, non amplius neque hoc esse cognoscitur, neque quanquam conjugium in unum illam cum marito cogere annisum fuerit, caro ex carne, membrumve ipsius est. Idcircò quùm de muliere, quæ propter inimicitias quas cum marito habet, de industria abortando, neque in vitæ lucem fœtum producendo, seminis ipsius fructum opprimit, duæ leges latæ sint, quarum una repudiare injuria affectum maritum jubeat, altera verò non permittat : nos legi divortium suadenti assentientes, illi ut multò utiliori auctoritatem attribuimus. Alienum enim mihi à ratione, prorsùsque iniquum videtur, ut quæ tam apertum in maritum odium suscepit, ut ipsius semen disperdat (ut interim omittam, quòd communi naturæ insidiata sit) ipsi cohabitet. Nam si qui alicui alii operi damnum inferunt, eos tanquam inimicos aversamur : quomodo eam quæ procreandorum liberorum operi, tum maximè necessario, tum præstantissimo noxam fecit, ipse qui damno affectus est, ut suam apud se habere poterit, nec ut insidiatricem et hostem dimittet? Quod insuper evidentius signum requiras, ut mulierem marito inimicam esse cognoscas? quomodo id inde manifestum non est, quòd dum adversus illum hostilia cogitat, in vitam progressu fœtum privat? Quomodo igitur dictum est: lex quæ ipsos separat, obtineto, maritusque secedendi à muliere in hoc facinore deprehensa, facultatem habeto. Nam si quæ solùm extra ædes mansit, aut cum hominibus cum quibus non deceret convivata est, hanc lex à uexu matrimoniali separat (quùm tamen hic in maritum odii nullum tam evidens testimonium sit, et accidisse id illi citra matrimonii injuriam videri etiam possit) cujus rationis erit, eam quæ tantum, tamque in maritum et naturam injurium odium conceperit, non disjungere, si ita marito videatur, et jubere ipsum uxorem habere, quæ ipsius vitæ insidietur.

avoir de la haine qu'elle lui porte ? N'est-il pas manifeste que c'est pour lui en donner des preuves qu'elle empêche d'arriver à la vie l'enfant dont il l'a rendue enceinte? Ainsi donc, comme nous l'avons dit, la loi qui prononce leur séparation dans ce cas, sera la seule suivie, et le mari pourra abandonner sa femme s'il découvre qu'elle se soit rendue coupable d'un pareil crime. En effet, si le mariage est dissous parce que la femme a passé la nuit hors de chez elle, ou s'est trouvée dans un festin avec des hommes de mauvaises mœurs, circonstances qui ne prouvent pas de sa part la même aversion pour son mari, et qui n'entraînent pas même toujours son déshonneur, comment ne pourra-t-il pas se séparer d'elle, lorsqu'elle s'est rendue coupable d'un crime qui outrage également la nature et lui, et sera-t-il obligé de vivre avec une femme qui peut attenter à sa vie?

CONSTITUTIO XXXII.

De adulteris manifesto deprehensis.

Idem imperator eidem Styliano.

ADULTERII scelus, si quod aliud, gravem horrendamque pœnam exigit, et, ut puto, homicidii pœna non minorem. Homicida enim persæpè unius tantùm sanguinaria manu vitam evertit : scelestus verò adulterii perpetrator quàm plurimos ferè de medio tollit, maritum, liberos, cognatos, aliosque, dum uno vulnere dilacerato matrimonio omnes prosternit. Verumtamen quia, cùm olim id facinus morte puniretur, visum est posterioribus mitiorem proferre sententiam : ac verò nos ferè ad benigniora trahimur : quàm illi constituerunt pœnam, ut nempe nasus detestandis illis ambobus abscindatur, hanc et nos statuimus, atque hæc quidem nefarii istius sceleris esto pœna. Ac quoniam maritum pro tanta injuria citra consolationem relinqui non oportet, in matrimonii jus injuriæ mulieris dotem percipiendo se consolator. Insuper mulieri ad alteras nuptias pro salute, neque, quasi in nasi abscissione præmium acceperit, liberè in pos-

CONSTITUTION XXXII.

Des personnes surprises en adultère.

Le même empereur au même Stylianus.

S'IL est des crimes contre lesquels on doive prononcer des châtimens rigoureux et effrayans, l'adultère est de ce nombre ; je suis d'avis qu'on doit le punir aussi sévèrement que l'homicide. Le meurtrier n'ôte souvent la vie qu'à un seul individu ; celui qui commet un adultère attente aux jours d'une foule de personnes ; en brisant les liens du mariage il atteint à la fois le mari, ses enfans, leurs parens et d'autres encore. Ce crime était autrefois puni de mort ; depuis on a jugé à propos de substituer à cette peine une peine plus douce ; et donnant la préférence à celle-ci, nous décidons, avec ceux qui l'ont établie, que la femme adultère et son complice auront le nez coupé : ce sera là la peine de leur crime. Et comme, d'un autre côté, il faut dédommager le mari de l'outrage qu'il a reçu, nous décidons que la dot de sa femme lui sera acquise. De plus, nous défendons à celle-ci de se remarier, et pour que sa peine ne devienne pas en quelque sorte une récompense pour elle, il ne lui sera point permis de frayer librement avec des hommes de mauvaises mœurs. Nous ordonnons, au contraire, qu'elle soit enfermée dans un couvent où elle se livrera à ses remords, peine beaucoup trop légère pour son crime. Si elle embrasse la vie religieuse, tous ses biens extradotaux seront partagés entre son couvent et ses enfans; si elle n'a point d'enfans ses ascendans prendront leur place, et à défaut de ceux-ci, ses collatéraux. Si, au contraire, elle meurt sans avoir pris l'habit religieux et avec le pouvoir de tester, on suivra pour le partage de ses biens extradotaux les dispositions de son testament.

CONSTITUTION XXXIII.

Que les femmes des captifs ne peuvent pas se marier avec d'autres individus.

Le même empereur au même Stylianus.

Si j'avais pu croire que les premiers législateurs eussent voulu qu'on ne fît jamais aucun changement à leurs lois, quelque besoin qu'elles pussent en avoir, je n'aurais peut-être pas tenté de corriger celles qui sont mauvaises; et quoique pressé par l'intérêt de l'état, j'aurais renoncé à cette entreprise plutôt que de trahir l'intention de leurs auteurs. Mais comme, s'ils vivaient encore, loin de s'offenser de ce projet, ils rendraient des actions de graces à celui qui l'aurait conçu (car c'est moins pour leur propre gloire que pour le bonheur de l'état qu'ils ont fait leurs lois), assuré que tout ce qui peut contribuer au bien public ne saurait leur déplaire, j'ai entrepris, avec l'aide de Dieu et les secours de la raison, de corriger les défauts dont leurs lois sont atteintes. Un des plus remarquables se trouve, à mon avis, dans ce qu'ils ont établi sur la dissolution du mariage des captifs, dans la loi qui les concerne. Voici comment ils se sont exprimés à cet égard: que le mari ait le malheur d'être fait prisonnier, tandis que la femme conserve sa liberté, ou bien que la femme soit captive,

terum secum libidinosis commiscere, nequaquam permittitor : sed ob scelus commissum monasterium (ubi in contritione animæ leviorem sibi pœnam faciat) velut in exilium detruditor. Et, si monasticæ vitæ desiderio correpta, illam susceperit, quæcunque ipsius bona à dote separata sunt, ea liberi et monasterium inter se distribuunto : si liberi nulli supersint, pro illis parentes, et si neque hi sunt, alii cognati ad divisionem inducuntur. Quòd si in prophano habitu è vita excedat, cùm testamenti factionem omninò habeat, prout illa constituerit, quæ bona extra dotem habuit, dispensabuntur.

CONSTITUTIO XXXIII.

Ne captivorum uxoribus aliis nubere liceat.

Idem imperator eidem Styliano.

Si, qui olim leges tractarunt, eo fuisse animo, ut prorsùs sua, quanquam in illis correctione nonnulla indigerent, corrigi tamen nollent, suspicatus essem : fortasse nunquam hoc consilium suscepissem, uti leges, quæ sese rectè non haberent, corrigere tentarem, et tametsi arcta reipublicæ cura, quò videlicet rectè illa administraretur, necessariò correctionem injunxisset : ut ne tamen primos legislatores contristare videremur, qui nos in hoc impetus ferret, inhibuissemus. At quoniam illis quoque ipsis, si etiamnum in vivis essent, non modò illorum institutum, qui corrigere conantur, non displiciturum, sed eosdem etiam qui ita faciendum censerent, his gratias acturos arbitror (non etiam gloriæ causa, sed quòd reipublicæ commoda curæ haberent, leges edidere) age quæ reipublicæ conducant, neque illis ipsis veteribus legislatoribus displiceant, facientes, exactiore consideratione, seu medicamento quodam Pæonio, legum morbos propitio Deo curemus. Supra cætera etiam ubi de captivis sanxerunt, hoc caput, in quo de matrimonii dissolutione

statuerunt , valde rationi esse dissentaneum videtur. Sic autem et in hæc verba aiunt, sive marito captivitatis infortunium accidat, manente uxore in civitate ; sive cùm uxor in jus captivitatis pervenit , maritus in civitate permaneat : exquisita quidem et subtilis ratio distrahit matrimonium. Semel enim servitute alteri superveniente, conditionis inæqualitas æqualitatem , quæ in nuptiis spectatur, permanere non patitur. Nos tamen humaniùs talia contemplantes , donec certum est superesse maritum vel uxorem, pro non solutis matrimonia habere sinimus : neque ad alias migrabunt nuptias vel mariti vel uxores, nisi petulanter id egisse videri velint, et in pœnas incidere , ille quidem exactionis donationis ante nuptias, hæc verò dotis. Hi ergo istiusmodi de capitivorum matrimonio pronuntiarunt sententiam. Nobis autem neque causa , quam exquisita (ut ipsi loquuntur) subtilisque ratio suppeditat , rationi esse consentanea : neque humanitas, quæ dirimendi matrimonii facultatem præbet, dum ipsos damno subjicit , sincera videtur. Si enim, quemadmodum inquiunt , durare matrimonium fortunæ non permittit inæqualitas, quomodo si ad libertatem revocetur captivus, quùm post matrimonii dissolutionem ad æquabilitatem fortuna redeat, amboque in libertate vivant, ad æquabilitatem matrimonium non redibit? Quæ verò illa sincera humanitas, quæ amicissimorum membrorum subtractione damnum inferre, aliorumque substitutione id quasi sarcire conatur? Quomodo item, etsi usque ad vilissima quæque captivorum substantia jure statuque ipsorum integro taxetur, illos non ita præstantiore parte, sui nempè membri conservatione , atque rerum suarum jure periclitari velle, immensumque damnum fore , si altera pars membrum suum negligere in animum inducat, non perquam est manifestum? Quid igitur ego? Si quùm altera pars in captivitate sit, altera quæ à captivitate libera mansit, ad alterius conjugium respexerit : postliminio verò revertatur quæ in captivitate detenta fuit : ut illi si velit , suum membrum recipiendi facultas sit, ac nequaquam quod alteri conjunctum fuerit, prius matrimonium innovetur. Si enim
conjugium

tandis que le mari ne sort point de la cité , il y a toujours une bonne raison pour que leur mariage soit dissous. Dans ces deux cas, en effet , l'égalité de condition qui doit régner entre les deux époux, pour la validité des noces , se trouve nécessairement détruite. Mais appliquant à cette matière des principes moins rigoureux , nous décidons que, tant que l'un des deux époux vit encore, leur mariage ne peut être dissous , et qu'aucun des deux ne peut en contracter un nouveau, sans être censé avoir agi inconsidérément et être condamné à perdre, le mari les biens donnés à cause de noces, et la femme sa dot. Voilà donc ce qu'avaient établi les anciens sur le mariage des captifs. Mais le motif qui leur semblait péremptoire pour prononcer dans ce cas la dissolution de leur mariage ne nous paraît pas même raisonnable , et ne peut être approuvé par l'humanité , puisqu'il est nuisible aux époux. Si l'inégalité de leur condition ne permet pas , comme ils le disent , que leur mariage subsiste , pourquoi, si l'époux captif recouvre sa liberté , et qu'ainsi leur condition redevienne la même, leur mariage ne recouvrera-t-il pas également sa validité ? Quelle humanité peut-il y avoir à séparer deux époux qui s'aiment ? Et comment croiton réparer le mal qu'on leur fait en leur permettant de former de nouveaux liens ? Quoique tous les biens des captifs , jusqu'aux objets de la moindre valeur, soient appréciés d'après leur état et leurs droits, peut-on croire qu'ils aient voulu exposer la partie la plus chère d'eux-mêmes aux mêmes chances que leur fortune ; et n'est-il pas évident qu'il serait infiniment malheureux pour chacun d'eux d'être abandonné de son conjoint? Que me reste-t-il donc à faire? A décider que si, pendant la captivité de l'un des époux, celui qui est resté libre forme de nouveaux liens , lorsque l'époux captif recouvrera sa liberté , il pourra , si cela lui convient, reprendre son conjoint, avec qui son mariage subsistera toujours, malgré le second que ce dernier aurait contracté : car, si quelques personnes pensent que ce second mariage ne devrait pas être rompu, n'est-il pas encore plus juste de dire que le premier doit recouvrer toute sa
force ?

force? Si l'on dit qu'il n'est pas permis de séparer le conjoint remarié de son nouveau conjoint, n'est-il pas conséquent de répondre qu'il doit être réuni au premier, puisqu'il en a été séparé? On ajoutera peut-être que l'époux captif reçoit en dédommagement, dans ce cas, ce que son conjoint est obligé de lui payer à titre de peine, à cause du second mariage qu'il a eu la témérité de contracter. Je répondrai que non-seulement on ne peut pas donner une pareille raison, mais qu'elle ne peut pas même s'offrir à l'esprit : car quels regrets, quelle privation n'éprouverait pas celui qui changerait son conjoint pour une certaine quantité de biens ! Nous décidons donc que l'époux demeuré libre ne pourra pas se remarier, et qu'il sera obligé d'attendre son conjoint, quelque nombre d'années qu'il reste en captivité, soit qu'il donne ou ne donne pas de ses nouvelles. Et s'il en est, malgré cette loi, qui soient tentés de rompre leur premier mariage pour en former un nouveau, et qu'ils le fassent sans se conformer aux dispositions particulières de la Novelle cent dix-sept, relatives aux femmes de ceux qui sont en expédition militaire, ils seront soumis aux peines prononcées par cette loi ; et de plus, comme nous l'avons dit, l'époux captif pourra, s'il recouvre sa liberté, réclamer et reprendre sa femme.

conjugium cum altero postmodum initum videbitur aliquibus dissolvi non oportere, quomodo non æquiùs fuerit, si primus matrimonii nexus in suum statum revertatur? Et si eo quòd alienæ parti conjunctum sit, id quispiam avelli non permittat : quomodo quod à sua parte abruptum sit, id in suum locum restitui, rationi non fuerit consentaneum? At dixerit aliquis : sed in lucrum captivis cedit, quod propter alterum temeritate contractum matrimonium, per compensationem pœnæ nomine introductum est. Verùm hunc sermonem non dico non labris exprimi, sed ne in mentem quidem auctoribus ejus venire meliùs fuerit. Nam quomodo ille, qui membrum suum pecuniis commutat, non extrema mentis infelicitate et penuria laborat? Sancimus itaque, ut nequaquam amplius quæ pars à servitute intacta mansit, ad alterius conjugium procedat : sed quotcunque annis altera in servitutis miseria detinebitur, tametsi inde nullam neque de scripto, neque citra scriptum significationem accipiat, illam expectet. Et quòd si præter hanc legem alterius matrimonii commercio à priore abrumpi aliqui velint, idque non secundùm observationem in Novella centesima decimaseptima de uxoribus eorum, qui in expeditione sunt relata, fiat : sciunto illi, quòd positis in dicta constitutione pœnis subjacebunt. Insuper etiam, quemadmodum diximus, ut si qui servitutis ærumnas sustinet, liberetur, suum si velit membrum recipiat, licebit.

CONTITUTION XXXIV.

Du tuteur qui déshonore sa pupille.

Le même empereur au même Stylianus.

C'EST une chose très-répréhensible de la part de ceux qu'on a considéré comme des hommes sur la probité desquels on pouvait compter et qui avaient déjà paru dignes d'une certaine confiance à ceux qui avaient conçu d'eux cette bonne opinion, de se montrer perfides et méchans plutôt que bons et fidelles. Aussi lorsque les tuteurs, au lieu de faire le bien des pupilles confiés à leurs

CONSTITUTIO XXXIV.

De tutore qui pupillam suam vitiat.

Idem imperator eidem Styliano.

NEFARIA res est, si illi, de quibus ea expectatio fuerat, quasi probi futuri essent, quùm ab illis qui talem de ipsis opinionem conceperant, jam aliqua fide digni habiti sint, pro bonis atque fidis inimicos et infidos se exhibeant. In illis autem quibus pupillorum obvenit cura, si, cùm pupillis salutariter prospicere debeant, ipsorum eversores existant, tanto id scelus gravius est, quanto illorum fides ab iis, qui id ipsis injunxerunt, major judicata est. Constat enim, quod parens persuasum habens, quos pupillaris ætatis relinquit liberos, ab eo cui cura committenda est, paternum patrocinium sensuros, eam cui ita fidit, demandat. Rectè igitur superiores fecere, qui pro patre conservatoreque pupillæ deprehensum vitiatorem punierunt. Deportationi enim hunc subjiciunt, ac bonorum privatione multant. Verùm in decora specie decorum non servarunt, neque ullam injuria affectæ graviaque passæ puellæ, ut illius infortunio succurrerent, suscepisse curam videntur, dum vitiatoris bona in fiscum statuunt esse inferenda : non animadvertentes hinc fieri, ut ulcisci quidem injuriam velle, sed in proposito non persistere existimentur. Ubi enim injuriæ ultio quando injuria affecto damnum injuria datum non resarcitur, neque qua tenetur calamitatem legis auxilio effugit? Quale autem calamitatis puellæ est effugium, quando non modò infortunii compensationem non invenit, sed lucrum etiam progressu ætatis ex suo dedecore atque infamia paratum esse videt? Ut igitur hoc lege, tanquam probrum aliquod reprehensione affricatum purgemus, ut vitiatoris bona in fiscum deferantur, abrogamus: jubemus autem, ut eò concedant, quo ipsorum dominus injuriam et infortunium projecerit.

soins, se montrent, au contraire, leurs ennemis les plus dangereux, ils se rendent d'autant plus coupables que ceux qui les avaient choisis avaient eu plus de confiance en eux. Je suppose qu'un père, confie sa fille aux soins du tuteur à qui il laisse la surveillance de ses enfans, persuadé qu'il leur tiendra lieu de père. Les législateurs ont décidé avec raison que si, au lieu d'être son protecteur et sa sauvegarde, il devient lui-même son séducteur, il sera déporté et dépouillé de tous ses biens. Mais leur décision n'est pas également convenable sous tous les rapports; car ils paraissent n'avoir rien fait pour adoucir le malheur de la pupille outragée, puisqu'ils ont adjugé tous ses biens au fisc, sans s'appercevoir qu'alors ils ne la vengeaient plus de l'injure qu'elle avait reçue, comme c'était leur dessein. Car, comment dire qu'elle est vengée, tant qu'on ne répare point le tort qu'elle a éprouvé, et que la loi ne lui offre aucun moyen d'échapper au malheur qui en est la suite? Et quelle ressource lui reste-t-il, lorsque non-seulement rien ne compense ses maux, mais qu'elle voit encore qu'on a calculé le profit qu'on pourrait, à mesure qu'elle avancerait en âge, retirer de son déshonneur et de son infamie. Ainsi donc, pour faire disparaître de la loi une pareille tache, nous abrogeons la disposition par laquelle elle décide que les biens du séducteur doivent passer au fisc ; et nous ordonnons, au contraire, qu'ils soient accordés à celle dont il a causé la honte et le malheur.

CONSTITUTIO XXXV.

De raptoris virginis, eorumque qui in raptu adfuerunt, pœna.

Idem imperator eidem Styliano.

NEQUE quod ecclesiasticæ legi rebellemus, neque quod civilem simpliciter collidamus, hanc adversus virginis raptorem sententiam proferimus : sed posteaquam velut via quadam rebus humanis conducibili investigata, commiseratione sacræ legis id malum quasi insolescere, civilis verò

CONSTITUTION XXXV.

De la peine prononcée contre le ravisseur d'une jeune fille et ses complices.

Le même empereur au même Stylianus.

CE n'est point pour nous élever contre les lois ecclésiastiques, ou simplement pour contredire les lois civiles, que nous avons prononcé la décision suivante contre le ravisseur d'une jeune fille ; mais parce que nous avons remarqué qu'elle offrait plus d'avantages, que la loi sacrée perpétuait le mal par sa douceur, et que la loi civile usait de moyens trop violens pour le prévenir. Celle-ci prononce en effet que non-seulement celui qui a ravi et violé une jeune fille doit être mis à mort et avoir tous ses biens confisqués, mais encore que tous ses complices doivent éprouver le même sort; et cela alors même que cette jeune fille s'est livrée d'elle-même à ce ravisseur. Bien plus, elle décide que si le père a eu connaissance du rapt, il doit être déporté. Et, quand même il l'aurait ignoré au moment où il a été commis, s'il l'a su plus tard, et qu'alors il ait mis peu d'importance au déshonneur de sa fille, ait pardonné son séducteur ou même la lui ait donnée en mariage, il sera également déporté pour peine de son incurie. Voilà les dispositions qu'approuvaient les anciens.

Mais notre père, d'éternelle mémoire, considérant moins le rapt que les circonstances qui l'ont accompagné, s'est décidé d'après elles, et a établi que si le rapt avait été commis avec des armes, c'est-à-dire avec des glaives ou toute autre arme meurtrière, le coupable serait puni de mort, parce qu'en commettant ce crime avec des armes il manifeste l'intention de tuer. Quant à ceux qui favorisent le crime, ou retirent le criminel, il a décidé qu'ils auraient le nez coupé, et seraient fouettés et rasés.

Si, au contraire, le rapt a été commis sans armes, alors le ravisseur ne sera point puni de mort, parce qu'il ne manifeste pas l'intention de la donner; mais il aura la main coupée, et ceux qui lui auront prêté leur ministère, ou auront pris une part quelconque à son crime, seront fouettés, rasés et déportés.

Voilà pour la peine corporelle; quant à la peine pécuniaire, il n'est rien changé à l'ancienne législation, et elle aura tout son effet à cet égard.

Ce sont-là les dispositions établies par notre père, nous leur accordons notre entière approbation, et nous décidons qu'elles conserveront toujours leur autorité et leur effet.

legis austeritate supprimi cognovimus: in eam sententiam, unde rerum statui plus subsidii esset, inclinavimus. Vult autem civilis lex ut non solùm qui per raptum et vim virginem ingenuam stupravit, morti addicatur, insuperque supra mortis adjudicationem bonis privetur, verumetiam qui in scelere adjumento fuerunt, eandem et pœnam et multam sustineant: idque tum etiam, quùm voluntariè se mulier raptori dedit. Quin et ejus patrem, si facti conscius fuerit, deportatione punit. Neque verò tunc solùm, sed etiam, si quùm quo tempore raptus committeretur, ejus rei ignarus fuerit, filiolæ vitiationem postmodum parvi pendat, reoque judicium remittat, aut istiusmodi matrimonium approbet, in incuriæ pœnam deportationem sustinet. Atque hæc quidem veteribus placuere.

Verùm sempiternæ memoriæ pater noster non tantùm in mulieris raptum, verùm etiam in circumstantias oculos dirigens, ad illam sententiam accommodat ac sauxit, ut si cum armis, sive gladiis, aliisve nonnullis præter gladium lethalibus raptus commissus sit, qui raptum fecit gladio puniatur: utpote qui eo quod cum armis ad id factum processerit, neque ab homicidio immunis sit: qui verò suppetias tulerint, factive perpetratores susceperint, naso mutilentur, verberentur, et cute tenus tondeantur.

Quando autem arma violentiæ adhibita non essent, ut mortem sententia non spectet, quod nempè tunc homicidium locum non habuerit; sed raptus auctor manus mutilatione periclitetur, qui verò ministerium præbuerint, alioquive se isti rei immiscuerint, verberibus, tonsura et deportatione pœnas pendant.

Ac sanè corporalis pœnæ hæc est descriptio. Quod verò ad pecuniariam attinet, ne à primitiva legislatione mutetur, ejusque effectum retineat, permittitur.

Atque hæc quidem pater noster sancit; quorum et nos approbatricem sententiam suscipientes, et legislationem illam, et in præsens et in futurum auctoritate, et effectu obsignavimus.

CONSTITUTIO XXXVI.

Ut captivi filius heres sit.

Idem imperator eidem Styliano.

SI reipublicæ sustentaculum atque fundamentum sunt, leges, certè ut illa in tuto sit, sanitatem leges conservent oportet. Legis autem sanitatem quid aliud quàm æquitatem quis dicat? Circa hanc itaque, quò leges, quæ rempublicam nostram, gubernant, æquabiliter sese habeant, cogitationes nostras obvertentes legem illam, quæ eum qui ex duobus captivis natus est: heredem bonorum ejus parentis qui apud hostes mansit, fieri non vult: hanc, inquam, legem, ne legum sanitate, quæ æquitas est, privetur, periclitari animadvertentes, illam ad sanitatem transformare voluimus. Nam quod injustè istud statuat, non difficilè cognitu est. Quam enim vim locorum natura ad scribendam filio hereditatem haberet? Neque verò hoc quisquam objiciat, quod quùm parens servus sit, propter servilem conditionem filius exheres erit. Quomodo enim civilis lex, quæ, si captivum liberari contigisset, illum liberum agnosceret, ex eo natum liberum heredem esse non permitteret: sed qui apud hostes est, servo bonorum administrationem dabit? tum etiam ad quem captivi bona aliquis pertinere putabit? Ad cognatosne? At quomodo servitus obsistens his ad hereditatem introitum non præcludit? Aut quomodo quibus permissum est, non longè priùs heredes esse licebit? An verò fisco danda erunt? Verùm quomodo manifesta illa injuria non est? Si etenim rationi consonum est, ut captivorum liberi è publico subsidium sentiant: quomodo captivi filium bonis privari, illàque fisco attribui, non perquam evidens injuria est? Quod si sæpenumero, quùm nonnulli parentes graviter conscientia abusi, atque adeò pœnis subjecti, acerbeque è vivis sublati sunt, liberi eorum substantiæ domini esse lege non prohibentur: quæ ratio est, quamobrem quando pium propositum parentes decorat (et quidem in

CONSTITUTION XXXVI.

Que le fils du captif doit être son héritier.

Le même empereur au même Stylianus.

SI les lois sont la base et l'appui de l'état, pour que l'état soit en sûreté, il faut conserver aux lois toute leur force. Mais en quoi consiste la force des lois, si ce n'est dans leur équité? Veillant donc avec soin à ce que les lois de notre empire soient équitables, et ayant remarqué que celle qui exclut l'enfant de deux époux captifs de la succession de celui qui est mort chez l'ennemi, ne possédait pas cette qualité, nous avons voulu la lui procurer. Il n'est point difficile de juger tout ce qu'elle renferme d'injuste; car quelle influence doit avoir la nature des lieux sur l'attribution de l'hérédité? Et qu'on n'objecte pas que le père étant captif sa condition servile s'oppose à ce que son fils lui succède; car comment la loi civile, qui le reconnaitrait comme libre s'il était sorti de captivité, ne permettra-t-elle pas que son fils soit son héritier, tandis qu'elle confie l'administration des biens au captif qui est encore chez l'ennemi? A qui pensera-t-on alors que doivent passer les biens du captif? Sera-ce aux cognats? Mais comment sa condition servile leur permettra-t-elle d'avoir accès à sa succession? Ou bien alors pourquoi ne le permettra-t-elle pas à ceux qui y sont d'abord appelés? Seront-ils dévolus au fisc? Mais c'est-là une injustice manifeste; car s'il est raisonnable que les enfans des captifs reçoivent des secours de l'état, n'est-il pas évidemment odieux qu'ils soient frustrés des biens de leur père, et que l'état au contraire en profite? Si lorsque des pères sont punis de mort à la suite de crimes graves, la loi laisse à leurs enfans la propriété de leurs biens, pourquoi, lorsqu'ils s'honorent par de pieux desseins (et certes en versant leur sang en témoignage de leur foi, ils ont souvent fait admirer, même aux impies, leur ame grande et courageuse), ne permet-on pas que leurs enfans soient les maitres de leur fortune ? Cette constitution ne nous parait donc nullement sage ; et c'est pourquoi nous statuons qu'à l'avenir un enfant, soit qu'il ait reçu le jour tandis que ses père et mère étaient en captivité, soit que sa mère en ait accouché étant libre, sera l'héritier de leur fortune ; et cela, soit que ses auteurs recouvrent tous deux la liberté ; ou bien que l'un étant devenu libre, l'autre meure dans ses fers ; ou bien enfin que tous les deux meurent captifs ; à moins qu'alors ils n'aient fait un testament avant de mourir : car, dans ce cas, les héritiers seront ceux désignés par le testament, de manière cependant à ce que le fils conserve le tiers de leur fortune en forme de légitime.

fidei testimonium effusus sanguis, ut eximius ipsorum animus, magnusque spiritus ipsis etiam impiis miraculo esset, persæpé effecit) liberi facultatum ipsorum domini esse non permittantur? Nequaquam itaque constitutio illa sana esse nostræ majestati videtur : eaque propter sancimus, uti deinceps, sive quùm captivitatis caligine circumfusi parentes essent, in lucem prodiit filius, sive etiam in libertatis splendore ipsum mater peperit, parentum substantiæ heres sit : idque sive ambobus parentibus è captivitatis vinculis liberari continget, aut non ; sive quùm unus eorum libertatem nactus sit, alter in calamitatis vinculis vitam finiet ; sive denique uterque parens in captivitate morietur, extra quam si mortem testamento condendo præveniant. Tunc enim illi quos testator voluerit, heredes erunt : tamen ut trientis legitimum subsidium filio servetur.

CONSTITUTION XXXVII.

CONSTITUTIO XXXVII.

Que l'esclave affranchi par le testament de son maître a la faculté de tester, quand même il ne saurait pas qu'il est mort et qu'on a accepté sa succession.

Ut domini testamento manumissus, si illum decessisse aditamque ejus hereditatem esse ignoret, testari possit.

Le même empereur au même Stylianus.

Idem imperator eidem Styliano.

VOICI encore une loi qui devra la perfection qui lui manque aux changemens que nous allons lui faire subir. Elle porte que lorsqu'un esclave ignore qu'il a reçu la liberté par le testament de son maître et l'obtient ainsi sans savoir par quel moyen, il en jouit cependant malgré son ignorance ; mais qu'il n'a pas néanmoins le pouvoir de tester comme libre, paraissant regretter de le laisser toujours jouir de la liberté qu'elle lui a accordée. Mais s'il ne peut disposer de ses biens par testament en qualité d'homme libre, comment ne retombe-t-il pas dans son ancienne servitude ? Décidons donc que lorsque la loi lui a donné la liberté elle a dû lui en céder toutes les prérogatives ; car faut-il lui défendre de faire ce qui est permis à un homme libre, lorsque la loi l'a jugé digne de la liberté ? Et s'il a paru digne de recevoir la liberté,

PRÆSENTI etiam legi plena absolutione deficienti, ejus quod deest additione decoram formam imponimus. Ait autem, servum qui quùm domini sui testamento liber esse jussus sit, id ignorat, ideoque incertis rationibus libertatem obtinet, interea nequaquam propter ignorantiam libertate privari, sed in libertate vivere : ut autem tanquam liber testetur, ipsum potestatem non habere : quasi videlicet illam pœniteat, quam libertatem dedit, hanc ipsi perpetnó competere. Quùm enim illi ut libero de rebus suis testandi facultas non sit, quomodo non ad pristinam servitutem redit? Nos itaque dicimus, posteaquam gradum statumque vitæ liberum præbuit lex, illam etiam alia quæ libertatem comitantur, præbituram. Nam si ipsum facere quæ hominibus liberis duntaxat licent, prohibere oportebat, ipsa verò id non prohibuit, sed dignum illum qui isthæc faciat indicavit : quare item istis actionibus quæ propriè libertatis dignitati competunt, illum non dignabitur? Esto igitur libertate donatus, reverà liber, statuitoque de rebus quas illi dominus eximias dedit, quomodocunque visum sit. Non decet enim, ut qui libertatis dignitatem manifestè accepit, ob incertam suspicionem ignominia afficiatur, atque à testando arceatur.

comment ne l'est-il pas de jouir de ses prérogatives ? Ainsi donc, que l'esclave qui a reçu la liberté soit réellement libre et puisse disposer à son gré, même de tout ce que son maitre lui a donné de plus précieux. Car il ne convient pas que celui qui a été élevé à la dignité d'homme libre soit exposé à des soupçons humilians et privé de la faculté de tester.

CONSTITUTIO XXXVIII.

Ut imperatoris servi de rebus suis quomodo velint, statuere possint.

Idem imperator eidem Styliano.

Hoc quoque, quanquam plausibilem præ se speciem, legalem nempè ordinationem, ferat : æquitatem mihi tamen excedere videtur. Dico autem, quòd servis de rebus suis statuere non permittitur : sed quæ laboribus suis arduisque, ut conjicere licet, molestiis quæsierint, ea cujusque domini manus colligunt. Ac sanè mirari subit, quomodo ab initio lata lex nihil moderationis neque æquitatis huic rei attribuerit. Verumtamen ii è quibus nata ista lex est, atque adeò lex ipsa ab aliis, ut cujusque voluntas feret, approbaverunt. Ego autem nequaquam illos probo, neque illud placitum in servis meis obtinere sinam : sed contrà, plenam ipsis administrandarum rerum suarum potestatem facio. Ex hoc itaque tempore in omnem posteritatem imperatoris servi rerum suarum reverà domini sunto, ita sanè, ut sive sani sint, sive ægroti mortem imminere putent, de rebus suis pro arbitrio statuendi potestate non priventur : neque servitutis nomine ex rerum quas possederint dominio expellantur. De imperatoris igitur servis hæc noviter lata lex esto, vigoremque habeto. Magistratibus autem reliquæque promiscuæ plebi, si huic nostro placito acquiescere nolint, ad veterem de servilibus bonis legem respicere fas esto.

CONSTITUTION XXXVIII.

Que les esclaves de l'empereur peuvent disposer à leur gré de ce qui leur appartient.

Le même empereur au même Stylianus.

Quoique la disposition suivante offre une apparence de raison, parce qu'elle est fondée sur l'autorité des lois ; elle me parait cependant sortir des bornes de l'équité. Elle porte qu'il n'est point permis à un esclave de disposer de sa chose, et que son maitre a le droit de recueillir ses biens, qu'il n'a acquis qu'à force de travail et de peine, comme on peut le conjecturer. On a lieu de s'étonner que la loi portée sur cet objet, dans le principe, ne l'ait pas réglé avec plus de sagesse et d'équité, et que ses auteurs aient déféré respectivement à l'avis l'un de l'autre, comme si la loi avait été l'ouvrage d'autrui. Aussi je ne l'approuve nullement, et je ne souffrirai point qu'elle ait son effet à l'égard de mes esclaves. Je leur accorde au contraire le plein pouvoir d'administrer leurs biens ; et dorénavant, en conséquence, les esclaves de l'empereur seront vraiment maitres de leur chose : de manière à ce que, s'ils se croient menacés de la mort, soit en santé, soit en maladie, ils puissent en disposer à leur gré, et sans que leur qualité d'esclaves puisse être un titre pour leur en ôter la propriété. Voilà la nouvelle loi que nous proclamons et que nous mettons en vigueur pour nos esclaves ; en laissant toutefois aux magistrats et au reste du peuple la faculté de suivre les anciennes lois sur les biens des esclaves, s'ils ne veulent point acquiescer aux dispositions de celle-ci.

CONSTITUTION XXXIX.

Que le prodigue pourra disposer de sa chose.

Le même empereur au même Stylianus.

Personne ne parvient à une assez grande perfection pour ne jamais faire de mauvaises affaires ; comme aussi, si je ne me trompe, personne ne manque de sagesse au point de n'en pouvoir jamais faire de bonnes. Dieu ne permet pas que celui qui se fie toujours à sa prudence fasse tout d'une manière irréprehensible ; et s'il daigne au contraire éclairer notre conduite, quelque pauvres d'esprit que nous soyons, il nous préserve souvent d'être abusés par notre ignorance. J'avance ces vérités au sujet de la loi qui défend au prodigue d'une manière absolue de ne rien vouloir ni statuer sur sa propre chose. Cette disposition est trop générale ; il fallait, d'après la gestion du prodigue, décider que tout ce qu'il aurait fait d'inutile serait nul, et que tout ce qui aurait tourné à son profit, au contraire, serait valable. Mais au lieu de disposer de cette manière, elle ôte absolument au prodigue le pouvoir de faire lui-même ses affaires. Or, comme cela n'est point raisonnable, nous abolissons cette loi, et nous statuons que tout ce que le prodigue fera par des motifs peu sages et qui prouveront sa prodigalité, ne sera ni approuvé, ni confirmé, et que tout ce qu'il fera dans des vues utiles, au contraire, devra être ratifié et nullement réprouvé. Car, je suppose que le prodigue veuille laisser sa succession à ses proches, ou distribuer ses biens aux pauvres, ou enfin délivrer ses esclaves d'une servitude cruelle, faut-il, parce qu'il est prodigue, décider que cela ne doit pas lui être permis ? Je suppose encore qu'ayant un fonds sur lequel il éprouve des pertes, un individu quelconque croyant pouvoir remédier à ses vices, veuille le lui acheter plus qu'il ne vaut, et le préserver ainsi du dommage qu'il lui cause, sa prodigalité devra-t-elle être un obstacle à ce qu'il puisse faire un marché qui lui est avantageux ? Certes, je

CONSTITUTIO XXXIX.

Ut prodigus quæ ex re ipsius sunt, facere possit.

Idem imperator eidem Styliano.

Mortalium nemo ad eam absolutionem pervenit, ut non obnoxiè aliquando res suas gerat : neque quisquam, ni fallor, ita desipit, quin crebrò sibi utilis esse possit. Neque enim qui in omnibus prudentiæ suæ fidit, hunc omnia irreprehensibiliter facere sinit Deus : neque idem, cùm creator creaturæque suæ curator sit, mentis inopem per omnia ex imprudentia frustrari permittit. Præfatus hoc sum propter illam legem quæ prodigum de rebus suis quicquam aut velle aut statuere omnibus modis prohibet. Quam quidem legem, conjectis in res gestas oculis, pro illarum ratione, non autem ita simpliciter sancire : et, si quid inutiliter gestum esset, non admittere : in quo verò aliqua utilitas verteretur, id suscipere oportebat. Nunc verò nihil istiusmodi præscribit, sed in universum prodigo de rebus suis consultandi potestatem adimit. Id nos recto judicio non convenire suspicati, legem illam relaxantes, statuimus, ut quæ judicium erroneum, quodque prodigum designet, dictet, neque approbatione, neque confirmatione digna habeantur : quæ verò ad utilitatem spectent, suscipiantur, atque nequaquam reprobentur. Quid enim, si prodigus aut hereditatem necessariis suis relinquere, aut pauperibus sua distribuere, aut denique gravem servitutis torquem servorum cervicibus adimere velit ? An ideò quòd prodigus est, id illi non licere velle dicendum ? Quid, si quùm, prædium damnosum habeat, alter quispiam, qui vitio mederi possit, majore pretio quàm quanti prædium sit, id emere, ipsumque damnum levare velit ? An prodigalitas, quò minus ille sibi consulat, utiliterque negotietur, impediet ? At rationem non video. Quod itaque dixi, rerum gestarum conditio observator : etsi in ea prodigi mores non conspiciantur, quod actum est, ratum esto : si verò à prudenti rerum gestione aberratum esse appareat, id neque approbatione, neque confirmatione diguum habetor.

n'en vois pas la raison. Je le répète donc, il faut examiner l'état de la gestion du prodigue. Si elle n'offre aucune preuve de sa prodigalité, tout ce qu'il aura fait devra être ratifié; si au contraire il s'est écarté en quelque chose des régles d'une sage administration, cela ne devra être ni approuvé ni confirmé.

CONSTITUTIO XL.

Ut captivi testamenti factionem habeant.

Idem imperator eidem Styliano.

QUI olim edendis legibus operam navare, cùm multa ad res humanas recté moderandas in medium protulerint, locuplesque benignitatis suæ testimonium (leges nempè, secundùm quas respublica concinno in statu conservatur) reliquerint: tum haud scio qua ratione fecerint, ut de captivis tractatus, quibus de rebus suis statuendi potestatem non faciunt, reliquæ ipsorum benignitati non responderet. Quæ enim de testamentis ipsorum legislatio complectitur, valdè comiter ac benignè constituta sunt. Nam quod statuerunt, ut interdum quando inopia testium laboraretur, à minore etiam testium numero testamentum obsignaretur : quin et nullis adhibitis testibus, persæpè tamen testamentum ratum haberetur, quemadmodum de iis qui in acie occumbunt constitutum est : permaguum sanè benignitatis est argumentum. At de captivis placitum jam dictorum non esse simile, neque ex eadem benignitate prognatum videtur. Quod namque de rebus suis constituere illis non permittunt : non solùm non benignum aliquid de ipsis decreverunt, verumetiam ipsam captivitatem alio modo intendunt. Quomodo enim rursùm illos in captivitatem non ducunt? aut quomodo malum irrecreabilisque tristitia non adaugetur, et morte acerbiorem in corde captivus non circumferens aculeum, rebus excedit humanis: quando non modo in captivitate vitam finit, verumetiam si qua apud contribules bona habet, de his illi constituendi potestas non est :

CONSTITUTION XL.

Que les captifs ont la faction de testament.

Le même empereur au même Stylianus.

QUAND je considère tout ce qu'ont fait les anciens législateurs pour régler sagement les intérêts des hommes, et les nombreux mouumens qu'ils nous ont laissés de leur bienfaisance dans les lois qui entretiennent l'ordre et l'harmonie dans l'état, j'ai de la peine à concevoir pourquoi, dans celles qu'ils ont faites sur les captifs, ils ne leur ont pas laissé le pouvoir de disposer de leurs biens, et n'ont pas donné les mêmes preuves de bienfaisance. On en trouve une de bien grande, par exemple, dans leurs lois sur les testamens. En effet, lorsqu'ils ont établi que, si l'on manquait de témoins, le testament serait signé par un moins grand nombre, et que même il pourrait souvent être valable quoiqu'il n'eût été signé par aucun, comme cela a été établi pour ceux des militaires qui meurent sur le champ de bataille, ils ne pouvaient pas donner un plus grand témoignage de leur bonté ; mais on ne peut pas en dire autant de leur loi sur les captifs. Elle ne paraît pas leur avoir été dictée par les mêmes sentimens : car en les privant de la faculté de disposer de leurs biens, non-seulement ils ont fait une disposition peu bienfaisante, mais encore ils ont aggravé, dans un autre sens, leur captivité. Comment, en effet, ne deviennent-ils pas doublement captifs ? comment leur malheur et leur profonde tristesse ne seroient-ils pas accrus, et comment n'expireraient-ils pas de chagrin, lorsque non-seulement ils sont condamnés à mourir captifs, mais encore,

s'il

s'il leur reste quelques biens dans leur patrie, ils n'ont pas le pouvoir d'en disposer,
et en sont dépouillés, comme s'ils n'étaient
pas à eux, lors, dis-je, qu'ils sont privés
de la disposition des biens qu'ils ont acquis
par leur travail, et pour l'accroissement
desquels ils se sont exposés au danger qui
les a fait tomber en captivité? Comment,
si un captif a des parens, comme des enfans, une épouse, des frères, ou d'autres
que la loi appelle à sa succession, ceux-ci,
voyant qu'ils peuvent la recueillir ab intestat, feront-ils, dans l'espoir de l'acquérir, des efforts pour le délivrer? Nous
connaissons le cœur humain, et nous savons
que si peu de personnes conservent pour
les malheureux un attachement véritable
et le désir de leur être utiles, uniquement
pour le plaisir de l'être, beaucoup, au contraire, seraient disposés à les servir par
l'espoir d'une récompense. Or, quel sera
le motif d'un parent ou de toute autre personne pour entreprendre quelque chose
en faveur d'un captif? S'il avait le pouvoir de disposer de ses biens, ceux-ci,
persuadés que leurs démarches ne seraient
pas infructueuses, ne les feraient point
avec nonchalance ; car ils penseraient que
si leurs efforts avaient une heureuse issue,
et que le captif recouvrât sa liberté, ils
recevraient une récompense de leurs soins
et de leur travail ; ou bien que si la mort
du captif prévenait le succès de leurs efforts, il accorderait dans son testament
une plus grande part à celui qui aurait
fait quelque démarche pour lui, qu'à celui
qui l'aurait négligé ; car ils ne pourraient
point penser qu'il fût ingrat et n'attachât
aucun prix à leurs services. Ainsi il résulterait de là, comme je l'ai dit, que quelques
personnes travailleraient avec zèle à la délivrance des captifs. Mais si ceux-ci n'ont
pas le pouvoir de tester, et que les autres
puissent recueillir leur succession ab intestat, je ne sais point s'il pourra se trouver
quelqu'un qui veuille entreprendre de les
délivrer : car l'espoir de recueillir leur succession ab intestat, et la crainte de travailler
inutilement à leur délivrance, dans le cas,
par exemple, où ils mourraient avant qu'on
l'eût obtenue, feront qu'on mettra de la len-
teur, ou, pour mieux dire, qu'on ne se

Novelles de Léon.

sed suis rebus tanquam alienis expellitur ;
et quæ suis laboribus quæsierit, proque
quibus suscepto periculo in captivorum
infortunium incidit, ab horum dispensa-
tione ejicitur? Quomodo item, si quos
necessarios captivus habet, ut liberos,
uxorem, fratres, aut alios, quos ad ipsius
hereditatem lex vocat, ii non similiter
omnes obversis in hereditatem ab intestato
ad se devolvendam oculis, curam liberan-
di captivi, illius consequendæ spe non
omittent? Novimus siquidem res humanas,
ut pauci admodum verum amorem conservent, ejusque unius gratia ad opitulandum
calamitate implicitis perpaucorum animus
excitetur. Atqui spe nanciscendæ cujus-
dam remunerationis ad ferendum indigen-
tibus auxilium procedant, horum sané
longè maximus est numerus. Qua re itaque
moti cognatus aliusque quispiam captivorum suscipiant curam? Si quidem statuendi facultas de rebus suis ipsius esset, nonnulli laborem damnosum sibi non futurum
reputantes, non segniter illum suscepturi
essent. Cogitarent etenim, ut verisimile
est, si aut conatus ipsorum ad finem deduceretur, captivique libertatem conse-
querentur, se munus aliquod esse pro opera sua et labore accepturos, aut etiam si
conatus finem mors præveniens, captivum
de medio tolleret, illum in testamento suo
eum qui ipsius curam habuisset, majore
portione quàm illos qui ipsum neglexissent
dignaturum. Non enim immemorem fore
ipsum, neque labores nihili facturum ar-
bitrarentur. Hac igitur ratione, quemadmodum dixi, futurum esset, uti aliqui non
indiligenter ad liberandorum captivorum
curam sese erigerent. Nunc verò cùm hi
testari prohibeantur, illi autem ab intestato heredes in bona concedant : haud scio,
si, qui pro liberatione labores suscipiat,
quisquam inveniri possit. Successionis enim
ab intestato spes metusque ne in vanum
laboretur : si fortè liberationem mors præ-
vertat, captivumque rebus humanis eximat, homines tardiores, ut ne prorsùs
animo alienos dicam, ad id aggrediendum
facit. Quod sané non itidem contingeret,
si lex illorum testamenta irrita non faceret.

Jam verò si liberandæ animæ pretium propriæ cujusque facultates sunt, quomodo non in hoc etiam captivi injuriam longè maximam sustinent, quod dum non sinuntur à lege de rebus suis statuere, etiamsi velint, pro animabus suis nihil rerum suarum erogare possint? Ad hæc porrò cùm liberationis ratio hinc absurditatem contrahat, tum verò multò absurdissimum est, quod dum testandi facultas captivis non datur, frequenter illi qui inimicissimi fuissent, quosque ipsi, si viverent, ne aspicere quidem sustinerent, illorum facultatum domini existant. Qua quæso re quid possit esse turpius? Hoc igitur quùm hunc admodum sese habeat, non negligi debere majestati nostræ visum est : sed quemadmodum in aliis pro viribus divinitus nobis datis, ut rectè respublica nostra gubernetur sollicitè egimus : sic et de captivis tractatum in melius corrigere decrevimus. Sancimus autem ut dehinc captivi, quæ ipsos à testando arcet, legi neutiquam obnoxii sint : sed ut ipsis, si possibile sit, quinque, sin minus, tribus testibus præsentibus, extremam voluntatem, sive litteris commendare, sive sine scripto pronunciare liceat : tamen ut qui ad testimonium assumpti sunt, reverà illam defuncti voluntatem esse jurejurando affirment : idque sive quùm liberi subsint, illos bonorum suorum heredes relinquant, sive cùm liberos non habeant, alios in hereditatem introducant. Æquum enim non putamus ut qui communis reipublicæ nominis æqualiter participes sunt, ejusdemque esse gentis censentur : non æquabili ex lege jure honorentur : ut videlicet qui liberi à servitute sunt, statuendi de rebus suis, uti visum est, potestatem habeant : quibus verò illa manus intulit, quasi culpam commiserint, quod pro tribulibus propugnando in captivitatis necessitatem devenerint, non item.

Cæterùm si captivorum quispiam aut sua sponte, aut eorum quorum in potestate est, vi adactus, hoc in animum inducat, uti res suas ad hostes concedere testamento jubeat : nequaquam tunc placi-

sentira nullement disposé à faire des démarches dans cette vue; ce qui n'arriverait point s'ils avaient le pouvoir de tester.

D'un autre côté, si chacun peut se servir de ses biens pour racheter sa liberté, ne fait-on pas au captif une injustice atroce, lorsqu'en lui défendant de disposer de ses biens, on lui ôte le pouvoir d'en consacrer une partie à obtenir sa délivrance? Au reste, si la loi est absurde sous ce rapport, elle l'est encore plus en ce que tandis qu'elle ôte aux captifs le pouvoir de tester, elle donne souvent leurs biens à leurs plus grands ennemis, à des hommes qu'ils ne pourraient pas même voir s'ils vivaient encore. Peut-on imaginer quelque chose de plus odieux? Aussi, persuadés qu'on ne peut pas la laisser subsister dans cet état, nous avons résolu de corriger ses dispositions, de même que nous l'avons fait pour d'autres, d'après les pouvoirs que Dieu nous en a donnés, et afin de gouverner sagement l'état. Nous décidons, en conséquence, que les captifs à qui elle défend de tester ne seront plus sujets à ses dispositions, et qu'il leur sera permis d'exprimer leur dernière volonté verbalement ou par écrit, en présence de cinq témoins, s'il est possible, ou au moins en présence de trois, à condition que ceux-ci affirmeront par serment que c'est-là réellement la volonté du testateur, et que ce dernier, dans le cas où il aurait des enfans, les appellera à sa succession, et, dans le cas contraire, instituera d'autres héritiers. Il ne nous semble pas juste, en effet, que tous ceux qui portent le nom de citoyens d'un même état, et qui sont censés appartenir à une même nation, ne reçoivent pas les mêmes droits de ses lois; que ceux qui sont libres, par exemple, aient le pouvoir de disposer de leurs biens, et que ceux qui sont captifs, au contraire, comme s'ils étaient coupables d'avoir perdu leur liberté en combattant pour leurs compatriotes, ne jouissent pas de la même faculté.

Cependant si un captif, de son plein gré, ou forcé par ceux au pouvoir desquels il se trouve, fait un testament en faveur des ennemis, alors sa volonté ne doit pas être confirmée, et son testament sera anéanti comme peu d'accord avec les convenances observées dans un état chrétien.

Les dispositions de cette loi auront leur effet à l'égard de tous les captifs dont le testament aura dévancé la mort. Mais s'il arrive que l'un d'eux meure subitement et sans avoir testé, alors, s'il existe des ascendans ou des descendans appelés à sa succession, elle leur sera dévolue ; mais s'il n'y a point d'héritier à qui elle doive passer, c'est-à-dire aucun ascendant ni descendant reconnu par la famille du défunt, il faut considérer d'abord s'il a des créanciers ; et après avoir séparé de la succession tout ce qu'il leur doit, le reste sera divisé en deux parts, dont l'une sera égale au tiers et l'autre aux deux tiers ; la première destinée à faire prier pour le défunt, et la seconde dévolue au fisc, sans cependant que les esclaves soient compris dans aucune ; car notre intention est qu'ils reçoivent tous la liberté, à moins qu'il ne reste pas assez dans la succession pour payer les dettes. Le même partage aura lieu, dans le cas où il ne sera rien dû, et où le défunt sera mort sans laisser d'héritier, comme nous l'avons dit.

Nous venons d'exposer dans cette loi les changemens que nous avons cru devoir faire à celle existante sur le même objet, et qui était si affligeante pour les captifs. Votre grandeur voudra bien la notifier à nos sujets, afin qu'aussitôt qu'elle leur sera connue, chacun d'eux, même les captifs, puissent à leur gré disposer de leurs biens.

tum ipsius ratum sit : quasique non pro decoro reipublicæ christianæ testamentum factum sit, in irritum concidat.

Atque hæc quidem de iis quæ vitæ finem testamento anteverterunt sancita sunto. Si verò ultimus vitæ dies subitò illi supervenerit, atque intestatus de medio sublatus sit : tum si qui, ad quos hereditas pertinet, sive ascendentes, sive descendentes supersint, ad hos illa se conferet. Si verò nulli sint ad quos bonorum defuncti captivi successio spectet (dico quos neque ascendentes, neque descendentes defuncti familia agnoscit) primùm considerari an aliquibus debeat, deindeque deducto ære alieno reliqua bifariam in trientem et bessem dividi, ac trientem demum in erogationem pro anima faciendam separari, alteram autem partem in fiscum recipi jubemus : tamen ut servi his non immisceantur? Hos enim, nisi æs alienum exolvi non possit, omnes libertate honorari volumus. Quæ eadem rerum disponendarum forma custodienda erit, quando nihil æris alieni fuerit, servitutique obnoxius, quemadmodum dictum est, sine heredibus decesserit.

Quæ itaque nobis ejus legislationis, quæ captivos contristabat, in mentem correctio venit, per sacram hanc exposita est legem. Tua autem magnificentia sanctionem subditis notam facito : quò cùm innotuerit, omnes de rebus suis, etiam quos captivitas detinet, quocunque modo velint, statuant.

CONSTITUTION XLI.

Qu'il suffit de cinq témoins dans les villes et de trois sur les routes et dans les campagnes, pour la validité des testamens.

Le même empereur au même Stylianus.

Si tous les actes de la vie qui requièrent la foi des témoignages doivent tirer de là toute leur force, aucun n'a plus besoin d'être fortifié par ce genre de preuve que les dispositions faites dans la perspective

CONSTITUTIO XLI.

Ut in civitatibus quinque, in itineribus verò et agris tres testes ad testamentorum fidem sufficiant.

Idem imperator eidem Styliano.

Cum omnibus humanis vitæ negotiis, quæ testium fidem requirunt, inde robur adesse oporteat : tunc verò maximè quæ ultimi vitæ nostræ diei contemplatione dispositiones fiunt, istiusmodi corroboratione indigent. Nullus enim reliquus modus est, qui rectè ipsis jus dictet, nisi ipsis à testibus præsidium adsit. Oportebat itaque, quo magis necesse est, statuta hominum è vita decedentium firma esse, eo quoque magis eadem per testimonia stabiliri. Verùm quoniam frequenter res propter eorum, quæ strictiùs requiruntur penuriam, ad possibilem modum deduci videmus (cùm namque stricto jure uti non datur, quemque quo modo potest uti necessitas est) de testium numero, quot testamentis adesse debeant, statuere non alienum à providentia nobis visum est. Atque hoc quidem etiam sempiternæ memoriæ patri nostro in mentem venit : verùm quod statuit, non valdè id exactè statutum esse judicatum est. Quùm enim superiorum legislatorum alius septem, alius verò quinque assumendos esse testes censuisset (septem quidem in civitatibus, quippe ubi propter hominum multitudinem, ut consentaneum est, testes defuturi non sunt : in agris verò et itineribus, quinque, quod magna illic plerunque hominum fide dignorum raritas sit) cùm hoc, inquam, ita de illis constitutum esset, pater noster exuperantem numerum despiciens, simul in civitatibus, simul in agris et itineribus per quinque testes testamentis vigorem attribuit : idque ideò, mea quidem sententia, quod quanta nunc virtutis inopia humanam vitam occupet, considerarit. Attamen, id quod dictum est, non admodum exacta ratione placitum illud nititur. Dicat enim fortasse aliquis, æqualem numerum attribui non oportuisse, atque testimonium quod in agris et itineribus adhibetur, arctius contrahendum fuisse. Nos igitur quod ille neglexit, non negligendum putantes, sancimus, ut in civitatibus, quinque testibus stabilitum testamentum approbetur : in itineribus verò et agris, aliisque inhabitatis locis, trium testium confirmatio suscipiatur.

de la mort. Si l'on n'a recours aux témoins, en effet, on n'a plus aucun moyen pour déterminer convenablement le droit à leur égard. Ainsi donc, plus il était nécessaire de donner de la force aux dernières volontés de l'homme, plus aussi on avait besoin de les faire confirmer par des témoignages. Mais comme, lorsqu'on ne peut se procurer ce que la loi exige strictement, il faut réduire ses dispositions à un mode d'exécution possible (car quand on ne peut faire ce que veut la loi, il est nécessaire de faire comme on peut), il nous a paru convenable de déterminer le nombre de témoins qui doivent être présens aux testamens. Notre père, à jamais digne de mémoire, avait eu la même pensée ; mais on trouve que ce qu'il avait établi à cet égard n'était pas parfaitement conséquent. En effet, tandis que les anciens législateurs avaient pensé, l'un qu'il fallait prendre sept témoins, l'autre qu'il en fallait prendre cinq, c'est-à-dire sept dans les villes, où l'affluence des personnes fait qu'on ne peut pas en manquer, et cinq dans les campagnes et sur les routes, parce qu'on y trouve moins d'hommes sur la foi desquels on puisse compter ; lors, dis-je, que cela avait été établi, notre père, sans avoir égard au plus grand nombre, décida que dans les villes, comme dans les campagnes, il suffirait de cinq témoins pour la validité des testamens ; et il décida cela, à mon avis, parce qu'il considéra combien maintenant l'homme est pauvre de vertus. Mais cette décision n'est pas, comme on l'a dit, très-conséquente ; car on peut prétendre avec vérité qu'il ne fallait pas déterminer un même nombre de témoins pour les villes et les campagnes, et que dans celles-ci, comme sur les routes, le nombre en devait être moins considérable. Ainsi ne voulant pas tomber dans la même erreur, nous décidons que pour la validité des testamens, il sera nécessaire d'appeler cinq témoins dans les villes et trois sur les routes, dans les campagnes et autres lieux inhabités.

CONSTITUTION XLII.

*Que la présence du nombre de té-
moins déterminé suffit pour la validité du testament quand ils n'y
auraient apposé ni leurs signatures ni leurs cachets.*

Le même empereur au même Stylianus.

L'OBSCURITÉ qui règne dans les termes
se répand toujours sur le sujet qu'on traite;
en l'enveloppant comme un épais nuage,
elle ôte à l'esprit la force de le pénétrer et
l'empêche de donner aux choses une bonne
direction. Or, ayant remarqué que cette
obscurité régnait particulièrement dans les
lois qui traitent des testamens, lois qui jettent une confusion très-nuisible sur ces
matières, nous avons pensé qu'il serait
glorieux de les corriger et de déterminer
par une loi nouvelle, qu'on pût entendre
facilement et d'une seule manière, comment on peut donner un caractère authentique aux testamens. Ceux qui ont traité
avant nous cette matière, l'ont divisée en
deux parties, et nous ont appris qu'on pouvait tester par écrit ou sans écrit. Ils nous
ont appris de plus comment, dans ces
deux cas, le testament devait être fait pour
être valable. Ils ont dit que la force du
testament écrit consistait en ce que, du
vivant même du testateur, tous les témoins
le signaient et y apposaient leur cachet;
et le nuncupatif, ou non écrit, en ce que
sept témoins dignes de foi déclaraient
avoir entendu le testateur prononcer de
sa propre bouche les dispositions qu'il
renfermait. Cela posé, ils ajoutent que si
le testament écrit ne réunit pas à la fois
tout ce qui est nécessaire à sa perfection,
c'est-à-dire, la signature des témoins qui
donne de la force à leur témoignage, et
leur cachet qui en donne à leurs signatures; que s'il ne réunit pas, dis-je, tout cela
avant la mort du testateur, il sera entièrement nul et ne vaudra ni comme écrit,
ni comme nuncupatif. De cette disposition
trop peu méditée, pour ne pas dire mal
conçue, résulte beaucoup de confusion et
d'incertitude. Quelques-uns veulent que

CONSTITUTIO XLII.

*Ut sufficiens numerus testium tes-
tamentum ratum faciat, tametsi
id neque illorum subscriptiones
neque signacula habeat.*

Idem imperator eidem Styliano.

QUÆ in verbis residet obscuritas, mul-
tum quod tractatur involvere videtur:
quippe quæ tanquam expensa quædam nubes, tum intelligendi vim animo auferat,
tum à recta rerum administratione avertat.
Hanc igitur obscuritatis caliginem ubi illis
constitutionibus quæ de testamentis agunt,
neque mediocrem noxam rebus adferunt,
circumfusam esse cognovimus : pulchrum
fore rati sumus, si illas repurgaremus,
quomodoque testamenta confirmari, aut
non oporteat, lege non ambigua, neque
quæ varié apprehendi possit, definiremus.
Qui aute nos de testamentis tractarunt bifariam illa diviserunt, et alia quidem
scriptis, alia verò sine scriptis confici tradiderunt. Quin et modum quo utrunque
testamentum, et scriptum nempe, et non
scriptum, ratum fiat subjecerunt : ut
scripta confirmatio in eo consistat, quod
vivente etiamnum testatore testium subscriptione obsignationeque omnibus nume-
ris absolutum sit : nuncupativi verò, sive
non scripti, quod septem non indigni fide
testes se audivisse, cùm ita testator lingua
sua de rebus suis pronuntiaret, confitean-
tur. Atque his hunc ad modum constitutis,
annectunt scriptum testamentum, nisi ad
scripturæ qua testatoris voluntas signifi-
catur, perfectionem simul omnia conveniant, et testium subscriptiones, nempè
quæ illis de sinceritate testimonio sint, et
signacula, quæ subscriptionibus fidem præbeant : nisi hæc simul omnia, inquam,
priusquam is cujus id testamentum est, è
vita excedat, concurrant, omninò id irritum esse, ut neque tanquam scriptum,
neque tanquam nuncupativum valeat. Ex
quo sanè præoccupativo placito, cùm non
admodum cautè, ne interim dicam malè,
conceptum sit, confusio atque ambiguitas

rem testamentariam invadit. Aliis enim videtur testamentum velut adulterina semina, prorsùs abjiciendum : ut aliis quidem ex bonis utilitatem capere permittatur, defunctis verò ne minimum quidem utilitatis ex rebus suis accedat : si tamen defuncti utilitatem aliquam sentiunt. Sentiunt autem quùm ex ipsorum morte per beneficii erogationem nonnulli reviviscunt. Atque hi quidem, quomodo dixi, hunc in modum à rerum suarum utilitate hominem prorsùs arcere volunt. Quibus verò benignior sententia animo residet, hi testamento, quod sigillorum impressione perfectionem non accepit, si non ut scriptum censeatur, certè tamen qualem non scriptum et nuncupativum accipit, talem vigorem tribuunt. Nos itaque perplexitatem hanc adeò rebus humanis esse nocumento videntes, in benigniorum judicum sententiam pedibus imus, veterisque legis caliginem et ambiguitatem in simplicem atque apertam cognitionem convertimus, ac sancimus, ut quod testamentum, respectu eorum quæ scripto testamento adesse debent, imperfectum est : si tamen nuncupativi testamenti testimonio non indigeat, vigore nuncupativi testamenti firmum sit : sin testium fide indigeat, ut quod nihil ad faciendam fidem idoneum habeat, in irritum concidat. Quæ enim ratio est, imò quomodo non omninò absurdum nimisque crassum est, aliàs testes istiusmodi approbatione dignari, ut quæ nulla sui parte scripto mandata sunt, confirment? aliàs verò quasi qui per scipturam declarata confirment, indigni sint, ita illos vilipendere, præsertim verò, cùm hic aliquo etiam modo fides corroboretur. Quomodo insuper id detestandam inverecundamque æquitatis proditionem non continet? Quid si testamentum scripto tradi cœperit, quodque constitutum est, dignorum fide testium auribus insonuerit, deinde verò aut scribam morbus corripuerit, aut mors etiam ipsum sustulerit, et mox testator quoque evectus sit, ut multa hominibus ex improviso contingunt : num propterea quos is moriens beneficio dignos censuit, illi eo privati injuriam sustinebunt? Et verò, quod indignissimum est, non modò non cùm vita id mali testatorem

le testament soit entièrement considéré comme nul, qu'il soit permis à d'autres de recueillir les biens du défunt, et que celui-ci n'en retire aucun avantage, si toutefois un défunt peut en ressentir quelque utilité; ce qui arrive pourtant lorsqu'après sa mort la donation qu'il en a faite rend en quelque sorte la vie à d'autres personnes. Ceux-là, dis-je, veulent que le testateur ne retire aucune utilité de sa propre chose. D'autres, d'un avis plus modéré, pensent que dans le cas où les témoins n'ont pas apposé leur cachet au testament, s'il ne peut avoir aucune force comme testament écrit, il doit cependant valoir comme non écrit et nuncupatif. Or, voyant qu'une pareille incertitude est très-nuisible, nous adoptons cette dernière opinion, et faisons succéder la clarté au doute dans l'ancienne loi, en établissant que, dans ce cas, le testament est imparfait eu égard aux choses que doit contenir un testament écrit; mais que s'il offre d'ailleurs le témoignage exigé pour le testament nuncupatif, il devra valoir comme tel; et que, dans le cas contraire, comme rien n'en démontre la vérité, il sera considéré comme nul. En effet, est-il raisonnable, ou, pour mieux dire, n'est-il pas absurde et grossier de reconnaitre comme dignes de foi des témoins qui n'ont confirmé leur témoignage par aucune écriture, et de ne pas reconnaitre comme tels ceux dont le témoignage est confirmé par écrit et jouit par-là même d'une certaine force? N'est-ce pas une violation ouverte et très-condamnable de toute équité? Je suppose qu'un testament étant déjà écrit en partie, et des témoins dignes de foi ayant entendu ce qu'il renferme, le notaire qui le reçoit tombe malade ou meure subitement, et que le testateur meure aussi un instant après, événement qu'on ne prévoit pas, mais qui peut arriver; ceux que le défunt a jugé dignes de ses bienfaits devront-ils, à cause de cela, en être privés? Ce qu'il y a de plus indigne dans une pareille décision, c'est que le testateur en ressent encore après sa mort les mauvais effets, et qu'en annullant son testament, elle lui fait perdre ses droits à la miséricorde divine, à laquelle le bien qui résulte après sa mort de ses dispositions bienfaisantes doit le faire espérer de participer. D'après ces observations, nous statuons d'une manière claire et formelle, que si des témoins déclarent seulement que c'est-là le testament de tel individu, il soit considéré comme bon et valable, quand même ceux-ci auraient négligé d'y apposer, non-seulement leurs cachets, mais encore leurs signatures.

deserit, verùm etiam mortuum insectatur, privatque (quantum quidem ad eorum qui testamentum irritum faciunt sententiam attinet) misericordis Dei commiseratione, cujus participem illum fore, ex eo quod ipso defuncto alii beneficii subleventur, spes est. Idcircò simulatque nostra potestas hæc animadvertit, evidentem atque indubitatam formam sanciit, ut si testes tantùm dicant illius hominis proprium id esse testamentum, id non improbetur, sed firmum atque ratum sit : tametsi non solùm signacula, sed etiam cum illis testium subscriptiones desint.

CONSTITUTION XLIII.

Que ceux même qui ne savent pas écrire peuvent être témoins dans un testament.

Le même empereur au même Stylianus.

Nous ne faisons point cette loi pour reprocher à nos prédécesseurs d'avoir donné une bonne garantie aux intérêts de la société, mais bien pour assurer l'effet de leurs sages dispositions, et pour régler les choses qui ne peuvent point répondre à la sagesse de leurs lois, de manière qu'elles ne sortent point de l'état où elles doivent être. Mais où veux-je arriver ? Les anciens, en traitant des testamens, avaient décidé qu'ils devaient être confirmés par le témoignage de sept témoins ou au moins de cinq. Mais ils ne s'étaient point contentés d'établir cela d'une manière générale, ils avaient ajouté que si les testamens étaient faits dans les villes, où l'instruction est plus commune, on ne pourrait pas se servir de témoins qui ne sauraient point écrire ; mais qu'on n'aurait point égard à cela dans les lieux où l'on n'a pas les mêmes ressources, et qu'on pourrait y appeler indifféremment des témoins qui sussent ou ne sussent pas écrire. Or ce que la loi avait établi pour les lieux où il y a peu de personnes qui sachent écrire, l'usage l'a étendu à tous les lieux, même aux villes, quoiqu'il y ait beaucoup de personnes instruites : ce qui nous a paru digne d'être érigé en loi. En conséquence, nous statuons que dans

CONSTITUTIO XLIII.

Ut per scribendi ignaros testamenta etiam confirmentur.

Idem imperator eidem Styliano.

Non quòd superiores, quia communis vitæ negotiis diligentem cautionem attulerunt, reprehendere velimus, legem proferimus : sed potiùs, ut exacta ipsorum ratio in usum recipiatur, operam damus, resque ipsæ (quod illas exacto ipsorum præscripto respondere impossibile sit) ne, quoad ejus fieri potest, debito suo statu excidant, sanctione cavemus. At quid est quod dico ? Decretum est à veteribus de testamentis tractantibus, ut per septem testes, minimum autem per quinque defunctorum statutis auctoritas accedat. Neque verò id simpliciter, sed ne ignari litterarum testes essent, si quidem in civitatibus, ubi non ferè peritorum penuria est , testamenta facta sint : sed si aliis in locis in quibus litterarum studia disciplinæque non admodum usitatæ sunt, illic testium non exactè haberetur ratio : neque illi soli qui ad litterarum studium educati sunt, quærerentur, sed ad testandum et litterarum rudibus aditus esset. Quod itaque illis in locis in quibus hominum scribendi peritorum abundatia non est, lex fieri statuit, id consuetudo omnibus ubique locis et civitatibus, quanquam magna doctorum hominum copia esset, ita facere volentibus concessit. Quod sanè et imperatoriæ nostræ majestati legum auctoritate dignandum esse placuit. Sancimus igitur ut quocunque in loco et civitate, etiam ab imperitis testamenta confirmentur, dummodo mores testium fidem mereantur. Quin et numerum non solùm ad quinque contrahimus, sed iis in locis in quibus raros fide dignos prodire constat, tres quoque admitti, ac testimonium illorum non reprobari volumus.

tous les lieux, même dans les villes, les testamens pourront être confirmés, même par des témoins qui ne sauraient point écrire, pourvu que par leurs mœurs ils soient dignes de foi. De plus, non-seulement nous restreignons à cinq le nombre des témoins, mais nous voulons même qu'il suffise de trois dans les lieux où il est plus difficile d'en trouver, sans qu'on puisse réprouver leur témoignage.

CONSTITUTIO XLIV.

A quibus obsignari testamenta oporteat.

Idem imperator eidem Styliano.

CUM omnes alii hominum actus ac negotia quæ iu litteras referuntur, necessariò exquisitum testimonii subsidium requirant : tum maximè id faciunt, quæ homines natura sua ad interitum vergente, discessumque è carne imminente, litteris exponunt, his in ipso è vita excessu rationes suas et voluntatem committentes. Quæ enim inter vivos conscripta sunt, quanquam obsignata sint, nihilominus tamen illorum vitia ex verborum ejus qui scripsit, eorumque de quibus scriptum confectum est, examinatione deprehenduntur. Quæ verò à morientibus scripto constituuntur, ea se minus rectè habere, si nullum certum testium suffragium adsit, impossibile discere est. Verùm enim verò et hic tractatus longè optimè à legislatore conscriptus est, dum sæpe testamentorum testes ad jusjurandum adigi nolens, illis census magistri qui nunc generalis appellatur, sigillo parari firmitatem jubet. Etenim quod tanquam levem promptumque ad jurandum aditum non præbet, insignique sigillo ambiguis testamentis vigorem tribuendo, ut juramenta reprimerentur, fecit : ea sanè res et prudentissimi consilii, et præstantissima est.

Atque hoc quidem obtinuit olim. Postmodum autem consuetudo id mutavit : ut supra testes ejus qui ad quæstoris dignitatem pervenisset, sigillum testamento testimonium ferret. Et quidem illa etiam confirmatio majoribus nostris optima visa

CONSTITUTION XLIV.

Par qui les testamens doivent être signés.

Le même empereur au même Stylianus.

SI tous les actes et toutes les affaires des hommes qui sont rédigés par écrit ont besoin d'être confirmés par un témoignage quelconque, cette nécessité se fait sur-tout sentir dans les testamens qu'ils font à la fin de leur carrière, et dans lesquels ils déposent, en quittant la vie, leurs sentimens et leur volonté. En effet, on peut reconnaître les vices d'un acte passé entre vifs, quoiqu'il ait été signé, en examinant les expressions de celui qui l'a écrit et les matières sur lesquelles il a été fait ; mais il est impossible de savoir si les dispositions qu'un testateur a laissées par écrit sont bien certaines, lorsqu'elles ne sont confirmées par aucun témoignage. Le législateur a fait, à cet égard, des dispositions excellentes, lorsque, pour éviter, autant que possible, d'avoir recours au serment des témoins des testamens, il a ordonné que le maître du cens général y apposerait son cachet pour en garantir la certitude. Or, en évitant ainsi d'admettre trop légèrement les témoins à jurer, et en donnant un caractère authentique aux testamens douteux par l'apposition d'un cachet remarquable, il a réprimé l'abus des sermens, ce qui est on ne peut pas plus sage.

Voilà ce qui existait autrefois ; mais depuis l'usage a changé ces dispositions, et a établi qu'outre les témoins, le questeur apposerait son cachet aux testamens ; manière de les confirmer qui a paru la meilleure à nos ancêtres ; nous l'adoptons également,

lement, mais voulant la perfectionner encore, nous décidons qu'à l'avenir l'apposition du cachet du maître du cens ne sera plus en usage dans les testamens et ne leur donnera aucune force, parce que ce magistrat n'est plus chargé de veiller à l'exécution des lois, et qu'il ne lui appartient plus de confirmer les testamens, mais que son cachet y sera remplacé par celui du questeur et même par celui de notre très-magnifique maître et patrice, préfet de la ville, et de ceux encore qui président aux jugemens. Cette formalité sera remplie par ces magistrats dans la métropole, dans les autres villes par les préfets, et par les gouverneurs dans les provinces.

est. Quos et nos sequentes, quo illa validior sit, jubemus, ut sigillo magistri census (quod nunc ad illum neque legum cura, neque administratio pertineat), nihil prorsùs in obsignatione testamentorum juris nec commercii sit, quemadmodum neque nunc id illa obsignat ; sed pro illo quæstoris sigillum obsignet. Neque verò hoc solùm testamenta obsignet : verumetiam magnificentissimi nostri magistri et patricii præfecti urbis etiam, aliique qui judiciis præsunt, sigillis suis illa fidei commendent. Verùm hi in urbe : in aliis autem locis et civitatibus præfecti, et in quaque provincia præsides hoc sciunto et faciunto.

CONSTITUTION XLV.

Que les juges doivent enregistrer leurs jugemens et les signer de leur main.

Le même empereur au même Stylianus.

VOULANT donner aux jugemens une certitude invariable et éviter qu'il s'élève des doutes et des discussions à leur égard, nous croyons devoir établir que tous les juges seront tenus de rédiger leurs sentences par écrit sur les affaires qu'ils auront à décider, et de les signer de leur main ; afin que, si l'on découvre plus tard qu'il a été mal jugé, ils ne puissent pas désavouer leurs décisions, et afin encore qu'on ne puisse pas les contrefaire à l'aide d'une fausse écriture, et les opposer en cet état à l'un des juges. Ainsi donc quiconque sera revêtu de la dignité de juge, sera tenu désormais de se conformer à la présente loi, et de rédiger par écrit, ainsi que de signer, les jugemens qu'il aura rendus.

CONSTITUTIO XLV.

Ut sententiam judices in litteras referant, suaque manu obsignent.

Idem imperator eidem Styliano.

DUM ut res judicatæ firmæ maneant, et nequa suspicio atque controversia sententias insequatur, curam gerimus, hoc se nobis constituendum obtulit, ut quibuscunque dijudicare ac dirimere lites obtigisset, de quibus rebus judicium pronunciaturi essent, de iis sententiam de scripto ferrent, eamque manibus suis obsignarent : ut ne, si temerè judicatum esse postmodum deprehendatur, negare illi suam sententiam possint : neque alii quippiam supposititia adulterinaque sententiæ scriptura efficta, illam in judicum aliquem referre liceat. Quicunque igitur judicum dignitate honoratus est, dehinc ita facito : ac quibus de rebus judicavit, decretum scriptum, suaque manu obsignatum edito.

CONSTITUTION XLVI.

Abolition de certaines lois relatives aux curions et aux décurions.

Le même empereur au même Stylianus.

DE même qu'on adapte une chose dans la société à une cause des avantages qu'elle

CONSTITUTIO XLVI.

Abrogatio quarundam de curiis et decurionibus latarum legum.

Idem imperator eidem Styliano.

QUEMADMODUM ut quæcuaque aliæ res in communis vitæ usum assumantur, ipsarum commoditas facit, et quæ utilitatem aliquam adferunt magnifacimus : quæ verò ad nihil conducunt, contemnimus : sic omninò et ad legalium capitum compositionem nos accommodari oportebit, ut quarum usus aliquis sit, qui bono quopiam rempublicam beet, hæ necessariò et ferantur et honorentur : quarum verò usurpatio aut nullius momenti, aut mala sit, harum non modó non ratio habeatur, sed etiam è legum corpore exemptæ rejiciantur. Hæc idcircò dicimus, quod inter veteres de decurionibus et curiis latas leges quædam graria intolerabiliaque decurionibus quæpiam munera injunxerint : curiis autem privilegium, ut quosdam magistratus constituerent, suaque auctoritate civitates gubernarent, præbuerint. Quæ nunc, eo quòd res civiles in alium statum transformatæ sint, omniaque ab una imperatoriæ majestatis sollicitudine atque administratione pendeant, tanquam incassum circa legale solum oberrent, nostro decreto illinc submoventur.

présente, qu'on estime tout ce qui offre quelque utilité et qu'on ne fait aucun cas de ce qui n'est bon à rien, de même dans la composition des lois nous devons accueillir et confirmer toutes les dispositions dont l'usage peut être de quelque avantage pour l'état, et rayer au contraire du nombre de ces lois celles qui ne sont d'aucun intérêt, ou qui même sont mauvaises. Nous faisons ces observations, parce que les anciennes lois sur les curions et les décurions imposaient à ceux-ci certaines charges très-onéreuses, tandis qu'elles permettaient à ceux-là de nommer certains magistrats, et de gouverner des villes par leur seule autorité. Or, toutes les institutions civiles étant changées aujourd'hui que tout est confié à nos soins et à notre administration, nous abrogeons ces dispositions comme n'ayant aucun objet.

CONSTITUTIO XLVII.

Abrogatio legis quæ senatui prætores, decurionibus verò præfectos constituere concedebat.

Idem imperator eidem Styliano.

QUOD alius olim reipublicæ status esset, rerum ordo similiter alius erat. Quùm enim cuncta in principis deliberationem non caderent, sed nonnulla essent de quibus despicere, et jubere senatus officium esset, ea ab illo etiam proferebantur. Prætores itaque tres numero in urbe rebus administrandis ab eo præficiebantur, idque actus functione legis procedebat. Neque verò id in urbe solùm, sed in aliis etiam civitatibus à decurionibus ut vocabantur, præfecti quidam (non tamen quales hodie militarit præfectura novit, sed excellentiores quidam, quique aliam curam demandatam haberent) præficiebantur. Quùm igitur aliter sese tunc res haberent, communis usus illam legem requirebat. Nunc autem cùm omnia à principali cura pendeant, Deoque opitulante ipsius providen-

CONSTITUTION XLVII.

Abolition de la loi qui autorisait le sénat à nommer des préteurs et les décurions des préfets.

Le même empereur au même Stylianus.

COMME il y avait autrefois de la différence dans la constitution de l'état, il en existait aussi dans l'ordre des choses. Toutes n'étaient point soumises à la délibération du prince ; il en était sur lesquelles c'était au sénat à voir et à ordonner, et il prononçait toujours sur ces dernières. C'est ainsi qu'à Rome il créait trois préteurs pour l'administration des affaires, et cette nomination était autorisée par une loi. Mais cela n'avait pas lieu seulement à Rome ; dans les autres villes, les décurions, comme on les appelait alors, avaient droit d'élire certains préfets, différens de nos préfets militaires actuels, plus élevés que ceux-ci et chargés d'autres fonctions. Comme l'état était autrement organisé, l'usage commun rendait cette loi nécessaire. Mais aujourd'hui que tout est soumis à la surveillance du prince, qu'il décide tout par sa sagesse et avec l'aide de Dieu, cette loi ne pouvant plus être d'aucun usage, nous pensons qu'elle doit être rayée du nombre des lois de l'empire avec toutes celles qui l'ont été déjà. Car de même qu'on doit créer des lois quand elles sont nécessaires, on doit les abolir quand elles sont inutiles.

CONSTITUTION XLVIII.

Que les femmes ne peuvent pas servir de témoins dans les contrats.

Le même empereur au même Stylianus.

JE ne sais comment les anciens ont pu, sans avoir bien pesé la chose, autoriser les femmes à porter témoignage. Il était au moins vulgairement connu, et ils ne devaient pas ignorer qu'il était déshonorant pour elles de paraître souvent aux yeux des hommes, et que celles qui étaient chastes et honnêtes avaient soin de l'éviter. Je ne vois donc pas, comme je l'ai dit, pourquoi ils avaient permis qu'on les appelât en témoignage, ce qui était cause fort souvent qu'elles se trouvaient confondues avec un grand nombre d'hommes et tenaient avec eux des discours fort peu décens pour des femmes. Où avaient-ils pris en effet, que dans les affaires publiques on entendrait les dépositions des femmes, qu'ils avaient admises à témoigner à l'égal des hommes, comme nous savons que les femmes Scythes s'armaient, à l'exemple de leurs maris, pour faire la guerre? Outre l'absurdité monstrueuse que présente cette loi, n'est-il pas évident qu'elle confond les sexes en leur rendant communes des attributions qui les distinguent? Peut-on douter aussi qu'elle ne viole le respect et les égards dus aux femmes, qui ne doivent se réunir, même chez elles, qu'avec circonspection, et nullement avec négligence et familiarité? De plus, la faculté de porter témoignage non-seulement leur fait prendre, dans les nombreuses assemblées d'hommes où elles se trouvent confondues, et en se mêlant aux affaires civiles, l'habitude de parler plus librement qu'il ne

CONSTITUTIO XLVIII.

Ne mulieres in contractibus testimonium præbeant.

Idem imperator eidem Styliano.

HAUD scio quomodo, re non exactiore judicio disquisita, mulieribus ad dicendum testimonium procedendi facultatem dederint veteres. Illud saltem vulgò notum, volutandum animo fuerat, crebrum nempè in virorum oculos occursum mulieri dehonestamento esse : pudicam verò et honestam ejusdem rei fugam efficere. Qua ratione igitur illas ad testimonium assumi permiserint (unde fit persæpè, ut in magnis hominum turbis conversentur, irreverentiusque quàm mulierum sermo ferat, lingua utantur), hoc quemadmodum dixi, mihi dubitare subiit. Quorsùm enim hisce visum est, ut in negotia publica mulierum prodiret testimonium, quibus juxta atque viris testari permiserunt, quemadmodum Scythicas mulieres cum maritis ad bella coarmari audimus ? Et sanè quomodo præter absurditatem ingentem, hoc naturæ etiam finium, quibus virilis muliebrisque sexus disterminati sunt, tum confusionem, tum eversionem non continet? Quomodo item mulieribus (quas etiam domi observanter, nequaquam autem dissolutè atque indulgenter conveniri oportet) debitam non produnt et verecundiam et honestatem? Si quidem ad ferendum testimonium progressio, quùm eo (quod multorum illæ hominum commiscentur conventibus, negotiisque implicantur virilibus) ad liberiùs loquendum quàm mulieribus decorum sit, fenestram aperiat : muliebris sexus submissos morem pudoremque adimit, atque ipsas ad verecundiam et procacitatem exercet. Jam verò res illa contumeliam aliquo modo etiam viris adfert. Quid enim hoc aliud nisi contumelia, et ea quidem gravissima erit, si quarum rerum tractatio virorum maximè propria est, ad illas sexus etiam fœmineus procederet? Quapropter non minus consuetudinem, quàm legis erratum majestas nostra corrigens, illis ad testandum præclusit aditum, ac proposita sententia sua decernit, legeque prohibet, ne quo modo mulieres ad contractuum testimonia accedant. In rebus autem peculiariter ad ipsas pertinentibus, quibus interesse viris fas non est (de partu loquor, et si cui rei alii sola mulier adhibetur) sua peculiaria virisque occulta testantor.

convient à leur sexe , leur fait perdre la soumission et la pudeur qui le distinguent , et les forme à l'impudence et à l'effronterie , mais encore elle est en quelque sorte un affront pour les hommes. Comment , en effet , n'est-ce pas un affront pour eux, et même très- grave, que d'autoriser les femmes à faire une chose qui est particulièrement de leur compétence? Aussi, réformant à la fois l'usage et la loi, nous leur ôtons le pouvoir de porter témoignage, et nous défendons par cette loi qu'on les appelle en aucun cas pour servir de témoins dans les contrats. Toutefois, sur les choses qui les concernent exclusivement, et dont les hommes ne peuvent point être témoins, comme les couches et autres choses auxquelles une femme seule peut assister, elles pourront attester tout ce qui leur est particulier et que des hommes ne doivent pas voir.

CONSTITUTIO XLIX.

Ne servi ad dicendum testimonium admittantur.

Idem imperator eidem Styliano.

TESTIMONIUM cùm magni momenti, necessariaque ad tuenda communis vitæ negotia res sit, non à quibuslibet, sed ab iis qui extra ignominiam vivunt, ferri æquum est. Rectè ergo exquisita ratione de hoc disceptant leges, et non simpliciter ad dicendum testimonium cuique aditum præbent. Verumtamen, quia nonnullæ leges servilis conditionis hominibus in quibusdam rebus testari concesserunt : visum nobis est, hoc nota inducendum esse, ut qui liberæ vitæ participes non sunt, in universum ad testandum non admittantur, lexque Novellarum constitutionum obtineat, et de quocunque simpliciter testimonio statuat, idque in quacunque re, sive testamenta, sive aliam humanæ vitæ actionem testimonium complectatur. Si enim illis qui, cùm liberæ vitæ sint, vitam ingenuè, eaque libertate quam nacti sunt dignè non degunt, neque quantum fieri potest animi magnitudinem à servitute liberam conservant, sed in illicitarum ac-

CONSTITUTION XLIX.

Que les esclaves ne doivent point être admis à porter témoignage.

Le même empereur au même Stylianus.

COMME le témoignage est une chose très-importante pour assurer l'existence des actes qu'on fait dans la société, on ne doit autoriser à le porter que ceux dont la condition n'est point déshonorante. Aussi c'est avec beaucoup de raison que les lois font des distinctions à cet égard, et n'admettent pas généralement toute personne à porter témoignage. Cependant quelques lois ont permis aux esclaves de servir de témoins pour certaines choses ; mais nous croyons devoir induire de cette exception que cela ne doit point leur être permis en général, que la Novelle existante sur cet objet doit avoir force de loi, et statuer , dans tous les cas, sur la validité des témoignages, soit pour les testamens, soit pour tout autre acte. En effet, si ceux qui jouissent de la liberté, mais qui ne mènent point une vie digne de l'homme libre , qui ne montrent à certains égards une grandeur d'ame assez supérieure à la servitude et subissent le joug de leurs passions, ne sont point admis à porter témoignage, on ne doit point non plus y autoriser ceux qui sont réellement esclaves. Car quoique ce soit ici une autre espèce de servitude, elle n'est pas moins contraire à la dignité d'homme libre.

tionum servitutem subiguntur, testimonium dicere non licet : neque his quorum vitam non esse liberam constat, ferre testimonium concedetur. Nam tametsi alius hic servitutis modus sit, attamen ea servitus est, quam libertatis dignitate participem esse indignum sit.

CONSTITUTION L.

Que les donations non écrites sont valables jusqu'à concurrence de cinq cents écus d'or.

Le même empereur au même Stylianus.

COMME beaucoup de personnes font des donations, soit par gratitude, soit par pure bienfaisance, il nous a paru nécessaire de déterminer dans quel cas elles devaient avoir ou ne pas avoir d'effet. Les anciens, traitant cette matière, avaient décidé que toute donation excédant cinq cents écus d'or, qui n'aurait point été transcrite sur des registres publics, serait nulle, quand même le donataire en présenterait la preuve écrite de la main du donateur. Mais je ne vois point quel était l'objet de cette subtile décision. Car quand une donation est écrite et présente un caractère assez authentique, je ne sais pas ce qu'il peut être nécessaire d'y ajouter pour la rendre parfaite. Aussi consacrant la disposition suivante, qui n'a pas été faite uniquement pour les donations, nous croyons devoir établir que toute donation excédant cinq cents écus d'or est valable, si elle a été rédigée par écrit, et qu'elle est nulle pour ce qui excède cette somme si elle ne l'a pas été, quand même le donataire aurait reçu la chose donnée en présence de témoins. En effet, toute donation évaluée à cinq cents écus d'or est valable si elle est confirmée par la déclaration de trois témoins. Ainsi c'est d'après ces distinctions qu'on devra juger si elles sont nulles ou valables.

CONSTITUTIO L.

Ut donationes quæ in litteras relatæ non sunt ad quingentos usque aureos valeant.

Idem imperator eidem Styliano.

QUANDOQUIDEM multi alias gratias relaturi, alias benigno duntaxat proposito moti, dona in nonnullos conferunt : et de hoc capite distincte tradendum esse visum est, quales donationes non everti, qualesque contra irritas esse oporteat. Atque veteres quidem hac de re tractantes pronuntiarunt illam donationem concidere, ne firma sit quæ quingentorum aureorum summam exuperat, nisi in acta publica relata sit : quanquam etiam donatarius donationis certam probationem propria donationis manu privatim scriptam abstulerit. At nescio quid sibi illi superflua hac subtilitate velint. Quando enim donatio scripto comprehensa, eique justum testimonium adhibitum esset, quorsùm amplius accuratè finire oportebat? Nobis itaque exacta hac definitione, quam neque de donationibus dictam esse omninò scimus, per sanctionem consopita, illud proponere visum est, ut si donatio quæ quingentos aureos excedit, in litteras relata sit, rata permaneat : quæ verò scripto comprehensa non est, pro eo modo qui quingentos aureos excedit, irrita sit : tametsi donatarius præsentibus testibus rem donatam adeptus sit. Etenim donatio, cujus æstimatio quingentos aureos non superat, etsi conscripta non sit, dummodo tribus testibus confirmetur, rata judicatur. Ad hanc ergo formam examinatæ donationes, aut valeant, aut irritæ sint.

CONSTITUTIO LI.

De invento thesauro cujus esse debeat.

Idem imperator eidem Styliano.

Bonum sanè atque salutare esset, si divinis salutiferisque morem gereremus legibus, minimè enim tum humanis indigeremus, illarumque luce tutam viam commonstrante, humano ex legibus auxilio nobis non esset opus. Verùm quoniam cœno atque luto omnes emergere, divinisque præceptis in cœlum tollentibus elevari difficile est : humano generi salutem etiam humana prudentia per leges suas adinvenit. Quapropter etiam nunc quùm, quanquam Dominus et Servator noster misericordes esse, eorumque qui inopia premuntur, illos qui ipsius donis fruentes in affluenti rerum copia vivunt, angustias succurrere jusserit, nonnulli tamen ita in dominum ingrati, ergaque communem hominum cognationem commiserationis expertes sunt, ut non modò non benignam manum egentibus præbeant, verùm etiam, tanquam solis quoque radiis tetricos thesauros suos aspicere invideant, in terram illos defodiant : de inhumano hoc invento in medium legem prodire oportuit. Quæ quidem lex cùm olim lata fuerit, victa autem postmodum à cupiditate, quæ multas egregias res lebefactat, ab eademque suo vigore privata sit : nunc ab imperatoria nostra majestate in integrum restituitur. Jubebat autem illa, ut qui in defossum thesaurum incidisset, si prædium in quo inventus esset, ad principem pertineret, alioquive publicum esset, illum ex æquo cum fisco partiretur ; si verò locus unde thesaurus in lucem prodiisset, neque ad principem pertineret, neque publicus, sed alterius cujuspiam esset, is æqualibus partibus inter inventorem prædiique dominum divideretur : denique si inventoris prædium esset, ipsi res inventa universa cederet. Atque hæc quidem lex illa sanciit. Verùm perversa cupiditas haud scio quomodo illa circumscripta, iniquoque lucro fisco donato, illi in hunc usque diem in-

CONSTITUTION LI.

A qui doit appartenir le trésor trouvé.

Le même empereur au même Stylianus.

Tout irait bien si nous nous conduisions d'après les lois salutaires que nous avons reçues du ciel ; marchant à leur divine lumière dans une route assurée, nous n'aurions pas besoin de recourir aux lois humaines. Mais comme il est très-difficile à l'homme de sortir de sa corruption et de sa bassesse, et d'élever son ame à la hauteur des préceptes divins, il a été obligé de chercher son salut dans sa propre sagesse. C'est ainsi qu'il a senti le besoin de faire une loi contre l'industrie cruelle de ces hommes riches, qui, malgré le devoir que leur a fait le ciel d'être charitables et de secourir les malheureux, sans reconnaissance envers le Seigneur et sans pitié pour l'humanité souffrante, au lieu de tendre à l'indigent une main secourable, enfouissent leurs trésors et les dérobent à la lumière, comme s'ils étaient jaloux du jour qui les éclaire. Cette loi fut faite autrefois ; depuis la cupidité qui ruine les plus belles institutions, la fit tomber en désuétude ; mais nous lui rendons aujourd'hui toute sa force. Elle portait, que si l'inventeur d'un trésor l'avait trouvé dans un fonds appartenant au prince, ou dans tout autre fonds public, il le partagerait avec le fisc par égales portions. Que si le fonds où il l'avait trouvé n'était point public et n'appartenait point au prince, mais à toute autre personne, il le partagerait de la même manière avec le propriétaire ; enfin que si le fonds lui appartenait, il garderait le trésor tout entier. Voilà ce qu'établissait cette loi. Depuis, une cupidité perverse paralysant, je ne sais comment, ses dispositions, l'a fait tomber en désuétude, et rendu le fisc, contre toute justice, propriétaire du trésor trouvé. Il est résulté de là que ceux qui connaissent des lieux qui recèlent des trésors, sachant que d'autres profiteraient de leur travail, et qu'ils n'en retireraient aucun avantage, qu'au contraire il les exposerait quelquefois à des soupçons dangereux , évitent de chercher à les découvrir , et qu'ils restent toujours cachés , tandis qu'ils auraient pu être d'une très-grande utilité si on les avait découverts. Nous ordonnons donc qu'on se conformera aux dispositions de l'ancienne loi ; que si l'inventeur d'un trésor l'a trouvé dans un fonds public ou impérial, il le partagera avec le fisc ; et que s'il l'a trouvé dans un fonds particulier, il le partagera avec le propriétaire de ce fonds ; mais que s'il manque de probité, qu'il ne veuille pas faire l'aveu de tout ce qu'il a trouvé, et qu'il en retienne une partie par dol et à l'aide d'un mensonge, il ne retirera aucun profit de son travail, et que, comme recéleur et voleur de la chose d'autrui, il ne recevra aucune partie de la chose trouvée, laquelle sera dévolue toute entière au maître du fonds.

ventum thesaurum attribuit , legemque otiosam reddidit. At quid hinc contingit? Qui alicubi reconditos latere thesauros sciunt, dum alios laboribus suis gavisuros, se autem frustra illos subituros, quin et interdum acerbis examinationibus subjiciendos considerant, illos investigare negligunt : itaque in perpetuum recondita manent et pereunt, quæ in lucem producta magnam hominibus erant utilitatem allatura. Jubemus ergo , uti deinceps secundùm veteris legis æquitatem judicetur : et quando thesaurus aliquis inventus fuerit, si locus ubi inventus est, in publicis imperatoriisve fundis sit, inventor illum cum fisco partiatur : si verò alterius cujuspiam sit, simili modo ipsum et inventor, et loci, in quo thesaurus inventus est, dominus inter se dividat. Cæterùm si improbus esset, neque quicquid repererit confiteri inventor omne velit, sed dolo mendacioque ex re reperta nonnulla detineat : in vanum tunc ille laborarit, et tanquam malitiosus rerumque alienarum occultator et fur, nihil omninò accipiat, ac beneficium loci domino soli cedat.

CONSTITUTION LII.

CONSTITUTIO LII.

Que les monnaies tant des anciens que des nouveaux princes doivent avoir cours, pourvu qu'elles soient de poids et de bonne matière.

Ut tam veterum principum quàm recentiorum numismata , modò justi ponderis, probæque materiæ sint, valeant.

Le même empereur au même Stylianus.

Idem imperator eidem Styliano.

Si les monnaies existantes sont de bonne matière et en renferment assez , et si une grande quantité d'argent monnoyé donne une forte consistance à l'état, les anciens ont eu grandement raison d'en prévenir la disette, comme une maladie dangereuse qui anéantit toutes ses forces , en décidant que toute espèce de monnaie, même celle à l'effigie des anciens princes , serait également reçue dans le commerce. Mais je ne sais par quel motif leurs successeurs n'ont pas voulu laisser subsister ainsi ce sage règlement, et, comme s'ils avaient porté envie à l'opulence de leurs sujets , ont démonétisé toutes les pièces à l'effigie des anciens princes , et n'ont voulu laisser

Si pecuniarum numerus sufficiens et copiosa illarum materia est, remque publicam pecuniarum vis stabilit, rectè profectò veteres defectum, velut morbum quendam ac tamen, inde profugarunt, dum omne genus numismatis, etsi ad veteres et priscos principes referretur, similiter valere voluerunt. Verùm egregium hoc institutum, haud scio qua de causa posteriores principes in eadem forma consistere non permiserint, ac tanquam subditorum opulentiæ inviderent, quæ numismata superiorum principum effigiem ferrent, iis publico usu interdixerunt : sua verò sola in communi commercio esse voluerint. Næ illi, quantum hinc in communibus negotiis novitatis, quantum item detrimenti, quod cùm ad omnes, tam præcipuè ad pauperiores, potiusque auxilio et defensione indigentes pertineat, existeret, intelligere noluerunt. Certè mercatorum vulgus, quique alioqui manibus victum quæritant, et demùm universa rusticorum natio, dum, antiqua ea qua hactenus usi sunt pecunia, alio modo res necessarias sibi parare non possunt, in perquam augustas adiguntur angustias. Ea propter nos novo recentiorum placito non acquiescentes, veterum autem providentiam sequentes, sancimus, ut secundùm benignum reique publicæ commodissimum judicium, numismatis omne genus (quod quidem formam materiamque non adulteratam et plenum pondus habeat), sive vetustioris cujuspiam principis, sive recentioris sit, æqualiter et æstimetur, et in republica tractetur. Pœna verò eorum qui rebelli animo decretum hoc contemnent, fuerit, ut flagris cædantur, et cute tenus tondeantur, insuperque libras auri tres dependant.

que les leurs dans la circulation. Sans doute ils n'ont pas voulu considérer quel dérangement cela causerait dans les relations privées, et quelles pertes il en résulterait, sur-tout pour la classe la plus indigente de la société, qui est celle qui a le plus besoin de secours. Il est certain que si les petits marchands, tous ceux qui ne vivent que du travail de leurs mains, et enfin la classe nombreuse des paysans, ne peuvent plus acheter ce qui leur est nécessaire avec l'ancienne monnaie dont ils se sont servis jusqu'alors, ils doivent se trouver réduits à la plus dure nécessité. Aussi rejetant ce nouveau réglement, et approuvant entièrement celui des anciens, nous statuons, d'après leur décision, aussi bienfaisante qu'avantageuse à l'état, que toute espèce de monnaie, pourvu que la forme ni la matière n'en ait point été altérée, et qu'elle ait le poids nécessaire, qu'elle porte d'ailleurs l'effigie d'un ancien ou d'un nouveau prince, sera également bonne et reçue dans la circulation ; et ceux qui ne se soumettraient point à cette loi seront battus de verges, rasés, et condamnés en outre à payer trois livres d'or.

CONSTITUTIO LIII.

Ut cuique tam intra civitates, quàm extra, mortuos sepelire liceat.

Idem imperator eidem Styliano.

MEA quidem sententia, leges civiles non ea modò quæ communi subditorum vitæ prosint præscribere : verùm de iis etiam qui jam vitam finierunt, humanæ commiserationi convenientia decernere decet. Quæ autem defunctorum corpora ignominiæ contumeliæque exponant, ac per quæ communi hominum naturæ dedecus atque turpitudo concilietur, nequaquam in leges sunt includenda. At quod lex mortuos non nisi extra civitates humari vult, quomodo id humanam naturam dedecore afficere non est? Et quidem si hoc præcipiens, de iis humandis ageret, quibus facilem elationem facultates, quas vivi habuerant, suppeditarent, fortasse lex aliquam ad id

CONSTITUTION LIII.

Qu'il est permis à chacun d'ensevelir les morts tant dans les villes que hors de leurs murs.

Le même empereur au même Stylianus.

CE n'est pas assez, à mon avis, que les lois civiles statuent sur ce qui intéresse la vie des hommes, il convient encore qu'elles fassent sur ceux qui meurent des dispositions dignes des regrets que leur perte fait éprouver. Elles ne doivent point renfermer des réglemens qui exposeraient les restes de l'homme à l'opprobre et à l'ignominie, et qui pourraient par cela même déshonorer et avilir l'espèce humaine. Or, la loi qui ne permet d'inhumer les morts que hors des villes, n'établit-elle pas une chose déshonorante pour l'humanité? Encore si, en faisant cette disposition, elle n'avait voulu l'étendre qu'à ceux dont la fortune offrirait les moyens de les faire enterrer, elle pourrait

rait avoir en quelque sorte raison pour l'établir ; quoique, dans ce cas, il convint encore d'accorder quelque chose à la douleur de leurs amis, de leurs parens et de tous ceux qui leur étaient chers, et pour qui ce serait une grande consolation de pouvoir embrasser leur tombe et l'arroser de leurs larmes ; devoirs qu'ils ne sont plus à portée de leur rendre si on les enterre hors des villes. Cependant si elle n'avait été faite que pour ceux-là, on pourrait justifier sa rigueur ; mais comme elle est générale, cette rigueur est une absurdité manifeste : car il est certain alors que la loi devient déshonorante pour l'humanité. Comment, en effet, ceux qui sont pauvres et délaissés pendant leur vie seront-ils inhumés après leur mort ? Et si leur misère est cause qu'on diffère de les enterrer, comment leurs cadavres, au bout d'un certain tems, n'offriront-ils pas un spectacle fait pour inspirer l'horreur et la pitié, et capable d'avilir l'espèce humaine en la montrant dans sa hideuse dissolution ? D'ailleurs, lorsque les morts sont regardés comme des serviteurs de Dieu, et honorés à cause de leur gloire céleste, n'est-ce pas les exposer à des expiations que de laisser leurs corps sans sépulture ? Nous décidons donc que cette loi ne pourra plus être comptée, en aucune manière, au nombre des lois civiles, et nous la réprouvons par cette constitution, comme elle l'a déjà été par l'usage. Ainsi chacun aura la faculté d'enterrer les morts à son gré, dans l'intérieur des villes ou hors de leurs murs.

CONSTITUTION LIV.

Que dans les jours du Seigneur chacun doit s'abstenir de travail.

Le même empereur au même Stylianus.

C'EST sans doute un travail très-honorable que de chercher à donner aux hommes d'utiles préceptes, et le prince qui consacre ainsi ses soins à faire le bonheur de ses sujets mérite bien qu'on célèbre son amour pour l'état et qu'on observe religieusement ses lois. Cependant il est encore plus juste d'honorer de cette manière ceux

Novelles de Léon.

jubendum rationem habuisset. Quanquam tunc etiam ad amicorum, cognatorum, necessariorumque defuncti commiserationem respicere oportebat. Quorum dolori atque orbitati magnum sanè solatium est, si amici sui sepulchrum amplexari, ac in id lacrymas profundere possint. Quæ officia extra civitatem sepulto non facilè est exequi. Attamen si illos solùm extra civitatem sepeliri vellet, quibus id ipso mortis die per facultates facilè esset, ad eam inclementiam aliquam lex occasionem haberet. Verùm nunc, cùm inclementia illa simul ad omnes se extendat, quomodo non manifesta est absurditas ? quomodo legem in naturæ opprobrium ferri non est evidens ? Qui enim, dum adhuc viverent, inopes et deserti erant, quomodo mortui ipso mortis die humabuntur ? quomodo item, cùm propter paupertatem sepultura non accelerabitur, multis diebus insepulti, non miserabile simul et horrendum spectaculum jacebunt, tabescentemque hominum naturam dedecorabunt ? Extra hæc autem, cùm mortui interdum famuli Dei appellentur, propterque cœlestem gloriam colantur, ipsorum corpora inhumata abjici, quomodo id verò expiationi etiam obnoxium non est ? Ne igitur ullo modo inter civiles leges hæc lex recenseatur, sancimus : quin potiùs, ut à consuetudine rectè contemnitur, sic etiam decreto nostro prorsùs reprobetur. Quicunque autem sive extra muros, sive intra civitatem sepelire mortuos volet, perficiendæ voluntatis facultatem habeto.

CONSTITUTIO LIV.

Ut dominicis diebus omnes ab operibus vacent.

Idem imperator eidem Styliano.

PRÆSTANTISSIMORUM illorum est studium qui se edendis quæ communi vitæ utilia sunt præceptis dedunt : dignique sunt, eo quod ad subditorum utilitatem omnes suas curas intendunt, quorum pius in rempublicam amor laudibus celebretur, ac præcepta sanctè observentur. Interim verò multo æquius fuerit, illis potiùs istiusmodi reverentiam attribuere, quos majores pro humani generis salute, tanquam universi terrarum orbis legislatores, suscepisse sollicitudines constat, quasque leges tulerint, has aliis omnibus anteferre, idque non solùm propter id quod dixi, quod videlicet ad hominum utilitatem, incomparabiliorem susceperint atque contulerint curam : sed quod etiam divini numinis virtute scripserint sua decreta. Quoniam itaque illorum inter discipulos procerum legi, quæ dominicæ resurrectionis diem cessatione ab operibus omnes venerari mandat, legem aliam contradicere conspicitur, quæ non omnes simul operari prohibendos, nonnullisque uti operentur indulgendum esse censet : ait, enim *omnes judices urbanæque plebes, et cunctarum artium officia, venerabili die solis quiescant ; ruri tamen positi agrorum culturæ liberè licenterque inserviant :* cujus istius diei dehonestationis nulla ratione nititur causa. Nam quanquam fructuum conservatio prætendi posse videatur : nullius tamen illa momenti, reque vera futilis est : quùm non agriculturæ diligentia, sed solis virtus, quando frugum largitori visum sit, fructuum abundantiam suppeditet : quoniam, inquam, istiusmodi lex in lucem prodiit, quæ Domini cultum vilipendat, diversumque ab illis, qui contra omnes adversarios à Spiritu sancto victoriam obtinuerunt, decretum præscribat : statuimus nos etiam, quod Spiritui sancto, ab ipsoque institutis apostolis placuit, ut omnes in die sacro, quoque nostra integritas instaurata est, à labore vacent : neque agricolæ, neque quicquam alii in illo illicitum opus aggrediantur. Si enim qui umbram quandam atque figuram observabant tantopere sabbati diem venerabantur, ut ab omni prorsùs opere abstinerent : quomodo qui gratiæ lucem, ipsamque veritatem colunt, hos eum diem qui à domino honore dilatus est, nosque ab exitii dedecore liberavit, non venerari par est : aut quomodo, cùm ex septem diebus unus in Domini honorem consecratus sit, nos aliorum ad opera usu contentos non esse, neque illum Domino eximium et inviolatum conservare : sed ipsum etiam vulgarem facere, nostrisque operibus applicandum putare,

qui, se montrant en quelque sorte les législateurs du monde, éprouvent pour le salut du genre humain des sollicitudes d'un ordre beaucoup plus élevé, et cela nonseulement à cause de la supériorité de leurs vues, mais encore parce qu'ils écrivent leurs lois par l'inspiration du ciel. Aussi comme, parmi les disciples de ces grands hommes, il existe une loi qui contredit celle par laquelle ils avaient ordonné d'honorer, par la cessation de toute espèce de travail, le jour où notre Seigneur est ressuscité, en décidant qu'on ne doit pas défendre, d'une manière générale, de travailler ce jour-là, et qu'on doit le permettre à certaines personnes (en effet elle porte, *que les juges, le peuple des villes et tous les artisans doivent se reposer le jour du Seigneur, mais que les habitans de la campagne peuvent se livrer librement à la culture de leurs champs ;* exception qui n'est fondée sur aucun motif : car, quoiqu'on puisse prétexter dans ce cas la nécessité de conserver les fruits, cette raison n'est d'aucun poids, puisque quand il plaît à Dieu de nous en donner avec abondance, nous les devons plutôt à la chaleur du soleil qu'aux soins du cultivateur) : comme il existe, dis-je, une loi semblable, loi qui déshonore le culte du Seigneur et qui est contraire à ce qu'avaient établi ceux qui triomphèrent de ses ennemis avec l'assistance du St.-Esprit, nous statuons, comme Jésus-Christ l'a voulu, et comme l'ont établi ses apôtres, que pendant le jour sacré où s'est opéré le mystère de notre rédemption, tout le monde devra s'abstenir de travailler, et que cela ne sera permis ni aux cultivateurs, ni à qui que ce soit. En effet, si ceux dont les lois n'étaient encore que des ombres et des figures, honoraient le jour du sabbat avec tant de soin qu'ils s'abstenaient scrupuleusement de toute espèce de travail, comment ceux que la grace a éclairés, et qui jouissent de la véritable lumière, ne montreraient-ils pas la même vénération pour le saint jour que le Seigneur a honoré et dans lequel il nous a délivrés de la mort? Ou bien, comment, lorsque sur sept jours on en a consacré un au Seigneur, n'est-ce pas affecter du mépris pour la religion que de ne pas se contenter d'en avoir employé six au travail, et au lieu de conserver le septième à Dieu, de l'assimiler aux autres et de lui donner la même destination ?

CONSTITUTION LV.

Que les juifs doivent vivre selon les rites de la religion chrétienne.

Le même empereur au même Stylianus.

D'ANCIENS princes ont fait au sujet des juifs (nation aussi illustre autrefois par la protection spéciale que lui accordait le ciel, qu'elle est célèbre par ses malheurs depuis qu'elle a osé résister à l'autorité de Jésus-Christ) plusieurs lois, par lesquelles, en réglant leur manière de vivre, ils les ont obligés à lire les anciennes écritures et à ne point s'écarter des rites de leur religion, et ils ont voulu que leurs enfans y tinssent, non-seulement par les liens du sang, mais encore par l'effet de la circoncision. Voilà, dis-je, ce qu'ont établi d'anciens princes. Mais celui dont nous descendons, plus porté que ses prédécesseurs à faire leur salut, au lieu de leur permettre, comme ceux-ci, de ne suivre que leurs anciennes lois, a cherché, par l'explication des prophéties, et par les instructions qu'il en a tirées, à les convertir à la religion chrétienne, et leur a fait administrer le baptême. En cherchant ainsi à en faire des hommes nouveaux selon Jésus-Christ, il a pleinement réussi à leur faire dépouiller le vieil homme et abandonner toutes leurs anciennes pratiques et cérémonies religieuses, comme le sabbat, la circoncision et autres. Mais étant parvenu de cette manière à vaincre leur opiniâtreté, il n'a point pensé à abolir les lois qui leur avaient permis de vivre selon leurs anciennes coutumes. Or, voulant réparer cet oubli, nous abrogeons toutes celles qui ont été faites à leur égard, et ne leur permettons de vivre que conformément aux principes de la religion chrétienne ; et si quelqu'un d'entr'eux osait les abandonner pour revenir aux anciennes lois et coutumes des juifs, il subira la peine établie contre les apostats.

religionis non est prorsùs dissolutæ ?

CONSTITUTIO LV.

Ut judæi secundùm christianismi ritus vivant.

Idem imperator eidem Styliano.

QUI olim sceptris potiti sunt, de hebræorum gente (quæ quondam quoad divino patrocinio foveretur, inclyta fuit, nunc autem ob contumaciam in Christum et Deum nostrum, in calamitatibus celebris est) diversas promulgarunt leges, quæ de ipsorum vitæ statu tractantes, jubent, ut sacras ipsi scripturas legant, et ne à suis ritibus arceantur. Quinetiam ut liberos suprà sanguinis cognationem circumcisionis etiam cognatione suo instituto accommodent. Atque hæc quidem, qui olim, ut dixi, imperium obtinuerunt. Verùm sacratissimus princeps, ille ex cujus semine nos nati sumus, ut qui majore quàm cæteri salutis ipsorum desiderio teneretur, hos in sola superiorum legum observatione relinquere, quod ante illum alii fecerant, non contentus : sed partim sacrorum oraculorum explicatione, partim eorumdem admonitionibus ad salutarem christianorum cultum traducens, vivifica baptismi aqua initiavit. Atque quod ipsos in novum secundùm Christum hominem transformari debere persuasit, ut veterem deponerent, plenè effecit, et quæcunque vetustatem saperent, circumcisionem, sabbathum, et si quid aliud est, cum illo simul exuit. Atqui cùm tanto cum effectu à judaica pertinacia ipsos deduxisset, non etiam prioribus legibus, quæ judaico ritu vivere permittebant, silentium, et vacationem alterius legis decreto imposuit. Quod igitur pater noster prætermisit, id nos adimplendum putantes, omni antiquiori, quæ de hebræis statuit, legi silentium injungimus : et ne illi aliter quàm pura salutarisque christianorum fides vult, vivere audeant, jubemus. Quòd si quis à

christianorum ritibus defectione facta ad
judæorum mores et placita reverti deprehendatur, hic secundùm leges de aposta-
tis latas pœnas luat.

CONSTITUTIO LVI.

De oris maritimis.

Idem imperator eidem Styliano.

Hæc etiam lex quæ maritimorum præ-
diorum jus tollit, eorum unde apud oras
mare conspicitur : quæque insuper illorum
dominum, si illic piscari volentes prohi-
beat, injuriarum actioni subjicit : nobis
non æqua statuere visa est. Quicquid enim
non iniquo titulo in cujuspiam dominium
devenit, sive parentum hereditas laborumque
emolumentum , sive alio quocunque
non illegitimo modo paratum sit : quæ
causa est, quamobrem id non ab eo qui in
dominio habet, administretur, et illi non
longè potius quàm alteri cuipiam utilitatem
præbeat? Non est igitur legis, quæ quidem æquitatem spectet, ut alios ad utilitatem rei, in quam nihil juris habent ,
introducat : illos verò qui aut solutum pretium, aut cognationis jus , aut denique
alium aliquem possidendæ rei non illegiti-
mum titulum laudant, illa privet. Jam
verò quòd, cùm ab illo tanquam loci illius
domino, annuum tributum exigatur, ex-
pellere inde illum, qui præter ipsius voluntatem loci commodis uti velit, non possit : sed si hoc faciat, injuriarum actionibus tentetur : quomodo id, præterquam
quod iniquum est, non omnibus modis
absurdum est etiam? Quid si prædii dominus piscatoriæ artis non ignarus sit, num
ipsi otioso dormiendum erit, aliisque ora-
rum emolumenta venari permittere debe-
bit? aut, si otium non amplectetur, in
aliorum oris errabundus piscabitur, in
suis autem id ipsi non licebit? At quare
ita fieri debeat, nullam equidem rationem
video. Sancimus itaque, ut quisque oras
suas inconcusso jure possideat, illorumque
dominus sit : etsi qui sine ipsius permissu
illorum emolumento frui velint, hos propellere possit. Nam quemadmodum terrenis locis juris est, ut quicunque domus

CONSTITUTION LVI.

Des rivages de la mer.

Le même empereur au même Stylianus.

La loi qui porte atteinte à la copropriété
des fonds maritimes, c'est-à-dire de ceux
qui sont placés sur les bords de la mer, et
qui soumet le propriétaire de ces fonds à
payer des dommages-intérêts s'il s'oppose
à ce qu'on pêche de son côté, ne saurait
nous paraître juste. En effet, quand une
chose est devenue notre propriété par l'effet d'un juste titre, comme par succession,
par notre travail, ou de toute autre manière, il n'y a pas de raison pour que nous
n'en ayons pas l'administration et n'en re-
tirions pas les avantages préférablement à
tout autre individu. Une loi ne saurait donc
être équitable en accordant le profit d'une
chose à celui qui n'a aucun droit sur elle,
et en l'ôtant à celui qui la possède à juste
titre, comme par droit de parenté, parce
qu'il en a payé le prix, ou de toute autre
manière. Or, si le propriétaire d'un fonds
maritime est tenu en cette qualité de
payer un tribut annuel, n'est-il pas aussi absurde qu'inique qu'il ne puisse pas repousser celui qui veut jouir, contre sa volonté,
des avantages de ce fonds , et soit soumis,
s'il le fait, à lui payer des dommages-intérêts? Qu'arrivera-t-il s'il est lui-même un
pêcheur ? Sera-t-il obligé de rester dans
l'inaction et de laisser des étrangers jouir
seuls des avantages de la pêche; ou, s'il ne
veut pas rester oisif, ira-t-il pêcher sur les
rivages d'autrui, tandis qu'il ne le pourra
pas sur les siens? Je ne vois aucune raison
pour le décider ainsi. En conséquence ,
nous statuons que chaque individu sera véritablement propriétaire de ses rivages ,
qu'il ne sera point troublé dans sa posses-
sion et pourra en chasser ceux qui vou-
draient y pêcher sans sa permission. Car,
comme il est de principe que le propriétaire d'une maison doit l'être également de

sa cour et de son vestibule, il l'est aussi, ce nous semble, que le propriétaire d'un fonds maritime le soit en même tems de ses rivages. Et comme on ne peut recueillir les fruits d'un fonds de terre sans la permission du propriétaire ou sans s'exposer à payer l'amende fixée par l'usage du lieu, nous ordonnons qu'il en sera de même pour les fonds maritimes.

CONSTITUTION LVII.

A quelle distance les filets doivent être tendus les uns des autres dans les pêches.

Le même empereur au même Stylianus.

IL existe plusieurs lois sur la pêche, mais comme elles n'ont encore rien statué sur ce qu'elles ont cru devoir appeler ἐποχὴν, parce qu'à l'époque où elles ont été faites, cet usage n'était pas connu, nous avons voulu faire une loi sur cet objet. C'est pourquoi nous érigeons en loi la raison de droit qui en tenait lieu à cet égard, savoir, que les filets doivent être tendus à trois cent soixante-cinq pas l'un de l'autre, parce que cet intervalle nous parait être convenable. En effet, puisqu'indépendamment même de cet usage, l'intérêt de tous voudrait que cela fût ainsi, nous ne devons pas hésiter à l'ériger en loi, afin qu'il ait plus de force et soit désormais plus fidèlement exécuté. Ainsi nous décidons qu'on laissera entre les filets l'intervalle de trois cent soixante-cinq pas, déjà déterminé par l'usage, et cela de manière à ce que cet espace soit pris également des deux côtés, c'est-à-dire, qu'il y ait cent quatre-vingt-deux pas d'un côté et autant de l'autre, en partant du point intermédiaire qui sépare des fonds maritimes. Voilà ce que nous statuons pour les filets qu'on voudrait tendre à l'avenir ; mais les dispositions de cette loi ne changeront rien à l'égard de ceux qui seraient tendus avant sa publication, et ils resteront dans l'état où ils se trouvent.

CONSTITUTIO LVII.

Quantum in piscatibus remotae piscatoriæ inter se distare debeant.

Idem imperator eidem Styliano.

QUANDOQUIDEM cùm plurimæ leges de piscatione statuant, illud quod ἐποχὴν nominandum putarunt, adhuc lege definitum non est (quippe, quod, ut videtur, quo tempore leges illæ promulgabantur, nondum id institutum innotuisset) hoc quoque legis constitutionem auferre volumus. Quam itaque juris rationem in hoc piscationis instituto pro legitimo decreto obtineri consuetudini visum est (ut nempè interstitiorum modus ad trecentos sexaginta quinque passus protendatur) hoc nos, quod extra convenientem modum non feratur, legis dignitate honorantes, dehinc legem esse sancimus. Nam tametsi citra hoc privilegium, ut remoræ piscatoriæ ad hanc rationem disponantur, præsentis ævi hominibus bonum videatur : quò tamen id firmius sit, cautiusque in æternum observetur, lex esto, remoræque illæ trecentorum sexagintaquinque passuum intervallo à consuetudine approbato, inter sese distanto : idque ita, ut ab utraque parte hic intervalli modus desumatur : ut videlicet centum octoginta duo, et semis ab unius partis finibus exporrigantur, residuum verò ad vicinum usque pertingat. Atque hæc quidem de constituendis introducendisque post hanc legem remoratoriis dicimus. Quæ verò hoc decretum prævenerunt, tametsi præstituto hoc intervallo non distent, ex ejus præscripto tamen nihil novabitur : permanebuntque illa, ut initio constituta sunt.

CONSTITUTIO LVIII.

Ne ex sanguine cibus conficiatur.

Idem imperator eidem Styliano.

Simul olim legislatori Mosi sanguine vescendum non esse mandavit Deus, simul ab istiusmodi cibo abstineri debere à præconibus gratiæ est constitutum. Et quanquam tum veteris tum novæ gratiæ tempore illa res vilis habita sit, et nefaria : eo tamen contumaciæ, imò vecordiæ homines processere, ut neutri legi aurem præsteat morigeram. At contrà, alii lucri, alii gulæ causa summa cum impudentia mandatum contemnunt, in escamque quia vesci vetitum est, sanguinem convertunt. Perlatum enim ad aures nostras est, quod intestinis tanquam tunicis illum infartum, velut consuetum aliquem cibum ventri præbeant. Quod tolerari non debere imperatoria nostra majestas rata, neque tam impio soli gulæ inhiantium hominum invento, nunc præcepta divina, nunc reipublicæ nostræ honestatem dedecore affici sustinens, jubet, ne quis id scelus, neque ad suum usum, neque ut emptores detestando cibo contaminentur, ullo modo exercere audeat. At sciat, quicunque dehinc divinum mandatum contemnere, sanguinemque in cibum convertere, sive vendat, sive emat, deprehensus fuerit, se bonorum publicationi subjiciendum, et ubi acerbum in modum flagris cæsus, ac cute tenus fœdè tonsus erit, perpetuo patriæ exilio mulctandum esse. Quo quidem in judicio, neque civitatum magistratus citra criminationem dimittendos censemus : sed ut et ipsi (neque enim, si illi convenienti alacritate magistratum gessissent, id scelus commissum esset) quod negligenter socorditerque subditis præfuerint, decem librarum auri mulctam sustineant.

CONSTITUTION LVIII.

Que le sang ne doit point servir d'aliment.

Le même empereur au même Stylianus.

Dieu enseigna autrefois à Moïse qu'on ne devait pas se nourrir de sang, et depuis les apôtres ont également établi qu'on devait s'abstenir de cet aliment. Cependant, quoiqu'il ait été considéré comme grossier et dangereux, tant sous l'ancienne loi que sous la loi nouvelle, les hommes sont si entêtés et si pervers qu'ils n'ont eu aucun égard à cette défense. Ils ont, au contraire, les uns par l'appât du gain, les autres par gourmandise, violé impudemment la loi qui l'avait faite, et ils se nourrissent de sang, quoique cela leur ait été défendu. Il nous a été rapporté en effet qu'ils en font des boudins et les mangent ainsi comme leur aliment ordinaire. Or, ne croyant pas devoir tolérer une pareille chose, et souffrir qu'on viole les préceptes de Dieu et qu'on déshonore l'état par l'usage de ce mets, invention impie de l'avidité des hommes, nous défendons à tout individu, soit de s'en servir, soit de le vendre ; et nous faisons savoir que quiconque sera reconnu avoir, au mépris des lois divines, préparé du sang en forme d'aliment, soit qu'il le vende ou qu'il l'achète, aura tous ses biens confisqués, et, après avoir été battu de verges et honteusement rasé, sera exilé à perpétuité. De plus, comme les magistrats des villes auraient pu prévenir ce crime s'ils avaient exercé une surveillance assez active, ils seront, par le même jugement et pour avoir rempli leurs fonctions avec négligence, condamnés à payer dix livres d'or.

CONSTITUTION LIX.

Abolition de la loi qui permet à un homme libre de se vendre.

Le même empereur au même Stylianus.

LA loi qui n'inflige aucune peine au citoyen assez lâche et assez vil pour vendre sa liberté, et qui laisse un pareil crime impuni, est certainement une de celles qui conviennent le moins à l'état, et qui sont le moins dignes d'être approuvées et exécutées. Aussi celle qui a été portée au sujet de ceux qui sont capables d'une pareille action, qui confirme un acte dicté par la démence, et au lieu de condamner cet indigne trafic, n'inflige aucune peine à ceux qui ont l'impudeur de le faire, sort entièrement de l'objet qu'elle devait avoir, et ne mérite point de jouir du respect dû aux lois. En effet, si une loi doit être pour les citoyens comme un père est pour ses enfans, c'est-à-dire, n'autoriser que ce qui peut leur être utile, comment peut-on compter au nombre des lois celle qui leur permet de faire un acte aussi insensé et aussi préjudiciable que celui de se vendre? Aussi nous ne voulons plus qu'elle y soit comprise, et nous décidons que si quelqu'un est assez fou pour se vendre et sacrifier sa liberté, cet acte sera nul et de nul effet, et que le vendeur ainsi que l'acheteur seront battus de verges, sans que le premier cesse d'être libre.

CONSTITUTION LX.

Quelle peine on doit infliger à ceux qui se rendent coupables du crime de castration.

Le même empereur au même Stylianus.

ON dépouille l'homme de la faculté de

CONSTITUTIO LIX.

Abrogatio legis quae hominem liberum se vendere permittit.

Idem imperator eidem Styliano.

QUÆ lex hominem liberum, qui tam ignavi atque abjecti animi est, ut libertatis dignitatem dedecore afficiens, quò execrabile pro servitute persolvendi pretii lucrum participet, suam servitutem mercetur, non castigat, neque scelus illud corrigit : profectò et illa earum una est quæ rectum reipublicæ nostræ statum dedecent, ac approbatione indignæ sunt, neque auctoritatem et efficaciam accipere debent. Illam itaque de eo qui res suas ita gubernat, latam legem, quæ dementiam firmam esse permittit, neque eversa indigna illa mercatura, hos qui per insipientiam talia faciunt, competentibus pœnis subjicit, neque legis propositum scimus servare, neque quæ convenienti legibus reverentia potiatur, dignam putamus. Si enim quod pater filiis est, id idem leges civibus esse oportet, ut in hoc unum quod illis conducat ac salutare sit, colliment : quomodo hanc legem qui tantum incommodum atque damnum incumbere iis qui per dementiam id in se conjecerunt, sinit, legibus annumerari æquum est? Hanc itaque nos legibus excerptam in exilium mittentes, sancimus, ut si quis ita demens sit, ut libertatem servitute commutans seipsum vendat, ne is contractus validus sit, sed evertatur, et simul ipse libertatis suæ proditor, simul is qui cum ipso id facinus designavit, verberibus castigentur, nihiloque minus vesaniæ mancipio libertas in pristino suo statu servetur.

CONSTITUTIO LX.

Qua pœna castratores affici debeant.

Idem imperator eidem Styliano.

VIRTUTIS ad procreandum à Deo naturæ inditæ exactio non minore cum audacia idemtidem committitur, quàm si apud Deum nulli pœnæ obnoxia esset, cùm tamen vel maximè sit : et quanquam veteribus legislatoribus curæ fuerit, ut id malum ultrice lege excideretur, quò respublica ab istiusmodi invento munda esset, haud scio tamen, cùm si cui alii, huic certè præscripto obtemperari, atque à naturæ mutilatione abstineri æquum sit, quamobrem non ita faciant homines : sed tanquam utilitatem quandam, istiusmodi adversu generandi vim insidias reputantes, membra quæ homini nascendi causam suppeditant, lancinent, et creaturam aliam quam qualis conditoris sapientiæ placuerit, in mundum introducere contendant. Hoc igitur cùm inultum relinquendum non putemus, lege in id pœnam constituentes, quibus adeò divinam creaturam deformare religio non est, eorum audaciam, auxiliante Deo, reprimere conemur. At superiorum quidem legislatorum decretum eos qui auderent ad eandem mutilationem quam aliis intulerint adigit, quodque ipsi in aliis videre desiderarint : id ut itidem in se videant, conficit : idque me judice, non ita præter æquitatem : quanquam non valdè decore. Non enim quia ille creaturam Dei quasi refingere ausus est, continuò vindicem id imitari, et pariter refingere, æquum est. Verumtamen quantum ad inventum attinet, non valdè, quemadmodum dixi, id alienum est. Ad hoc autem alio etiam modo, qui impium hoc factum auderent, puniebat. Bona namque publicabat, perpetuoque ipsos exilio adjudicabat : et qui injuriam sustinuisset, si servus esset, libertate honorabat. Atque superiorum quidem decretum istiusmodi erat. Nos verò de illa re sententiam pronunciantes, naturæ insidiatores simili mutilatione vicissim mutilari prohibemus : aliis autem isti crimini constitutis pœnis (tametsi hic etiam ad clementiorem sententiam respiciamus) subjacere ipsos non displicet. Saucimus itaque, ut qui detestan.tæ hujus artis artificem ad castrandum advocarit, si in albo imperatorii famulatus sit, primum albo eximatur : ac deinde decem auri libris in fiscum deferendis multatus in decennium relegetur. Malæ verò

se reproduire qu'il a reçue du ciel, avec la même hardiesse que si cette action était innocente aux yeux de Dieu, quoiqu'elle doive lui paraître très-condamnable. En vain les anciens législateurs l'ont soumise à des peines rigoureuses, et ont voulu éviter que l'état fût souillé par cet odieux usage ; on ne se conforme point à leurs lois, malgré leur sagesse, et, comme si l'on pouvait retirer quelque avantage de cet attentat à la faculté d'engendrer, on continue à dépouiller l'homme des organes auxquels elle est attachée, et l'on en fait une créature toute différente de celle qui est sortie des mains du créateur. Or, ne voulant pas laisser un pareil crime sans punition, nous le soumettons à une peine, par laquelle nous voulons, s'il se peut, réprimer l'audace de ceux qui mutilent ainsi leurs semblables sans aucun motif religieux. Les lois des anciens législateurs prononçaient contr'eux la peine du talion, et voulaient qu'ils fussent mis dans l'état où ils avaient fait mettre les autres ; disposition qui nous paraît équitable, quoiqu'elle fût peu conforme à la décence. Car de ce qu'un homme ose défigurer l'ouvrage de Dieu en mutilant son semblable, il ne s'ensuit pas qu'on doive le punir en l'imitant, et exercer sur sa personne les excès dont il a donné l'exemple. Cependant, comme je viens de le dire, cette peine est très-convenable si l'on n'a égard qu'au crime. On prononçait encore une autre peine contre ceux qui s'en rendaient coupables. On confisquait leurs biens, on les déportait à perpétuité, et si celui qui en avait été la victime était esclave, il recevait la liberté. Telles étaient les lois des anciens sur cet objet. Statuant aujourd'hui sur la même matière, nous défendons qu'on inflige la peine du talion à ceux qui se rendent coupables du crime de castration ; cependant nous voulons qu'ils soient passibles des autres peines établies contre ce crime, quoique notre dessein soit de nous montrer indulgens à leur égard. Nous statuons donc que si quelqu'un appelle un châtreur pour avoir recours à son art infâme, il sera d'abord, s'il est au service de l'empereur, rayé du nombre de ses gens, et, après avoir payé dix livres d'or
applicables

applicables au fisc, il sera exilé pour dix ans. De son côté, l'artisan de ce crime sera battu de verges, rasé, dépouillé de tous ses biens et déporté pour le même tems. Quant à celui qui aura reçu l'outrage, s'il est de condition servile, il deviendra libre pour le reste de ses jours ; si au contraire il jouit de la liberté, il sera censé l'avoir souffert volontairement et ne sera pas autorisé à s'en plaindre. Enfin si celui qui a été mutilé a été obligé de supporter cette opération pour sa santé, elle cessera d'être condamnable à nos yeux et à ceux de la loi ; car alors ce n'est plus outrager la nature, mais la secourir.

istius artis artifex, et ipse primùm flagris cuteque tenus tonsione deformetur, et deinde bonis privatus, eodem temporis spatio patria exulet : qui autem injuriam sustinuit, si servilis conditionis sit, reliquo vitæ suæ curriculo ab illa liber erit : sin liberæ, tanquam ipse, quod injuriam admisit, ejus sibi auctor sit, quòd passus est, suo consensui acceptum feret. Cæterùm si qui exactionem sustinuit, ea illi, ut sæpè sit, remedium attulerit, nihil neque nobis, neque legi adversari videtur. Id enim naturam non mutilare, sed illi succurrere est.

CONSTITUTION LXI.

Quelle peine on doit infliger aux receveurs des contributions s'ils exigent plus qu'ils ne doivent.

Le même empereur au même Stylianus.

Si les hommes voulaient marcher dans les voies de la justice, on serait beaucoup plus tranquille et plus heureux dans la société ; les législateurs n'auraient plus besoin de montrer autant de sévérité, et personne ne serait exposé à encourir la vengeance des lois. Mais quoique les voies de l'équité soient les plus sûres et les plus heureuses, beaucoup d'hommes refusent de les suivre, et ils s'en écartent comme si elles étaient difficiles et rudes et qu'on pût être malheureux en les suivant. Il est des hommes, en effet, il en est, dis-je, qui aiment tout ce qui est mal, qui abandonnent les voies de la justice et se jettent avec autant d'activité que de joie dans celles de l'iniquité, qui sont couvertes d'épines et qui conduisent à une perte assurée. Aussi les anciens pensant qu'il était nécessaire de corriger ces dispositions au vice, ont fait des lois pour les réprimer. Mais·quels moyens ont-ils employés pour étouffer l'iniquité et faire vivre au contraire la justice?... Et qui, je le demande, n'accordera pas son approbation à ce que nous approuvons? Mais nous ne saurions admettre le décret par lequel ils ont infligé des peines à certains individus sans avoir égard à la gravité du crime. En effet, une loi est juste

CONSTITUTIO LXI.

Tributorum exactores, si plus quàm debeant, exegerint, qua pœna afficiendi sint.

Idem imperator eidem Styliano.

Si rectam æquitatis semitam mortales ingredi vellent, sanè quàm magna hinc communi vitæ tum beatitudo, tum salus accederet. Non enim austeritatem præ se ferre legislatoribus opus esset, neque ultrices leges in periculorum difficultates aliquos conjicerent. Nunc verò quanquam et commoda et salutaris æquitatis via sit, plerique tamen illam ingredi nolunt : sed tanquam laboriosa atque aspera sit, miseriasque viatoribus adferat, declinant. Sunt enim, sunt, inquam, quibus pessima quæque placent : quique ab æquitatis itinere deflectentes, ad iniquitatis viam densis spinis stratam (qua viatores in perditionis præcipitia aguntur) alacri avidoque animo se conferunt. Quorum etiam temerarium imperium veteres castigandum esse putantes, illum lege, tanquam freno, inhibere instituerunt. Sed quomodo illi iniquitatem profligare, atque è diverso æquitatem constituere studuerint.... Et quis, quæso, quæ nostra majestas suscipit, non approbet? Quod verò in nonnullis non pro delicti merito pœnam statuere, istiusmodi decretum amplecti recusamus. Quando etenim pro commissi ratione reis indicium obvenit, æquum reverà decretum est : quæque illis irrogatur pœna justa. At

quando delictum gravius quàm oporteat pu-
nitur, non id justitiæ, sed potius injustitiæ
esse censendum est. Quocirca sanè, cùm
superiores legem promulgaverint, quæ
illis qui colligendis publicis tributis præfecti sunt (διοικητὰς promiscuum vulgus
appellare consuevit) si supra legitimum
modum tributa extendere audeant, gra-
vissimam pœnam infligit (morte enim id
delictum persequitur) et verò non omninò
merito tantæ pœnæ illos subjici nos exis-
timemus, admissionem illi denegamus:
contraque statuimus, ut si quis in id crimen incidisse deprehendatur, semelque
tantùm id ausus sit, quòd amplius exege-
rit, ejus duplum dependat: sin id facere
pergat, in quadruplum, quod amplius
captum est, ad injuria affectum redeat, illeque cum ignominia à concredito sibi officio decedat. Ac si sanè posthac delicti hujus
hæc pœna, neque pecuniariæ fraudis reus
de vita periclitetur.

lorsque la peine qu'elle inflige est proportionnée au délit qu'elle veut punir; mais
si elle frappe avec trop de rigueur, c'est
un acte beaucoup plus injuste que juste.
Aussi nous refusons d'admettre la loi par
laquelle les anciens ont prononcé une peine
excessive, la peine de mort, contre ceux
qui sont chargés de lever les impôts, et
qu'on appelle vulgairement διοικητὰς, lorsqu'ils veulent percevoir plus qu'ils n'ont
droit d'exiger; nous pensons qu'on ne doit
point leur infliger une peine aussi grave,
et nous statuons en conséquence que celui
qui sera reconnu coupable de ce délit, s'il
ne l'a commis qu'une fois, remboursera le
double de ce qu'il aura exigé de trop, et
que s'il récidive il remboursera le quadruple à celui qui aura souffert cette exaction, et sera ignominieusement dépouillé
de sa charge. Ce sera là, à l'avenir, la
peine de ce délit, et cette espèce de fraude
n'entraînera jamais la peine de mort.

CONSTITUTIO LXII.

De pœna ejus qui rem aliquam publicam vendiderit.

Idem imperator eidem Styliano.

PUBLICARUM injuriarum reos castigari,
et hujusmodi pœnis quæ in illas pronos ad
temperantiam adigentes, quam maximè
injurias succidant, subjici justum est. At
non idcircò amplius quàm par est puniri,
neque jus ut fines suos excedat, specieque
justæ vindictæ cum injustitia velut cons-
piret, cogi convenit. Si enim pro delicti
modo qui deliquit, puniatur, justa ea juris
ultio sit: at si quam pro. eo pœna major
infligatur, juris propositum servari non
existimo. Ea propter nostra majestas, posteaquam in iis quæ à superioribus constituta sunt, ubi eos qui publicæ rei aliquid
divendere ausi sunt, pœnis subjiciunt, non
justam sententiam proferri didicit: ut ejus
criminis persecutio non amplius hanc vim
habeat, decernit. Quomodo enim justum
est, ut cuiquam, quia quiddam quod detrimentum fisco afferat, vendidit, incu-
rabile damnum, vitæ nempè privatio ob-

CONSTITUTION LXII.

Quelle peine doit subir celui qui vend une chose publique quel- conque.

Le même empereur au même Stylianus.

IL est juste que les auteurs d'un dommage
public soient punis et subissent des peines
capables de corriger leurs dispositions à
nuire et de prévenir le mal qu'elles leur
font faire. Mais il ne faut pas cependant
qu'elles soient trop sévères, que la loi sorte
des bornes de la justice, et qu'en exerçant
une juste vengeance elle commette une iniquité. En effet, si le coupable est puni en
raison du délit, la peine qu'on lui inflige est
juste; mais elle cesse de l'être si elle est
plus forte que le crime. Aussi, trouvant que
les anciens ont prononcé des peines trop
graves contre ceux qui osent vendre une
chose publique, nous défendons qu'à l'a-
venir ils soient poursuivis avec autant de
rigueur. Comment, en effet, peut-il être
juste de frapper d'un mal irréparable, de
punir de mort un individu parce qu'il aura
fait éprouver au fisc quelques légères pertes? Ce délit ne mérite nullement la mort,

et nous défendons que cette peine soit appliquée à ceux qui en sont reconnus coupables; c'est assez qu'ils soient condamnés à rembourser le quadruple du prix de la chose vendue.

CONSTITUTION LXIII.

Quelle peine on doit infliger à ceux qui font parvenir à l'ennemi des choses prohibées.

Le même empereur au même Stylianus.

Ce crime provient de la même cause et a été puni de la même peine par les anciens, c'est-à-dire de la peine de mort, peine irréparable que nous supprimons et que nous remplaçons par celle beaucoup plus douce que nous venons d'établir.

Les anciens avaient donc défendu qu'on fît passer à l'ennemi ce qui pourrait augmenter ses forces et le rendre plus formidable, et ils avaient prononcé la peine de mort contre ceux qui oseraient violer cette défense. Mais établissant une peine plus douce contre ce crime, quoiqu'il mérite d'être puni très-rigoureusement, nous statuons que si celui qui a fait passer à l'ennemi des choses prohibées, est propriétaire du vaisseau qui a servi à les transporter et n'a pas fait part de son projet à ses matelots, il subira seul la peine prononcée, et, à moins qu'il ne soit réduit à la misère; sera forcé d'abandonner au fisc, outre la cargaison de son bâtiment, la moitié de ses autres biens. Mais si ses matelots ont eu seuls part à ce crime ainsi qu'ils en commettent souvent, sans laisser appercevoir leur mauvais dessein, le propriétaire du vaisseau sera acquitté et la peine ne tombera que sur eux. D'abord ils seront fouettés et rasés, et de plus, s'ils sont riches, ils paieront le quadruple de ce qu'ils ont exporté; s'ils sont pauvres, au contraire, ils seront également fouettés et rasés, et perdront en outre leur liberté pour avoir réduit d'autres personnes en servitude; et c'est-là sans doute une peine bien douce contre des individus qui non-seulement font perdre la liberté à une

veniat? Nequaquam itaque delictum illud morte puniri dignum est, neque nos hoc judicio deprehensos feriri sinimus. Quicunque autem publicam rem divendere deprehensus fuerit, ubi quadruplum reddiderit, satis pœnarum sustinuisse putator.

CONSTITUTIO LXIII.

De pœna illorum qui res vetitas ad hostes transvehunt.

Idem imperator eidem Styliano.

Quin et hoc crimen, cùm ex eodem fonte manet, eidemque pœnæ à superioribus subjectum sit, insanabili nos castigationi (quippe quæ mortis pœnam contineat) eximentes, mitiore, quemadmodum et prædicta, dignamur pœna.

A veteribus enim statutum est, ne ad hostes transportentur, quibus illi instrui firmioresque reddi possint, ac sanctionis decretum contemptores de medio tollebat. Nos verò isti quoque crimini mitiorem pœnam, licèt acerbam requirat, assignantes, talia constituimus, ut si navis dominus sit, qui res vetitas ad hostes transvexit, consiliumque suum cum nautis non communicarit, is solus pœnam subeat, et supra universum navis onus, ni ipsum inopia valdè premat, reliquorum bonorum trientem etiam fisco dependat. Si verò soli nautæ (ut multa illis malitiosum suum animum celantibus contingunt) id facinus ausi sunt, ille quidem prorsùs liber esto, hi verò pœnam non effugiunto : ac primùm quidem flagris cæduntor, cuteque tenus tondentor : deinde verò, si divites sint, eorum quæ exportarunt quadruplo mulctator : si inopes et pauperes, supra verbera ignominiosamique tonsionem, quod alios in servitutem tradiderunt, libertatem amittunto. Nam qui, quantum in se est, non modo quamplurimos in servitutem ducunt, sed etiam communi vitæ acerbitatem adferunt, tametsi ad servilis vitæ conditionem adigantur, mediocris tamen hæc atque mitis pœna est. Atque hæc quidem, quando communi consensu patratum non est facinus. Si verò communi consilio et malitia res gesta fuerit, ut simul eam perpetrarunt, ita etiam utrisque ad præstitutum à nobis modum castigandis, simul pœnas sustinebunt.

foule de citoyens, mais qui portent encore une atteinte funeste à la société. Voilà pour le cas où ce délit n'aurait pas été commis de concert; mais si on a été d'intelligence, au contraire, tous ceux qui auront concouru au crime subiront les peines que nous venons d'établir.

CONSTITUTIO LXIV.

De pœna eorum qui naufragium suppresserint.

Idem imperator eidem Styliano.

Illud etiam atque etiam admiror, quomodo qui naufragio ejectas res occultat, tantum delinquere videatur, ut id mortem ipsi inferre debeat. Quod autem qui illos rebus suis defraudat, quibus aliqueis misericordia motus, vel de suo sumptus suppeditet, quemque in corde dolorem circumferunt, leniat (cùm præsertim graves cruciatus in bonorum amissione sustineri consentaneum sit) ille non mediocre flagitium audeat, id verò luce clarius est. Atqui quod hos, quos vecors cupiditas huc impulit, vita privari oporteat, hoc profecto intellectu assequi nequeo. Nam quid tantum ablatum est, et cum anima conferri possit, qua privari debere ille condemnatur? Pessimus quidem certè est et sacrilegus, qui se istiusmodi lucro mancipat : ac sanè ille, id quod ab aliquibus fit, mortuos spoliat. Verumtamen id facinus istiusmodi non meretur pœnam. Pro re enim materiali et fluxa, materiæ expertem atque immortalem, animam nempe, capere haud est æquum. Nam si persæpè neque in rebus materialibus mulcta illatum damnum longè superat, quo videlicet velut circuitum aliquem iniquitas excessu non conficiat : quamobrem tam inæqualis pœna illos, qui naufragorum res occultant, percellat, ut excessus, quem ultio ad facinus refert, exprimi verbis nequeat? Jubemus igitur, ut de hoc non amplius ita vindicetur, sed pro re detenta, qui occuluit, quadruplum dependeat, eaque pœna id delictum defungatur.

CONSTITUTION LXIV.

Quelle peine on doit infliger à ceux qui ont recélé des effets rejetés par la mer après un naufrage.

Le même empereur au même Stylianus.

Je ne peux concevoir comment ceux qui recèlent des effets rejetés par la mer après un naufrage, commettent un délit assez grave pour qu'on doive les punir de mort. Sans doute celui qui prive de leurs dernières ressources ceux qui doivent à la pitié d'autrui leurs moyens d'existence et les seules consolations qu'ils éprouvent, tandis qu'on devrait au contraire chercher à les soutenir dans l'état de détresse où ils se trouvent réduits par la perte de leurs biens, commet une action très-répréhensible. Mais je ne comprends pas qu'on doive pour cela les priver de la vie; car comment pourrait-on comparer ce qu'il a pris avec le bien de l'existence qu'on veut le condamner à perdre? Sans doute celui qui cherche à faire un profit de ce genre est un homme sacrilége et pervers, ainsi que celui qui dépouille les morts, comme on le fait quelquefois. Cependant son crime ne mérite point une telle peine; car il n'y aurait aucune justice à lui ravir l'ame qui le fait vivre, un bien immortel, pour un objet matériel et périssable. En effet, si même dans les choses matérielles, la peine ne doit point surpasser le dommage causé, pourquoi frapperait-on celui qui recèle des effets appartenans à des personnes qui ont fait naufrage, d'une peine si peu proportionnée à son délit, qu'on manque en quelque sorte de termes pour en exprimer l'excès? En conséquence nous défendons qu'on lui inflige à l'avenir une semblable peine, et nous condamnons seulement le recéleur à payer le quadruple de ce qu'il aura pris.

CONSTITUTION LXV.

Quelle peine doit être infligée aux enchanteurs.

Le même empereur au même Stylianus.

Ceux qui réprouvent le vin à cause de la méchanceté et du déréglement des ivrognes, et qui pensent qu'on doit s'abstenir d'en boire, défendent une chose indifférente en elle-même à cause des mauvais effets qu'elle produit. Mais, moi, considérant ici parmi les lois promulguées par les anciens législateurs celle qui tantôt punit les enchantemens, parce qu'elle les considère comme un crime, tantôt au contraire les permet et les approuve, parce qu'ils ne sont point un mal, eu égard aux intentions de ceux qui s'en servent, quoique par leur nature ils engendrent la corruption et le désordre, je ne prétends point que ses auteurs soient dignes de blâme; mais crainte qu'on ne la censure, ce qu'on pourrait faire avec raison, nous croyons qu'il est à propos de la rayer du nombre des lois. Elle décide d'un côté qu'on doit punir les enchantemens, parce qu'ils font perdre toute pudeur et remplissent les sens d'une fureur amoureuse qui égare la raison; et d'un autre côté elle les approuve, parce qu'ils sont favorables aux productions de la terre et nous procurent, à ce qu'il paraît, beaucoup d'autres biens. Ainsi elle honore comme un bienfait cela même qu'elle croit devoir punir comme une chose funeste. Quant à nous, nous sommes persuadés que de semblables enchantemens sont pernicieux, et on ne saurait nous faire croire qu'il puisse en résulter quelque bien. S'ils en produisent en apparence, comme le législateur a paru le penser en les approuvant, nous sommes convaincus que ce n'est point un bien véritable, mais seulement un piège dangereux qui fait tomber ceux qu'il attire d'un bonheur passager dans l'excès du malheur. Nous savons en effet que ceux qui les opèrent invoquent, au lieu du Seigneur et du Créateur, des démons malfaisans et cruels, et que ceux qui y ont recours re-

CONSTITUTIO LXV.

De incantatorum pœna.

Idem imperator eidem Styliano.

Qui propter temulentorum incompositum malignumque animum reprobandum esse vinum, ejusque oblectamentum aversandum dicit : næ ille propter perversum usum, rem per se non perversam suggillat. Ego verò promulgatam à veteribus legislatoribus legem considerans, eamque modò incantamentum malum esse rata, id punit, modò verò admittit et approbat, quanquam id ex utentium proposito malum non fiat, sed sua natura vitiositate, tanquam sterquilinia graveolentia scaturiat : non tamen illos legislatores reprehendendos dixerim, sed ne quis legem, quod meritò fiat, vituperet, eam ex legum quasi fundo tollendam puto. Vult autem puniri incantationes, eo quòd modestia animi sublata, stimulis furoreque amatorio rationem ad insaniam adigant : ac approbat rursùm illas, tanquam segetes et fructus curent, aliaque bona, ut quidem videtur, suppeditent. Atque ita quod tanquam insidiosum puniisset, idem rursùm tanquam beneficium honorat. Atqui nos istiusmodi incantationes perniciosas esse persuasum habemus : et ut boni quicquam inde manere credamus, induci non possumus. Ac sanè etiam si boni quippiam producere illas appareat (quomodo quidem approbanti ipsas legi videtur) non id bonum esse, sed illecebram atque nassam, quæ illectos in malorum omnium extremum, ubi à summo bono excidant, absorbeat, compertum habemus. Notum enim nobis est illas, ut qui se ipsis dedunt, præ Creatore et Domino infaustis dirisque dæmoniis adhæreant, efficere; et qui illas affectantur, hos per externarum rerum lætam quandam speciem vulnera in animam excipere. Quale quiddam interpugnandum meticulosis frequenter accidit : qui dum ictus in manus excipere volunt, illis vel caput vel ventrem exponunt. Sanè verò si quis aliquo modo incantamentis usus esse deprehensus fuerit, sive id restituendæ conservandæve valetudinis, sive avertendæ à rebus frugiferis calamitatis causa feceril, is apostatarum pœnam subiens, supremum supplicium sustineto.

coivent, par des prestiges qui les amusent, de profondes blessures dans le cœur; semblables à ces hommes timides qui, pour éviter le coup qui menace leurs mains, le laissent tomber sur leur tête ou sur leur ventre. Ainsi celui qui aura employé des maléfices pour le rétablissement ou la conservation de sa santé, ou pour détourner les calamités qui menacent la récolte et les fruits, subira la peine prononcée contre les apostats et sera puni de mort.

CONSTITUTIO LXVI.

De plagio.

Idem imperator eidem Styliano.

Ut justitiæ libram non plus æquo ad misericordiam inclinare, ita neque nimia austeritate delinquentibus graviorem quàm peccatum requirat, pœnam imponi, honestum est. Illud enim, intempestiva commiseratio nempè, in illis quibus decorum excedere religio non est, contemptum, et ad audenda mala ferventiorem promptitudinem gignat: et graviore quàm pro merito delictum pœna ferire, id verò non justitiæ ultio, sed sub specie justitiæ rem injustam aggredi est. Nam non pro delicti modo delinquentem punire, injuria afficere, nequaquam verò justitiam exercere est. At quem in finem hoc dictum est? Quod lex quo nescio modo, est enim hoc constitutum, eum qui alienum servum abduxit, morte puniat. In quo illa pœnam ad delictum haud dubiè non expendit. Cùm enim, quod recuperari nequeat, amissum nihil sit, mortis pœnam illi qui cœpit inferri, irrecuperabilique ita damno subjici, non est æquum. Idcircò itaque ab iis qui digna morte non commiserunt, tam acerbas pœnas exigi, ubi iniquum esse animadvertimus, quam legem consuetudo contempsit (ut quæ vita plagiarium non privet, sed alio modo puniat) eandem nos etiam legalibus constitutionibus ejicientes, quod consuetudini placuit, lege confirmamus: ac jubemus, ut si quis alienum servum abduxisse deprehensus sit, is eandem, ejusdemque pretium, tum etiam quicquid ex industria ejus ipsi accessit, reddere, et

CONSTITUTION LXVI.

Du vol des esclaves d'autrui.

Le même empereur au même Stylianus.

Si les lois ne doivent pas être plus indulgentes que la justice ne le permet, elles ne doivent pas non plus infliger aux coupables des peines plus fortes que leurs délits ne le méritent. Si les lois sont trop douces, elles engendrent le mépris et encouragent à mal faire; et si d'un autre côté elles frappent le coupable d'une peine plus forte que son crime, elles n'exercent plus une vengeance autorisée par la justice; et en paraissant faire une chose juste, elles commettent une injustice réelle. Mais à quelle fin ai-je dit cela? Parce qu'il existe une loi qui punit de mort, je ne sais trop de quelle manière, quoique cela ait été établi, celui qui recèle l'esclave d'autrui; en quoi certainement elle ne proportionne point la peine au délit. Car si ce qu'on ne peut recouvrer n'est rien quand on l'a perdu, il n'est point juste d'infliger la peine de mort à celui qui a recélé un esclave, et de lui causer ainsi un mal irréparable. Aussi voyant qu'il serait inique de punir de mort ceux qui n'ont point mérité cette peine cruelle, d'accord avec l'usage qui a refusé d'approuver la loi qui l'avait établie contre le recéleur de l'esclave d'autrui, et qui a voulu qu'on le punît d'une autre manière, rayant cette loi du nombre de nos constitutions, et confirmant les dispositions de l'usage, nous ordonnons que celui qui sera convaincu d'avoir recélé l'esclave d'autrui sera condamné à le rendre, ainsi que sa valeur et tout ce qu'il a acquis par son industrie, et à payer en outre à son maître tout ce qu'il aurait pu lui faire gagner s'il ne l'avait point perdu; après cela le coupable ne sera plus passible d'aucune peine. De cette manière, en effet, celui qui a perdu l'esclave est suffisamment indemnisé, et celui qui l'a recélé est assez puni; car le premier recouvre cet esclave avec tous les bénéfices qu'il a fait faire et en retire la même utilité que s'il ne lui avait pas été volé, et le second est obligé de le rendre et d'en payer en même tems la valeur, et ne profite en aucune manière de l'avoir possédé.

quantum dominus non amisso servo ejus nomine percipere potuerit, tantundem dependere cogatur : atque ultra hæc delinquentibus pœna non aggravetur. Siquidem ita illi, qui servum amisit, sufficienter damnum resarcitur, furique satis magna pœna irrogatur : quippe cùm ille servum cum accessione recipiat, et quàm utilitatem ex servo non surrepto sensisset, illa non imminuatur : hic verò in duplum servum surreptum reddere debeat, nihilque ex ipsius servitute lucretur.

CONSTITUTION LXVII.

De ceux qui passent du côté de l'ennemi et qui reviennent de leur propre mouvement.

Le même empereur au même Stylianus.

TROP de rigueur et d'austérité, et trop d'indulgence et de douceur dans les lois sont également éloignées de ce qui est utile. Celui qui est rigide au-delà de toute mesure et qui ne sait pas allier un peu de douceur à sa sévérité, soit qu'il veille aux intérêts d'une seule personne, d'une famille ou d'une cité, agit toujours au préjudice de ceux qu'il gouverne. En effet, celui qui veut gouverner avec sagesse, doit mettre dans ses affections la mesure et l'équilibre qui règnent dans un atmosphère salubre où toutes les qualités d'air sont heureusement combinées, et ne montrer ni une rigueur inflexible, ni une douceur qui ressemblerait à la faiblesse, l'exposeraient au mépris et le rendraient tout-à-fait inepte au gouvernement. Or ce que nous disons sur l'air doit se remarquer dans les lois; car puisque ce sont les lois qui gouvernent l'empire, elles doivent conserver cette sage mesure dont je viens de parler, et ne montrer ni trop de rigueur ni trop d'indulgence, moyennant quoi ceux qu'elles régissent seront toujours en sûreté. Je dis tout cela à l'occasion de la loi rigoureuse qui a été portée contre les transfuges. Elle décide que si, pressés par le repentir, ils cherchent à réparer leur faute en revenant parmi les leurs, ils doivent être livrés aux

CONSTITUTIO LXVII.

De iis qui ad hostes transeunt, suaque sponte revertuntur.

Idem imperator eidem Styliano.

SIMUL nimia austeritas et severitas, simul immoderata lenitas et clementia, ex æquo utraque quod utile est intervertunt. Etenim et qui supra modum præfractus est, et qui lenitatem gravitate miscere nequit, uterque sive alicui uni, sive familiæ, sive civitati præsit, quibus præfectus est, cum illorum detrimento res administret. Oportet enim, ut qui rectè præfuturus est, quemadmodum temperata salubriaque loca æquabiliter mixtas habent aëris qualitates : ita et ipse affectionum commistione ad rerum administrandarum utilitatem attemperata, se moderatum præbeat, et neque morositate gravis atque intolerabilis sit, neque indecora lenitate despicabilis, et ad gubernandum ineptus fiat. Quod autem de aëre dicimus, hoc certè et in legibus servari omninò convenit. Nam oportet leges, cùm reverà reipublicæ principes sint, quàm dixi contemperaturam conservare, neque ad severitatem lenitatemve supra modum respicere : siquidem, qui ipsarum rectionem agnoscunt, incolumes futuri erunt. Atque hæc quidem respectu præfractæ illius legis, quæ adversus eos qui ad hostes transfugerent, lata est, à nobis dicuntur. Vult autem illa, uti transfuga, si quando pœnitudine ductus, redeundo ad suos commissum delictum obliterare velit, bestiis devorandus objiciatur, aut in furcam tollatur. Quod sanè mihi reipublicæ magnopere nocumento esse, magnamque rationum ad salutem iter monstrantium contrarietatem gignere videtur. Necessitatem enim transfugis inducit, ne unquam recordentur suorum, neque revertendi in patriam concipiant desiderium. Nullus est enim omnium, qui cùm se hujusmodi pœna excipiendum sciat, inter hostes vivere, quàm tam acerbam in patria mortem subire non malit. Quapropter rigidam hanc severitatem, ut ne iniquitatem dicam (nam eum qui deliquit, deindeque suaptè spontè ad medendum delicto resipiscit, tam acerbè puniri, quomodo non est iniquum?) ex justissimis legibus profligamus, ac jubemus, ut si quis transfuga in patriam recurrat, quùm semel duntaxat transfugerit, veniam consequatur : si iterum id fecerit, in triennalem servitutem divendatur : si verò tertiò transfugerit, reversus in perpetuam ac æternam servitutem addicatur. Tam incerti enim consilii homo, tamque inconstans, qui libertate fruatur indignus est. Cæterùm si transfuga non ultrò redierit, sed ab aliis comprehensus in patriam retractus sit, morte tum illum, tanquam hostem puniri, neque injustum, neque crudele fuerit : præsertim verò, si ante civili sanguine manus contaminaverit,

bêtes féroces ou empalés ; disposition qui me paraît très-nuisible à l'état, et qui produit un mal réel au lieu du bien que ses auteurs espéraient en faire résulter. Elle met, en effet, les déserteurs dans la nécessité d'oublier leur pays et de ne plus désirer d'y revenir ; car il n'en est point qui ne préfère vivre parmi les ennemis que de rentrer dans sa patrie pour y supporter une mort si cruelle. Aussi voulant faire disparaître de nos lois cette rigueur excessive, pour ne pas dire cette iniquité (car il est vraiment inique de punir avec cette sévérité un coupable qui, de son propre mouvement, cherche à réparer son crime) nous statuons que le déserteur rentré dans sa patrie sera pardonné s'il n'a déserté qu'une fois ; que s'il récidive, il sera vendu et tombera en servitude pour trois ans ; que s'il déserte une troisième fois, de retour dans son pays, il tombera dans une servitude perpétuelle ; parce qu'un homme si inconstant et si incertain dans ses résolutions est indigne de jouir de la liberté. Mais si au lieu de rentrer volontairement dans son pays il est arrêté et forcé d'y revenir, il n'y aura alors ni injustice ni cruauté à le punir de mort, comme un ennemi, surtout s'il a souillé ses mains du sang de ses concitoyens.

CONSTITUTIO LXVIII.

Ut monachi et clerici tutores esse possint : sed ab administratione ac pupillorum rectione arceantur.

Idem imperator eidem Styliano.

VETERIBUS quidem legislatoribus (cùm ut simile veri est, uniformis et simplex tunc temporis tutela esset, iique soli qui pupillorum tuitionem susciperent, tutorum nomine censerentur) edicere visum est, ne monachi aut quoscunque sacer ordo devinctos habet, tutorum officio fungantur. Et certè quidem id rectè edixere. Intellexerunt enim, qui divino ministerio

CONSTITUTION LXVIII.

Que les moines et les clercs peuvent être nommés tuteurs, mais qu'ils ne peuvent point être chargés de la direction des pupilles ni de l'administration de leurs biens.

Le même empereur au même Stylianus.

D'ANCIENS législateurs, sans doute parce que de leur tems la tutelle était uniforme et simple, et qu'on ne donnait le nom de tuteurs qu'à ceux qui étaient chargés de la défense des pupilles, avaient jugé à propos d'établir que les moines et tous ceux qui étaient engagés dans les ordres sacrés ne pourraient pas en remplir les fonctions ; et cette disposition était pleine

de

de sagesse. Ils conçurent, en effet, que ceux qui se sont consacrés au divin ministère devaient être libres des occupations et des sollicitudes attachées à toute autre fonction. Personne n'ignore que le soin d'élever et de diriger des enfans entraîne trop de distractions pour qu'on puisse en même tems célébrer dignement le culte divin. Ainsi, à cause des grandes difficultés que la chose aurait présentées sous ce rapport, et principalement à cause de la longueur du tems que peut durer la tutelle (car presque toujours on est lié durant toute la vie par les soins laborieux qu'elle exige), ils eurent raison, comme je l'ai dit, de faire une loi semblable. Mais comme leurs successeurs ne donnèrent pas le nom de tuteurs seulement à ceux qui étaient chargés des tutelles, qu'ils l'étendirent encore à ceux en qui les testateurs avaient assez de confiance pour leur confier leurs dispositions testamentaires et les charger de leur exécution, et qu'on peut douter si, d'après la loi dont nous parlons, on pourrait donner une semblable tutelle aux moines ou à toute personne engagée dans les ordres sacrés, nous établissons une distinction, et nous décidons qu'on doit absolument les exclure de celle dont on avait voulu les éloigner par la loi qu'on fit autrefois, et qu'on peut les autoriser à recevoir celle qu'on a imaginée depuis, parce que les occupations qu'elle fait naître ne sont pas assez sérieuses pour les détourner du divin ministère et les occuper exclusivement. D'ailleurs on est d'autant plus sûr qu'ils rempliront fidèlement les intentions du testateur, qu'ils vivent beaucoup plus régulièrement et plus saintement que ceux dont toutes les affections sont concentrées sur des intérêts purement humains et sur des choses impures et terrestres.

consecrati sunt, hos ab externarum rerum occupationibus et molestiis liberos esse oportere. Quantum autem alendorum alioquique regendorum puerorum cura hominum animos distrahat, utque Deum debitè colere non possint, impediat, nemo ignorat. Cùm itaque non exigua difficultas isti rei insit, ac præcipuè propter temporis diuturnitatem (tota enim plerunque vita tutores laboriosis istis curis irretiti tenentur) rectè, quomodo dixi, istud illi decretum promulgarunt. Verùm quoniam posteriores illis duntaxat qui tutelam administrarent, tutorum appellationem non servarunt: sed eos etiam quibus testatores, bona illorum existimatione moti, testamentarias de rebus suis præscriptiones committunt, ac post mortem earum executionem concredunt, tutores vocare cœperunt: ac verò inde dubitatio extitit, an monachi, quique sacrum ordinem subierunt, quòd dictum decretum id non admittere videatur, hanc demandatam curam suscipere possint: nos discrimine adhibito sancimus, ut ab illa tutela ad quam vetera tempora respicientia, promulgandi decreti, quòd dictis personis ad illam aditum præcluderet, occasionem præbuere, penitùs illi arceantur, natam autem postmodum tutelæ speciem subire ipsis licitum sit. Hujus namque muneris non ita graves curæ sunt, ut à divino ministerio aliquem abstrahant, sibique totum astringant. Tum alioqui quantò hi illis qui profanis rebus impurè inhærent, ac in terrenis sordibus volutantur, cautiùs diviniusque vivunt: tantò meliùs cautiusque defunctorum præscripta expedienda esse spes est.

CONSTITUTION LXIX.

Que les aveugles peuvent faire un testament secret.

Le même empereur au même Stylianus.

Il s'élève souvent des doutes sur la question de savoir comment les aveugles peu-

CONSTITUTIO LXIX.

Cœcos secretò testamentum facere posse.

Idem imperator eidem Styliano.

Quandoquidem de eo, quomodo cœcos testari oporteat, dubitatur, eaque dubitatio ex locis legalibus (quod de ea re leges inter se diversa statuant) et ex ea quæ nunc obtinet consuetudine existit : neque hoc altius expendere atque repurgare inconveniens, aut alienum putavi. Etenim alia lex prohibet, ne cæcus arcano modo testamentum condat ; et ne aliter id vim habeat, statuit, quàm si testes quæ constituta sunt, à cæci ore processisse, suisque auribus insonuisse asserant : atque per solum tabularium illorum fidem communiri non vult. Alia autem latam quandam ad arcanum testandi modum mulieribus, et illiteratis hominibus viam aperit, dum nullam aliam observationem præscribit, quàm, ut si testator litterarum non omninò ignarus sit, sua subscriptione testamentum corroborare debeat : si verò id præstare non possit, pro se alium ad subscribendum assumat. Atque sic quidem ex legibus illæ inter se res dissideant. Quomodo enim, si mulieres rudesque litterarum quàm paucissimis voluntatis suæ consciis testamenta condent, cùm fides in solo tabulario fluctuet, non ex eadem causa cæcus liberam testamenti factionem habeat? Jam verò et consuetudo, non solùm autem alterius legis ratio, cùm lege pugnat. Etenim placet huic, ne mulierum, imperitorum litterarum, cæcorumve testamenta arcanè facta vigore priventur. Quod cùm ita sit, nos quoque, ut secretò confecta testamenta, sive cæcorum, sive aliorum quorumvis sint, auctoritatem obtineant, sancimus : illudque insuper statuendo addimus, ut antequam testes jurent, subscriptiones eorum qui testamenta conscripserunt, in medium proponantur, quæ sonent, quod reverà illa scripserint quæ ipsa testatoris lingua dictante audiverunt. Et si quidem falsum commissum esse postmodum probetur, ipsos, si divites sint, bonorum ademptio : sin pauperes, vehementia verbera, et exilium in delicti pœnam maneant. Quibus hoc insuper annectimus, ut si quando ad sui confirmationem, quod frequenter incidit, juramentis testamento opus sit : ipsi etiam qui testamentum conscripserunt, unà cum juraturis testibus rei fidem et veritatem corroborent.

vent tester, et ces doutes naissent des lois qui l'ont diversement décidée, et de l'usage existant à cet égard : il n'est ni inconvenant ni étranger à mon objet de l'éclaircir et de la décider. Il existe une loi qui défend aux aveugles de faire un testament secret, et elle établit qu'un semblable testament n'aura pas plus de force que si des témoins affirmaient avoir entendu le testateur proférer de vive voix les dispositions qu'il renferme ; le testament lui seul ne peut pas faire foi de leur volonté. Une autre loi au contraire permet aux femmes et aux personnes illettrées de faire des testamens dans la forme mystique, et il n'assujettit les secondes à d'autres formalités qu'à les signer si elles savent écrire, ou, si elles ne le savent pas, à les faire signer par un tiers. Ces deux lois sont évidemment en contradiction sur le même objet ; car si des femmes et des personnes dépourvues de toute instruction, qui savent à peine ce qu'elles veulent, peuvent faire leur testament dans la forme mystique, pourquoi un aveugle ne le pourrait-il pas ? Mais si ces lois sont en opposition entr'elles, elles le sont encore plus avec l'usage. En effet, l'usage établit que les testamens des femmes, des gens illettrés ou des aveugles, faits dans la forme mystique, ne peuvent avoir aucune force. Dans cet état de choses, nous ordonnons que les testamens secrets des aveugles ou de toutes autres personnes aient un plein et entier effet, et nous ajoutons à cette disposition, qu'avant que les témoins soient entendus, ceux qui ont écrit le testament y apposeront leurs signatures, et déclareront avoir écrit ce que le testateur leur a dicté ; et si, par suite, il est reconnu qu'ils ont fait un faux, ils seront dépouillés de leurs biens s'ils sont riches, ou bien fouettés et déportés s'ils sont pauvres. Nous ajoutons de plus, que si, pour la confirmation du testament, il est nécessaire de recourir au serment comme cela arrive fréquemment, ceux qui l'ont écrit devront s'accorder avec les témoins qui jureront pour attester et confirmer la chose.

CONSTITUTION LXX.

Sur le brigandage.

Le même empereur au même Stylianus.

CEUX qu'une même condition unit ensemble, sont ordinairement animés du même esprit. Ainsi ceux qui s'associent pour des affaires partagent également entr'eux le gain et la perte; de même encore des compagnons de voyage, lorsqu'ils trouvent par hasard un objet quelconque, quoiqu'ils ne l'aient pas tous vu au même moment, en rendent la propriété commune entr'eux; de même enfin des compagnons d'armes conquièrent ensemble les palmes de la victoire quoiqu'ils ne fondent pas tous sur l'ennemi avec la même ardeur, avec une égale impétuosité. C'est pourquoi un ancien législateur a établi avec beaucoup de raison, que lorsque plusieurs personnes se réunissent dans des vues coupables, et tentent de faire une chose contre laquelle la loi a prononcé des peines, si elles commettent par exemple un rapt, un parricide ou tout autre meurtre, quoiqu'elles n'aient pas pris toutes une égale part au délit, elles doivent toutes supporter également la peine. Aussi approuvant, par la même raison, les lois qu'on a portées autrefois contre ceux qui se réunissent pour attaquer des hommes, dans le dessein de les dépouiller, nous statuons qu'ils seront tous, en quelque nombre qu'ils se trouvent, livrés au même supplice, quoiqu'ils n'aient pas tous également coopéré à ce crime. Ainsi quand l'un n'aurait pas précisément prêté son bras pour donner la mort, il ne faudrait pas pour cela le considérer comme innocent et devant être exempté de la peine; car je suppose qu'en s'abstenant de frapper, il excite son complice au meurtre et soutienne son bras, il n'est pas douteux que la main qui aura donné la mort, dans ce cas, aura été dirigée par la commune perversité des coupables; si celui qui a porté le coup mortel, en effet, n'avait pas été excité et soutenu par ses complices, il n'aurait peut-être pas commis le meurtre. Ainsi, quoiqu'une seule personne ait donné

CONSTITUTIO LXX.

De grassationibus.

Idem imperator eidem Styliano.

QUOS communio in unam aliquam eandemque conditionem conjungit, inter hos communes etiam animos esse ubique videas. Ita in negotiationibus socii lucrum damnumque æqualiter inter se partiuntur, ita itinerum comites, cùm fortuitò in rem aliquam incidunt, tametsi sæpè uno illam momento pariter non conspiciant, ejus tamen inter se jus communicant. Ita verò et commilitones, licèt omnes non pari studio et impetu in hostem ferantur, attamen victoriæ palmam ex æquo auferunt. Quapropter etiam, ut qui malitioso consensu coitione facta, rem aliquam in quam à lege pœna constituta est, incœptant (utpote si raptus committatur, vel parricidium, alteriusve cujuspiam cædes perpetretur) quanquam non omnes tantundem momenti et operis re peragenda conferant, eandem tamen pœnam sustineant : sanè quàm rectè veteri legislatori placuit. Et nos quoque idcircò, quæ de his qui simul et communiter latrocinandi animo homines invadunt, jam olim sancita sunt, approbantes, statuimus, uti omnes, quocunque fuerint, eodem supplicio afficiantur : tametsi parem operam rei perpetrandæ non omnes adhibuerint. Non enim si quis ipse manus inferendæ neci non admoverit, continuò insons et à pœna immunis esse poterit. Quid enim si pressis ipse manibus, alterius tamen dextram ad cædem intenderit atque confirmarit? Sanè quod manus homicida, à communi perversitate instigata, rem aggressa sit, constat. Nam nisi aliorum manus huic in subsidium præstò fuissent, non certè ita promptè homicidium perpetrasset. Ac propterea, quemadmodum dictum est, quanquam uno cujuspiam ictu, quod fieri potest, mors illata fuerit, aliorumque manus suppetias non tulerint : ut eandem tamen omnes pœnam sustineant, decernimus.

la mort, comme nous l'avons dit et comme cela peut arriver, sans avoir été aidée par ses complices, nous décidons néanmoins qu'elles seront toutes frappées de la même peine.

CONSTITUTIO LXXI.

De iis qui in locis arabilibus aut vineis ædificaturi sunt.

Idem imperator eidem Styliano.

PRÆSTANTISSIMUM illud æquissimumque patris nostri sempiternæ gloriæ principis placitum, quantò videlicet à vicini finibus spatio abstinere debeant, qui in locis, quos hactenus aratrum secarit, inve quibus vineæ constiterint, noviter domus assignandas muneribus publicis ædificare velint : quoniam ab ipso in legum corpus transcriptum non est, legis auctoritate decorari oportere judicavimus. Statuimus itaque, ut qui in locis ad sementem excultis novas ædes construere volunt, si loci amplitudo ferat secundùm illius placitum in vicini finibus tanto spatio ædificent, in quantum arcus iterata vice telum ejaculetur : sin tantum spatium interstitio loci angustia non præbeat, uno etiam arcus jactu hoc constituatur. Intra dictum autem spatium novam domum extruendi nemini facultas sit. Cujus ratio evidentior est, quàm ut exprimi opus sit. Quò enim ædificium propius vicini fruges ponitur, eò illi etiam noxa propinquior est.

CONSTITUTION LXXI.

De ceux qui se proposent de bâtir dans une terre labourable ou dans un fonds de vigne.

Le même empereur au même Stylianus.

NOUS nous proposons de revêtir de l'autorité légale la constitution également remarquable et juste que notre père, prince dont la gloire est immortelle, a fait pour déterminer à quelle distance du champ de leur voisin doivent bàtir ceux qui se proposent d'élever des maisons dans une terre labourable ou plantée de vignes, pour les consacrer à des fonctions publiques, constitution qu'il a négligé de faire transcrire dans le corps des lois. Nous statuons, en conséquence, que quiconque voudra faire de nouvelles constructions dans un champ préparé pour la semence, sera obligé, si l'étendue du lieu le permet, d'après ladite constitution, de bàtir à deux portées du trait des limites du fonds voisin, ou à une seule portée si l'on se trouve resserré dans un espace trop étroit ; et de plus il ne sera point permis d'élever une nouvelle maison dans l'intervalle déterminé, disposition dont le motif est trop évident pour qu'il soit nécessaire de l'énoncer ; car plus un édifice est voisin du fonds d'autrui, plus il nuit aux productions de ce fonds.

CONSTITUTIO LXXII.

Ut pacta etiam non constituta pœna valeant.

Idem imperator eidem Styliano.

LEGALI decreto, quod nudum pactum non actionem, sed solùm exceptionem parere tradit, nonnullos illudere videmus. Dum enim omne pactum quod pœna sta-

CONSTITUTION LXXII.

Que les pactes sont valables quoiqu'on n'ait stipulé aucune peine.

Le même empereur au même Stylianus.

ON voit beaucoup de personnes censurer la loi qui établit que le nu pacte n'engendre point d'action, mais seulement une exception. Or, comme ils prétendent que

tout pacte est nu s'il n'a point été confirmé par la stipulation d'une peine , ils méprisent et rejettent comme nuls tous ceux auxquels on n'a pas joint cette stipulation , quand d'ailleurs ils auraient été rédigés par écrit , quand les parties y auraient apposé de leur main le signe de la croix , quand enfin elles y auraient rappelé le nom de la divine Trinité. Et certes ils ont tort de penser, et ils ne prouvent nullement qu'on doive préférer des choses purement humaines à des choses divines; car quel poids si fort peut avoir aux yeux d'un homme raisonnable la stipulation d'une peine , et quelle si grande autorité peut-elle donner aux pactes, qu'on puisse la comparer à celle que leur donnent le signe sacré de la croix et les noms de la divinité? Nous statuons donc que tout pacte dont l'autorité sera confirmée par des choses saintes, sera considéré comme bon et valable et recevra son exécution, quoiqu'on n'y ait stipulé aucune peine.

bilitum non est , nudum esse volunt : etiamsi scripto comprehensum sit pactum, etiamsi qui pactum inierunt, sua manu sacrosanctæ crucis nota scriptum signarint, etiamsi divini ternionis appellationes adjectæ sint : si tamen pœna constituta non sit, id ut invalidum, contemnunt ac rejiciunt. Qui sane male sentiunt, minimeque judicium suum comprobant, ut qui rebus divinis communes res mortalium longè præferendas censeant. Quam enim tantam, recto quidem hominum judicio, adjectio pœnæ, pactis auctoritatem, quantam sacrosanctum signum, divinitatisque nomenclatura in illis conspecta? præbeat. Sancimus igitur, ut omne pactum, in quo ex divinis hisce adjumentis idoneum aliquid ad faciendam fidem insit, quamvis de pœna nihil scriptum sit, firmum solidumque robur habeat.

CONSTITUTION LXXIII.

Que personne ne peut loger avec des femmes dans les maisons qui tiennent à des églises.

Le même empereur au même Stylianus.

AVANT que les lois eussent défendu d'habiter avec des femmes dans les maisons qui tiennent à des églises, et qu'on appelle vulgairement καηκύμενα, cela se pratiquait sans la moindre pudeur, et depuis que cela a été prohibé on continue à le faire d'une manière encore plus scandaleuse. Il serait peu sage de tolérer un pareil abus, et c'est de quoi nous nous garderons avec soin. Il avait été souffert, je ne sais trop par quel motif, jusqu'au 6e. concile qui le proscrivit rigoureusement en éloignant des ordres sacrés les religieux, et de toute participation aux choses saintes, les laïques qui s'y livraient. Mais la loi sacerdotale qu'il fit pour le réprimer ne fut point efficace; car ayant continué d'exister jusqu'à l'époque où notre illustre père parvint à l'empire, ce prince fut obligé de faire des lois et de se servir de sa puissance

CONSTITUTIO LXXIII.

Ut nemo cum mulieribus in ecclesiarum cœnaculis habitet.

Idem imperator eidem Styliano.

QUÆ res etiam antequam jure prohibita esset, detestibaliter committebatur, ac verò post prohibitionem multò detestabiliùs audetur (quod nempe in ecclesiarum cœnaculis, quæ promiscuum vulgus καηκύμενα vocare solet, quidam cum mulieribus habitant) eam neglectim habere æquum non est : neque verò ita à nobis habebitur. Ac fuit hæc quidem res ad sextam usque synodum, haud scio qua ratione, impunè admissa, in ipsa autem sancta synodo, ubi penitùs excussa esset, sacerdotibus ita habitantibus, remotionem à sacro ordine, profanis verò à rerum sacrarum communione separationem induxit. Verùm, ut plenè ab eo ausu ecclesias vindicaret, ad id sacerdotale decretum non par fuit. Nam cùm ad id usque tempus, quo pater noster inclytus princeps sceptra moderatus est , in republica constitisset, ut principis decretum atque munus eam insolentiam sacris ædibus expelleret, oportuit. Quod nos cùm dehinc obtinere velimus, statuimus, ut omninò nullus, neque sacerdos, neque profanus, in dictis cœnaculis cum mulieribus habitet : ac si quis sacram ædem hoc modo fœdare deprehendatur, hic illinc ignominiosè principali manu exturbetur, qui verò illi eum locum habitandum præbuit (sive sacerdos, sive aliquis alius qui templum procurat, sit) ipse quoque propter legis contemptum sacrorumque profanationem procuratione periclitetur.

pour le détruire. Or, comme nous voulons arriver au même but, nous statuons d'une manière absolue que nul religieux ni laïque ne pourra habiter avec des femmes dans les maisons dont il s'agit ; et si quelqu'un osait encore les souiller, en violant cette défense, il en serait chassé ignominieusement par l'autorié du prince, et celui qui l'y aurait admis, soit que ce fût un prêtre ou tout autre individu chargé de l'administration et de l'entretien de l'église, serait dépouillé de sa charge pour avoir violé la loi et profané les choses saintes.

CONSTITUTIO LXXIV.

Ne ante legitimum matrimonii tempus futuris conjugibus benedicatur.

Idem imperator eidem Styliano.

QUONIAM in iis quæ à sacra magnaque sexta synodo de nuptiis in duodecentesimo canone præcipiuntur, quiddam civilis juris placitis contrarium existere videtur (synodus enim ne sponsa, vivente adhuc sponso, in matrimonium alteri conjugatur, in universum prohibet, eamque rem pro adulterio habet : civilis autem lex nequaquam talem dissolutionem magnum aliquod esse crimen judicat : sed si maturiùs quàm pro connubiali tempore solemnis nuptialis benedictio celebretur, in solis arrhis, et quicquid pœnæ nomine permissum fuerit, dependendis, pœnam circumcludit). Quoniam itaque ipsum contrarietatis velut vulnus hic acrior ratio conspicit (quod enim post benedictionem dirimantur, in eo vera sponsaliorum dissolutio statuenda est), sancimus, ne priùs benedictiones celebrentur, quàm legitimum matrimonii advenerit tempus, quod in maribus decimumquintum, in fœminis decimumtertium expectat annum. Sic enim et benedictio tempestivè fiet : et desponsatis à se invicem divertentibus, quod perfectum matrimonium dirimant, à civili lege judicium quod ecclesiæ placitis non adversetur, obveniet.

CONSTITUTION LXXIV.

Qu'on ne peut point donner la bénédiction nuptiale aux futurs époux avant le tems auquel ils peuvent se marier.

Le même empereur au même Stylianus.

LES dispositions que renferme le quatre-vingt-dix-huitième canon du sixième concile sur les noces, offrent quelques contradictions avec celles du droit civil. En effet, le sixième concile établit d'une manière générale, qu'une femme, du vivant de son mari, ne peut point s'engager dans de nouveaux liens, et qu'elle commet un adultère en se remariant. Le droit civil, au contraire, ne pense pas qu'elle commette un grand crime en rompant ainsi ses premiers nœuds ; mais si elle reçoit la bénédiction nuptiale avant l'époque où elle peut se marier, il la condamne à la perte des arrhes et à payer tout ce qui aura été stipulé à titre de peine dans le pacte de noces. Or, comme une raison sévère peut voir une contradiction en cela, c'est-à-dire en ce que le mariage soit rompu après la bénédiction nuptiale, car c'est alors seulement que sa dissolution peut avoir lieu, nous statuons qu'on ne pourra point recevoir la bénédiction nuptiale avant l'âge auquel on peut se marier, c'est-à-dire les garçons avant quinze ans et les filles avant treize. De cette manière cette bénédiction ne sera point intempestive ; et si les époux viennent à se séparer, comme ils rompront alors un mariage valablement contracté, le jugement que prononcera la loi civile, ne sera plus contraire aux lois de l'église.

CONSTITUTION LXXV.

Que celui qui a atteint sa vingtième année peut être promu au sous-diaconat.

Le même empereur à Stéphane, très-saint archevêque de Constantinople, et patriarche universel.

Sɪ l'autorité des lois ecclésiastiques prévaut souvent sur celle des lois civiles, même dans les matières civiles, combien ne doit-elle pas prévaloir dans les matières ecclésiastiques? Mais quel est l'objet de cette réflexion? Le sixième concile établit qu'on peut être ordonné sous-diacre à vingt ans, et la loi civile, contredisant cette disposition, ne permet qu'on le soit que cinq ans après cet âge. Or, jugeant qu'il convient de se conformer aux lois sacrées dans les matières d'ordre ecclésiastique, nous statuons que quiconque est digne d'être promu au sous-diaconat pourra recevoir cet ordre à vingt ans.

CONSTITUTION LXXVI.

Quelle peine doit être infligée aux prêtres qui portent un faux témoignage.

Le même empereur au même Stylianus.

Lᴇs apôtres, dans leurs canons, décident que les prêtres convaincus d'avoir porté un faux témoignage doivent être dépouillés de leurs dignités sacerdotales. Les lois civiles qui ont traité la même matière font une distinction à cet égard. S'il est reconnu que le faux témoignage a été porté dans une affaire criminelle, elles condamnent le prêtre qui l'a porté à être éloigné des ordres sacrés. S'il a été porté dans une affaire civile, elles le condamnent à la même peine, mais seulement pour un tems. Nous statuons également que le prêtre qui affirme avec serment une chose

CONSTITUTIO LXXV.

Ut qui viginti annorum est, hypodiaconus creari possit.

Idem imperator Stephano sanctissimo Constantinopolitano archiepiscopo, et patriarchæ universali.

Sɪ sacrorum decretorum sanctio ad res civiles transiens, in illis sæpe plus auctoritatis quàm ipsæ civiles de iisdem rebus tractantes leges habeant, quanto magis sacra decreta in suis rebus civilibus legibus prævalebunt? At quid est hoc dico? Sexta synodus vicenarium hypodiaconum ordinari posse sancit : huic verò civilis lex contradicens, viginti annis quinque admetiri jubet. Nos itaque ut sacram legem sacer ordo sequatur, convenire rati, ut ad hypodiaconatum, qui quidem eo digni sunt, anno ætatis suæ vigesimo admittantur, sancimus.

CONSTITUTIO LXXVI.

De pœna falsum testimonium dicentium sacerdotum.

Idem imperator eidem Styliano.

Qᴜᴁ præconibus Dei, sacrosanctis apostolis nempe sacræ sanctiones adscribuntur, sacerdotes falsò jurasse deprehensos, sacra dignitate privant. Civilis verò reipublicæ moderatrices leges ubi hujus rei constituendo tractatui incumbunt, falsum testimonium bifariam dividunt ; et quod falsum dictum in causa criminali deprehenderint, remotione à sacro ordine puniunt : qui verò in re pecuniaria falsum testimonium dixerint, hos ad tempus relegando, non autem penitùs removendo puniunt. Nos igitur jubemus, ut qui juranti falsum testimonium, sive in causa criminali, sive pecuniaria tulerint, profani illi à sacerdotio abspellantur : at si ad falsum testimonium jusjurandum non accesserit, qui falsum veritatis specie obtegere conati sunt, in triennium relegentur (relegandi autem in monasterium aliquod erunt, ubi illos ad arctiorem vitæ quandam normam vivere oportebit), delictique convenienti pœnitentia facta, in pristinum suum restituantur statum.

fausse, soit dans une affaire criminelle, soit dans une affaire civile, doit être chassé du sacerdoce ; mais s'il n'a point confirmé son faux témoignage par un serment, il sera seulement exilé pour trois ans dans un monastère, où il sera assujetti à une règle rigoureuse ; et après y avoir expié sa faute, il rentrera dans son premier état.

CONSTITUTIO LXXVII.

De falsariorum pœna.

Idem imperator eidem Styliano.

CUM in plerisque aliis, tum præcipuè in legum tractatibus reprehendenda obscuritas est. Nam sicubi alibi, illic certè distorto intricatoque dicendi genere vacare, recteque informari orationem, ni fallor, oportet : non enim arcanæ quædam sanctiones legis sunt, ut à multitudinis intellectu remotæ esse debeant : sed potius, si fieri posset, neminem illas latere, neque virum, neque puerum, neque mulierem oportebat. Quippe quod id ad hominum mores in melius convertendos, communisque vitæ utilitates vel maximè conduceret. Ob id cùm ad difficilem illum legalium capitum locum substitissemus, ubi ipsis verbis, quasi legislator in eo quid diceret occultare voluisset, ita comprehensum est, *falsarius in maximo delicto supplicio capitali afficitur :* cùm quale tandem maximum illud delictum esse legislator ipse existimarit, non constet, illeque ejus rei intellectum non definitum præcidat : evidenter et definitè illam orationem explanare nobis visum fuit. Sancimus igitur, ut si istiusmodi quædam falsarius conscripserit, ex quibus is adversus quem falsum scriptum concinnatum est, mortis pœnæ subjiciendus sit : ipse falsarius pœnæ quam in alium machinari cogitarit, traditur decolletur.

CONSTITUTION LXXVII.

De la peine de faux.

Le même empereur au même Stylianus.

SI l'obscurité est répréhensible dans beaucoup de choses, elle l'est particulièrement dans les lois ; car, là comme ailleurs, il faut, si je ne me trompe, éviter les constructions pénibles et embarrassées, et chercher à bien s'exprimer. Les lois, en effet, ne doivent point être des mystères au-dessus de l'intelligence du vulgaire ; il faudrait, au contraire, si cela se pouvait, que les hommes, les femmes, les enfans pussent également les comprendre ; cela contribuerait très-efficacement à corriger les mœurs, et procurerait de grands avantages à la société. C'est pourquoi ayant fixé notre attention sur ce passage difficile des lois où le législateur semble avoir voulu cacher sa pensée, et qui est ainsi conçu : *le faussaire coupable du plus grand crime de faux sera puni de mort ;* et ne voyant pas clairement de quelle espèce de faux le législateur a entendu parler, il nous a paru nécessaire de fixer le sens de ces termes. En conséquence nous statuons que celui qui aura commis un faux de nature à faire condamner à mort celui contre qui il l'aura fait, sera puni de la même peine qu'il aura tenté de faire infliger à ce dernier.

CONSTITUTION LXXVIII.

Qu'à l'avenir on ne pourra plus faire de sénatus-consulte.

Le même empereur au même Stylianus.

DE même qu'on nous a vu effacer du nombre des lois, comme superflues, toutes celles qui n'offraient aucune utilité dans l'usage, de même nous croyons devoir en retrancher celle qui donnait au sénat le pouvoir de faire des lois. En effet, l'autorité du sénat étant anéantie depuis qu'elle est passée entre les mains des empereurs, il serait absurde et vain de la considérer encore comme existante.

CONSTITUTION LXXIX.

A quelle peine doivent être soumis le prêtre, le diacre ou le sous-diacre qui se marient après avoir reçu les ordres.

Le même empereur au même Stylianus.

IL a été établi qu'on ne pourrait plus enlever à Dieu ce qu'on lui aurait une fois consacré ; et cela doit être observé non-seulement pour les offrandes qu'on lui adresse, mais encore, et à plus forte raison, pour les hommes qui se sont spécialement consacrés à son service, en entrant dans les ordres sacrés ; encore bien que le péché (tant l'homme est sujet à faillir) leur ait fait abandonner cet état qu'ils avaient embrassé par le désir de mener une bonne vie. Aussi, n'approuvant point la disposition par laquelle un ancien législateur a permis au prêtre, au diacre ou au sous-diacre qui se marient, de quitter l'habit ecclésiastique et de revenir à la vie profane, nous abrogeons la loi par laquelle il l'a établie, et nous statuons qu'ils ne subiront d'autre peine que d'être exclus de l'ordre qu'ils avaient reçu avant de se marier, et que d'ailleurs ils conserveront l'habit ecclésiastique et pourront exercer

Novelles de Léon.

CONSTITUTIO LXXVIII.

Ne amplius senatusconsulta fiant.

Idem imperator eidem Styliano.

QUEMADMODUM et in aliis legibus, quæ ad communem rerum usum nihil conferrent, fecimus, ut eas tanquam supervacuas è legum corpore subduceremus : ita hic quoque facientes, eam legem quæ senatui ferendarum legum potestatem facit, à legum quasi republica secerni sancimus. Nam, cùm, ex quo senatoriam administrationem imperatoria majestas sibi vindicavit, inutilem illam esse judicari debeat ; si cum utilibus conjungeretur, et ineptum et supervacuum esset.

CONSTITUTIO LXXIX.

De pœna sacerdotis, diaconi aut hypodiaconi, si post assumptum ordinem mulieri in matrimonium jungatur.

Idem imperator eidem Styliano.

QUÆ semel Deo dedicata sunt, ea deinceps auferri non oportere, sancitum est : idque non solùm in donariis, verùm multò etiam magis in hominibus qui per sacrum ordinem divinæ majestati consecrati sunt, observandum est : tametsi, ut multi sunt hominum lapsus, è statu in quem tanquam honestè victuri, allecti erant, peccatum dominio in ipsos suscepto, exturbet. Non approbantes igitur veteris legislatoris propositum, qui sacerdotem, diaconum aut hypodiaconum, si post assumptum ordinem mulieri in matrimonium jungatur, omninò à clericali habitu discedere, atque ad profanam vitam reverti vult : illud decretum irritum facimus, ac verò statuimus, ut ab ordine quem ante nuptias obtinuerint, solùm recedentes, satis tamen pœnarum luere videantur, et nequaquam clericali habitu alioque ecclesiæ ministerio, cujus quidem usus illicitus non est, judicio priventur.

toutes les fonctions du divin ministère qu'il n'est point défendu de remplir.

CONSTITUTIO LXXX.

Ut purpuræ segmenta et particulæ in publicis mercimoniis sint.

Idem imperator eidem Styliano.

Haud scio qua ratione superioris ævi imperatores, cùm ipsi toti purpura vestirentur, inducti fuerint, uti ne qua omninò purpuræ particula venundaretur, statuerent, neque cuiquam talem colorem vendere aut emere permitterent. Ac sanè si integram venire telam illi prohibuissent, aliquam fortasse ejus faciendi non alienam à ratione occasionem habuisse videri possent : at quod segmenta atque frustula, quæ utilitatem atque usum, neque vendenti neque ementi inconvenientem præbeant, in mercimoniis esse prohibuerunt : id verò quàm honestam, et quæ subditorum invidentia vacet, illorum judicio prætendet causam? Nam quod aut imperatoriæ majestatis adversetur eminentiæ, aut eam in communem usum devocet, quid quæso hinc existat? Nos itaque isti decreto non acquiescentes, constituimus, ut purpuræ frusta atque segmina, quæ magnificentiæ speciem aliumve non prohibitum usum subditis præbeant, tam divendi quàm emi possint. Decet enim imperatoriam majestatem, cùm aliis multis modis subditos beneficiis afficiat, eorundem magnificentiæ ne invideat.

CONSTITUTIO LXXXI.

Ne ex auro et pretiosis lapillis quicquam confieri in universum nefas sit.

Idem imperator eidem Styliano.

Hanc verò etiam legem, quæ mundo muliebri annulisque exceptis, aliquid aliud ex auro et gemmis conficiendis omnem prorsùs facultatem adimit, ejusdem cum illa quæ de purpura tractat esse instituti

CONSTITUTION LXXX.

Qu'il est permis de vendre publiquement des coupures et morceaux de pourpre.

Le même empereur au même Stylianus.

Je ne sais par quel motif les empereurs du dernier siècle qui allaient tous vêtus de pourpre, avaient établi qu'on ne pourrait en vendre aucun morceau, et n'avaient même permis à personne de vendre ni d'acheter des étoffes de cette couleur. Encore, s'ils avaient défendu d'en vendre des pièces entières, on pourrait penser qu'ils avaient quelques raisons pour cela ; mais pour défendre qu'on en vendît des coupons, de petits morceaux dont l'usage n'offrait aucun inconvénient ni pour le vendeur ni pour l'acheteur, ils ne pouvaient avoir d'autres motifs qu'une secrète jalousie du luxe de leurs sujets. Or, quand tout le monde porterait de la pourpre et que l'éclat de la magnificence impériale en serait un peu obscurci, je demande quel mal cela ferait? Aussi n'approuvant point cette loi, nous statuons qu'on pourra vendre et acheter des morceaux et des bandes de pourpre, qui sont pour les citoyens une espèce de luxe et dont ils peuvent se servir sans inconvénient. Il convient, en effet, que le souverain, qui fait du bien à ses sujets de tant de manières, ne porte point envie à leur magnificence.

CONSTITUTION LXXXI.

Qu'il est généralement défendu de faire aucun ouvrage en or ou en pierres précieuses.

Le même empereur au même Stylianus.

Comme la loi qui défend aux femmes de ne rien porter en or ou en pierres précieuses, à l'exception de leurs anneaux, a été faite dans le même esprit que celle sur les étoffes de pourpre, nous lui refusons de même notre sanction. Il ne fallait pas, en effet, défendre d'une manière absolue de ne rien faire en or, mais spécifier les objets qui ne pourraient pas être faits de ce métal ; car s'opposer à ce qu'on ne fasse absolument rien en or ou en pierreries, c'est manifester le désir de s'élever au-dessus de tout le monde. D'ailleurs, n'y a-t-il pas une grande cruauté à condamner celui qui est convaincu d'avoir violé de quelque manière cette défense, à payer cent livres d'or, sans parler même des mauvais effets que produira cette peine eu égard aux trésors sacrés et à beaucoup d'autres choses? Ainsi nous ne défendons pas d'une manière absolue de porter de l'or ou des pierreries, mais de porter ce qui est spécialement réservé aux empereurs comme objet de luxe ou de nécessité ; et si quelqu'un veut faire faire en or un monument sacré ou tout autre ouvrage qui ne soit pas au-dessus de sa dignité, cela lui sera parfaitement permis.

animadvertentes, in eandem quoque cum illa conditionem reponimus. Non enim simpliciter ex auri materia quicquam in opificium præberi , sed species operum prohiberi oportebat. Quoniam ne quod omninò ex auro et gemmis opus conficiat vetare, manifesta id se supra omnes efferendi cupiditas est. Jam verò, quod in quacumque re legem transgressus esse deprehensus , tam gravem pœnam sustinet (centum librarum auri mulctam, quodque huic accedit, capitale supplicium dico) ut ea lex non summæ immunitatis esse putetur, qua ratione devitabitur? Quantam autem aliam absurditatem in sacris thesauris aliisque nonnullis rebus effectus pœnæ designet, non attingo. Nos itaque non simpliciter opus aliquod ex auro et gemmis confici, sed illa opera quæ solis imperatoribus permittuntur, quorumque usus magnificentiæ imperatoriæ majestatis, ejusque necessitatibus destinatus est, prohibenda judicamus. Quasi si quis vel monumentum sacrum , vel aliud quiddam quod supra privatam dignitatem et honorem non sit, conficere poterit, liberam ejus faciendi voluntatem habeto.

CONSTITUTION LXXXII.

Du testament ouvert.

Le même empereur au même Stylianus.

Parmi les événemens qu'amène le hasard , beaucoup paraissent des crimes au premier aspect, qui perdent ce caractère après avoir été bien examinées. Je m'explique. Il arrive souvent qu'en lançant une pierre ou un trait, on blesse quelqu'un sans le vouloir et par l'effet du hasard : avant tout examen, celui qui a lancé la pierre ou le trait est jugé coupable ; et ensuite, quand on examine la chose avec soin, on ne trouve plus aucune bonne raison pour l'accuser. Ainsi donc, pour bien juger d'un événement arrivé par hasard, il faut moins avoir égard à la nature qu'aux circonstances du fait. Mais dans quelle vue disons-nous cela? Parce qu'il arrive par fois, qu'après avoir été forcé d'ouvrir un testament, on le laisse dans cet

CONSTITUTIO LXXXII.

De testamento resignato.

Idem imperator eidem Styliano.

Quæ fortuito quodam casu contingunt, eorum permulta nondum expensa criminis nomine notantur : quæ eadem accuratiùs postmodum perspecta, à nobis absolvuntur. At quale est quod dico? Persæpè non de industria , sed fortuitò, aut ferri, aut lapidis jactu aliquis læditur. Eo necdum discusso, qui jaculatus est, sons judicatur : diligenti autem de eodem examine habito, quare culpetur, nulla justa ratio invenitur. Quamobrem quæ casu eveniunt, ex circumstantiis magis quàm è rei natura judicari convenit. Verùm quorsùm hæc dicuntur? Quoniam testamentum postulante necessitate aperium, cùm interdum deinceps resignatum relinqui contingat, aut ipsum tempus, quod fieri assolet, sigillum consumat, fide quam signatum haberet destituatur, ideoque incertitudo quædam istius-modi testamento insidietur : testamentis alio modo ad fidem confirmatis, subvenire visum est, ac jubemus, ut licet ad fidem faciendam illis sigillum salvum non sit, subscriptiones tamen, ut rata maneant, testimonio præstent. Quemadmodum enim testamenta nondum aperta, quanquam, ut fit facilè, sigillum illæsum servatum non sit, subscriptiones confirmant : sic illa etiam quæ postquam aperta sunt, aut ne-gligentia non obsignata manserunt, aut qui-bus diuturnitate temporis sigilla perierunt, ne fide priventur, dummodo ex subscrip-tionibus fides illis supersit, justum pu-tamus. Illud porrò insuper sancimus, ut si judicis socordia, ne testamentum denuò obsignaretur factum sit, ipsi in socordiæ pœnam duodecim librarum mulcta impo-natur.

état ; qu'alors le tems, comme il arrive souvent, en détruit le cachet et le prive de la force qu'il avait étant caché, de manière qu'il s'élève des doutes sur sa va-lidité. Dans ce cas, nous avons jugé à pro-pos de lui conserver toute sa force, pourvu qu'il offrit quelqu'autre preuve d'authen-ticité, et nous avons décidé que, quoique son cachet fût détruit, les signatures suffi-raient pour assurer sa validité. Car, de même que les signatures confirment un tes-tament qui n'a pas été ouvert, quoique son cachet ne se soit pas bien conservé, comme cela est possible ; de même il est juste, à ce que nous croyons, que lorsqu'il a été ouvert, qu'on a négligé de le refermer et que son cachet a été détruit par le laps de tems, il fasse également foi de la volonté du testateur, pourvu que les signatures se soient conservées. Nous ordonnons en outre, que si le juge néglige d'y apposer un nouveau cachet, il soit condamné, pour sa négli-gence, à payer douze livres.

CONSTITUTIO LXXXIII.

Ut ad trientes usuras pecunia licitè mutuetur.

CONSTITUTION LXXXIII.

Qu'on peut légalement stipuler dans un prêt d'argent quatre pour cent d'intérêts.

Idem imperator eidem Styliano.

Le même empereur au même Stylianus.

Si à spiritus legibus ita se mortale genus regi sineret, ut humanis præceptis nihil indigeret, id verò et decorum salutare esset : at quoniam se ad spiritus sublimita-tem elevare, divinæque legis vocem am-plecti non cujusque est : ac verò quos huc virtus ducat, numero valdè pauci sunt : bene sese adhuc res haberet, si saltem se-cundùm leges humanas viveretur. Quæ vocantur pecuniæ creditæ usuræ, ubique à spiritus decreto condemnantur. Id sciens pater noster æternæ memoriæ princeps, usurarum solutionem sanctione sua prohi-bendam putavit. Atqui propter pauperta-tem res illa non in melius, quem tamen finem legislator proposuerat, sed contra in pejus vergit. Qui enim antea usurarum spe ad mutandam pecuniam prompti fue-rant, post latam legem, quòd nihil lucri ex mutuo percipere possint, in eos qui

Si les hommes suivaient si fidellement les lois divines que les lois humaines de-vinssent inutiles, cela serait également ad-mirable et salutaire. Mais comme chacun ne peut point s'élever à la hauteur de l'es-prit divin et suivre exactement ses précep-tes, et que le nombre de ceux que la vertu conduit à ce degré de perfection est extrê-mement petit, ce serait déjà beaucoup que l'on vécût selon les lois humaines. Les lois divines condamnent par tout le prêt d'ar-gent à intérêt : aussi notre père, d'éter-nelle mémoire, connaissant cette disposi-tion, crut devoir faire une loi pour le dé-fendre. Mais cette loi, au lieu de produire un bien, comme son auteur se l'était pro-posé, ne fit qu'aggraver le mal existant, à cause de l'indigence des citoyens. En effet ceux qui jusqu'alors, excités par l'ap-pât du gain, avaient été empressés à préter, ne trouvant plus aucun profit à le faire, après que cette loi fut rendue, furent difficiles et durs à l'égard de ceux qui avaient besoin d'argent. De plus, cela engendra une grande facilité à jurer, et, ce qui en est la suite, à fausser son serment. En un mot, la corruption des hommes est telle, que non-seulement la sagesse de cette loi ne produisit aucun bien, mais qu'elle fut même un mal. Aussi, quoique nous ne pensions point que cette loi fût mauvaise, ce qu'elle était loin d'être, cependant, comme la nature humaine, ainsi que nous l'avons dit, ne s'élève point à cette perfection, nous croyons devoir l'abroger; et nous statuons, au contraire, que l'argent prêté produira des intérêts, et cela d'après le taux fixé par nos prédécesseurs, c'est-à-dire quatre pour cent par année.

pecuniis indigent difficiles atque immites sunt. Quinetiam ad facilè jurandum, quodque id ferè consequitur, ad jusjurandum abnegandum, id occasionem præbuit. Breviter, propter redundantem in humana vita perversitatem, non modò non profuit legis virtus, verumetiam obfuit. Quanquam igitur ex se legem culpare, quòd quidem etiam absit, nequeamus : propterea tamen quòd humana natura, quomodo diximus, ad illius sublimitatem non perveniat, egregium illud præscriptum abrogamus : ac in contrarium statuimus, ut æris alieni usus ad usuras procedat : idque quomodo veteribus legislatoribus placuit, ad trientes centesimæ nempè, quæ quotannis in singulos solidos singulas fœneratoribus siliquas pariunt.

CONSTITUTION LXXXIV.

Qu'il est permis aux magistrats des villes de négocier, d'élever des édifices et d'accepter des donations.

Le même empereur au même Stylianus.

Quoique les dispositions établies par nos prédécesseurs à l'égard des magistrats de la ville impériale, savoir : *qu'ils ne pourraient acheter aucun meuble ou immeuble, ni faire aucune construction sans l'autorisation du prince, et de plus, que les donations faites auxdites villes, pendant leur administration, ne seraient valables qu'autant que le donateur les aurait confirmées lorsqu'elle aurait été finie, ou aurait depuis laissé passer cinq ans sans les révoquer,* quoique ces dispositions, dis-je, aient été faites dans la vue très-utile d'empêcher qu'il ne fût exercé aucune violence par les magistrats; cependant, comme on peut user d'autres moyens pour prévenir ce mal, elles nous paraissent fort peu nécessaires, et nous voulons qu'elles soient abrogées, principalement par la raison qu'étant, chaque jour, impunément violées, elles avaient cessé d'avoir force de loi, même avant notre décret. Mais comment ne sont-elles pas nécessaires?

CONSTITUTIO LXXXIV.

Ut negotiari, ædificare, muneraque accipere urbis magistratibus liceat.

Idem imperator eidem Styliano.

Quæ à superioribus de magistratibus regiæ urbis decreta sunt (*ne videlicet illi neque mobile aliquid, neque immobile emant, neque ad ædificandum accedant, nisi principis permissu : insuper verò, ne, si qua magistratus tempore munificentia accedat, hæc rata fiat, extra quam si donator finito magistratu scripturæ auctoritate illam confirmet, aut post magistratum quinque anni elapsi sint*), hæc quanquam hujus contemplatione, ne vis locum inveniat, optima ratione constituta sint ; quia tamen alio etiam modo violentiæ viam præcludere facile est, nobis non videntur esse necessaria. Quocirca etiam abrogata illa esse volumus : idque ideo præsertim, quod ex quo transgressione illorum in dies magis atque magis impunita relicta, pœna exerceri desiit, etiam ante nostrum decretum nullam vim habuerint. At qua de causa illa necessaria non sunt ? Quod cuique tam pauperi quàm diviti (cùm iis qui apud hanc urbem habitant, compellare principem , eique supplicare expeditissimum sit) liceat, si quàm vim sustineat, ne omninò à violento magistratu conficiatur, precibus à principe impetrare : adeò ut nulla necessitas sit, ut quemadmodum in provinciis omni auxilio vacuis, ita etiam in urbe, ubi abundè auxilii est, hæc adeò exactè requirantur. Sancimus itaque, ut secundùm præsentem rerum statum tum emere, tum ædificare magistratus possint , et in suscipiendis quæ spontè offeruntur muneribus criminatione vacent. Quippe cùm, qui vim sustineant, quandocunque tale aliquid incidat , his supplicando principi illam effugere integrum sit. De provinciarum autem magistratibus illud insuper statuere visum est, ut præfectus magistratus sui tempore neque quicquam emat, neque in suum usum extruat, neque denique dona liberè admittat. Alii verò minores magistratus , relata ad præfectum re, ipsius judicio, aut removeantur, aut administrationem expleant.

Parce qu'il est permis à tout individu, pauvre ou riche, qui est l'objet de quelque violence, d'obtenir du prince, par ses prières, qu'elle ne soit pas consommée par le magistrat qui l'exerce, et que ce moyen est beaucoup plus expéditif pour les habitans de cette ville ; de manière qu'on n'a pas plus besoin d'invoquer ces dispositions dans la ville où l'on a toute espèce de secours, que dans les provinces où l'on en est entièrement dépourvu. C'est pourquoi nous statuons que d'après l'état actuel des choses, les magistrats pourront acheter, bâtir et accepter sans crime les donations qui seront faites volontairement, parce que tous ceux sur qui l'on exercerait quelque violence, peuvent, dans tous les cas, en prévenir l'effet en s'adressant au prince. Nous croyons devoir établir, en outre, à l'égard des magistrats des provinces, que nul préfet, pendant le tems de son administration, ne pourra rien acheter, rien construire pour son usage, ni accepter aucune donation. Quant aux magistrats inférieurs, ils référeront de toutes ces choses au préfet , qui les permettra ou les défendra comme il jugera convenable.

CONSTITUTIO LXXXV.

Ut patres qui nuptias non iterant, unius liberorum portionem capiant.

Idem imperator eidem Styliano.

QUONIAM maritis cum liberis ab uxoribus relictis, quid de donatione propter nuptias statui debeat, non præscripsimus: illam autem donante consuetudine præmorientes uxores capiunt, nihil in hoc nos consuetudinem innovandam putantes, statuimus , ut quemadmodum hactenus comparatum legibus fuit, mulieribus donatio propter nuptias detur : viris autem , si iterum matrimonium contrahant, nihil accipere liceat : sin prius matrimonium venerentur, in remunerationem hujus honorificæ voluntatis, ipsis unius liberorum portio secernatur : idque hac ratione, ut si illam donationem propter nuptias, vel æquet vel exuperet, eò quòd aut lucrum ,

CONSTITUTION LXXXV.

Que les pères qui ne convolent pas en secondes noces peuvent prendre une part d'enfant.

Le même empereur au même Stylianus.

COMME nous n'avons rien établi touchant la donation à cause de noces, dans le cas où une femme meurt laissant des enfans à son mari, et que l'usage la donne à la femme prémourante, ne croyant pas devoir changer ses dispositions à cet égard, nous statuons que la donation à cause de noces appartiendra à la femme, comme les lois l'ont ordonné jusqu'à ce jour, et que le mari ne pourra rien recevoir s'il se remarie ; mais qu'au contraire s'il respecte ses premiers nœuds, en récompense de cette louable détermination, il lui sera accordé un part d'enfant, et cela afin que si cette part égale ou surpasse la donation à cause de noces, faisant un profit ou du moins n'éprouvant aucune perte, il soit satisfait de la recevoir ; et qu'au contraire, si elle ne l'égale pas, et qu'elle soit moindre, il se trouve ne rien donner de son bien et n'avoir rien de celui de sa femme.

CONSTITUTION LXXXVI.

Quelle peine doit être infligée aux évêques, prêtres et clercs qui exercent la profession d'avocat, arrangent des mariages, délivrent des esclaves, ou font d'autres affaires de ce genre.

Le même empereur au même Stylianus.

Il convient que ceux que la bonté divine a choisis pour le service des autels, non-seulement soient exempts des souillures du péché, mais encore s'abstiennent de se livrer aux soins et aux affaires ordinaires de la vie ; car de même qu'il n'est point permis de faire servir à un usage profane les monumens consacrés au service divin, de même ceux qui sont les ornemens vivans des sacrés autels doivent éviter de se souiller par des fonctions communes et se conserver purs pour celles auxquelles ils se sont destinés. C'est donc avec assez de raison qu'un canon des apôtres dépouille des ordres sacrés les évêques, prêtres et clercs qui exercent la profession d'avocat, font des mariages, rachètent des esclaves ou se livrent à des affaires semblables. Ceux, en effet, qui déshonorent ainsi un caractère dont ils ont été revêtus par l'Esprit saint et en compromettent la dignité, font assez voir qu'ils n'en sentent pas le prix et méritent bien d'en être dépouillés. Cependant, comme les hommes aujourd'hui sont trop faibles pour le genre de vie élevé auquel auraient voulu les astreindre ces divins législateurs, ils ne pourront s'offenser, je pense, que je sois un peu plus indulgent pour un délit de ce genre, autant qu'il ne serait pas tout-à-fait indigne de pardon ; car notre intention n'est certainement pas de contrarier leurs dispositions, mais bien d'en assurer l'observation, et de ne laisser aucune excuse à ceux qu'elles condamnent. Ainsi nous dé-

CONSTITUTIO LXXXVI.

De pœna episcoporum, sacerdotum et clericorum qui se advocationibus, sponsionibus, redempturis, aliisve similibus dedunt.

Idem imperator eidem Styliano.

Qui à divina bonitate ad divinum sacrosanctumque altare delecti sunt, hos non modò à peccati turpitudine mundos esse, verumetiam à communis vitæ negotiis et molestiis vacare decet. Sicut enim alia incontaminati sacrique cultus monumenta vulgari contrectatione profanari non licet : ad eundem modum neque animata immaculati sacrarii ornamenta communi usu decorari, sed in quem ordinem consecrata sunt, in eodem consecrationem puram conservare convenit. Admodum igitur decenter apostolorum, præconum Dei, decretum, episcopos, sacerdotes, et clericos, qui se advocationibus, sponsionibus, redempturis, idve genus aliis rebus dedunt, sacro ordine denudat. Qui enim attributam sibi à sacrosancto Spiritu dignitatem adeò dehonestant, et quantum in ipsis est, sublimitatem gratiæ deprimunt, meritò cujus beneficii magnitudinem non sentiunt, eo, ut indigui, privandi judicantur. Verumtamen quia nunc temporis hominum genus, quam ut ad constitutæ à divinis istis legislatoribus vivendi rationis apicem pertingat, imbecillius est : non ipsis, ni fallor, displiceat, si quatenus id delictum omninò venia indignum non est, modicam quandam ipsi veniam impertiam. Certè idcircò, non quod contrarium, quod absit, statuere ; sed potiùs quod sacram sanctionem sequi, nullasque illis qui ab illa condemnantur, excusationum tergiversationes relinqui velimus : decernimus, ut si aut primarii inferioresve sacerdotes, aut omninò clericus quispiam, vel præstando in litibus patrocinio, vel spondendo, vel alio simili modo de sui ordinis dignitate detrahant, excommunicentur, et ad aliquod tempus à celebrandis sacris supersedeant : atque ubi ita pro delicto dignam pœnitentiam egerint, promisso facto, se ab humanorum negotiorum commercio pro viribus, deinceps mundos conservaturos, ad sacra tractanda denuò introducantur : et si iterùm iisdem rebus se polluere deprehendantur, omninò ut profani et indigni à sacris functionibus abstineant.

crétons que si des évêques ou des prêtres d'un ordre moins élevé, ou enfin des clercs dérogent à la dignité de leur état en défendant des procès, en arrangeant des mariages ou de toute autre manière, ils soient excommuniés et suspendus pour quelque tems de l'exercice de leurs fonctions. Et après qu'ils auront ainsi subi la peine que mérite leur faute, il leur sera permis d'exercer de nouveau leur divin ministère, pourvu qu'ils promettent de s'abstenir, autant que possible, de se mêler d'affaires purement humaines ; mais s'ils font de nouveau la même chose, ils seront absolument exclus, comme indignes et profanes, de l'exercice des fonctions sacrées.

CONSTITUTIO LXXXVII.

De ecclesiasticorum alea ludentium pœna.

Idem imperator eidem Styliano.

J AM verò qui sacri ordinis homines aleæ vacant, neque hi rem modica aliqua pœna dignam audent. Quid ita ? Nam cum tranquilla mente animoque à contemplandis rebus divinis immoto, quantum humanæ naturæ possibile est, summo isti bono inhærescere deberent : è contrario ad juveniles lusus deproperant. Quos etiam à sacerdotio succidi, secundùm divinum sacrosanctorum apostolorum decretum par est. Verùm quoniam id ipsum etiam præscriptum mitigat, ut qui non desistunt, pœnam subituros addat : statuimus nos quoque, ut qui aleæ lusu sacram sortem contaminant, in monasteria relegentur (quam tamen relegationem triennale tempus finiat) : et quando delictum satis expiatum videbitur, in pristinum statum restituantur. At si rursùm in fritillo vanè tempus terere instituant, tanquam piaculares ex sacrosancto ecclesiastico statu omninò exturbentur, ab eoque profligentur.

CONSTITUTION LXXXVII.

Quelle peine doit être infligée aux prêtres qui jouent des jeux de hasard.

Le même empereur au même Stylianus.

L ES prêtres qui se livrent à des jeux de hasard font une chose encore qui ne mérite pas une peine légère. Pourquoi cela ? parce que tandis qu'ils devraient, d'une ame calme, et autant que cela est possible à l'homme, se livrer à la contemplation des choses divines, ils s'occupent, au contraire, de jeux frivoles. Le canon des apôtres veut encore que ceux-ci soient exclus du sacerdoce. Cependant, comme il adoucit cette disposition, en disant qu'ils subiront cette peine s'ils ne renoncent pas à cette habitude, nous croyons pouvoir établir aussi que les prêtres qui déshonorent l'état ecclésiastique par l'habitude des jeux de hasard, seront relégués dans un couvent (où cependant ils ne pourront rester que trois ans) ; et quand ils paraîtront avoir assez expié leur faute, ils seront rétablis dans leur premier état. Mais s'ils perdent de nouveau leur tems à cette vaine occupation, ils seront entièrement exclus de l'état ecclésiastique.

CONSTITUTION LXXXVIII.

Institution de certains jours de fête en l'honneur de plusieurs hommes célèbres de l'église.

Le même empereur au même Stylianus.

LES apôtres ont fait un canon pour honorer et glorifier les saints jours où nous adorons le Seigneur, et ceux qui ont consacré la mémoire de ces illustres législateurs eux-mêmes, et d'autres victorieux défenseurs de la foi dont la mort a mis en fuite l'impiété. Dans la vue de célébrer avec la même solennité la mémoire des orateurs divins qui ont illustré l'église après eux et qui ont été son flambeau et son appui par leur doctrine et leurs actions, et ajoutant ainsi à leur décret une disposition qui lui manque et qui en est digne ; nous statuons qu'on fêtera avec les honneurs convenables les jours consacrés par les noms suivans : *Athanase*, dont le nom est si célèbre parmi les principaux prêtres du Seigneur ; *Basile*, l'honneur de l'église ; *Grégoire* surnommé le théologien ; Grégoire, cette source illustre et pure de lumière ; *Jean*, cet esprit élevé, cette bouche d'or ; et avec eux *Cyrille* et *Epiphane*, qui les ont égalés par leur gloire et leurs grandes actions.

CONSTITUTION LXXXIX.

Qu'on ne peut point confirmer les mariages avant la bénédiction sacrée.

Le même empereur au même Stylianus.

DE même que l'antiquité a négligé les formes de l'adoption, qu'elle regardait comme un acte important, quoiqu'elle permît de le faire sans prières et sans aucune cérémonie sacrée ; de même elle paraît avoir négligé la perfection de l'acte de mariage, puisqu'elle permettait de le consommer avant d'avoir reçu la bénédiction nuptiale. Quand on pourrait justifier cette disposition à l'égard

CONSTITUTIO LXXXVIII.

Celebribus quibusdam in ecclesia viris festi dies constituuntur.

Idem imperator eidem Styliano.

VENERABILI sacrosanctorum apostolorum decreto (quod promulgatum est ad gloriam et honorem sacratissimorum dierum, quibus omnium Domino feriamur, et illorum qui horum ipsorum celebrium legislatorum aliorumque victoriosorum pugillum, qui morte sua impietatem in fugam verterunt, consecrationem significant), cùm hoc quod conjungatur dignum sit, ut nempè horum diviniloquorum virorum etiam, qui post illos in ecclesia claruerunt, luminariumque instar ecclesiæ firmamentum rebus gestis atque documentis illustrarunt, memoria solenniter celebretur : nos quod deest, adimplentes, sancimus. Ut horum etiam sacri consecrationis dies convenientibus honoribus colantur, quorum hæc sunt nomina : *Athanasius*, inclyti ille in principibus Dei sacerdotibus nominis ; *Basilius*, regium illud ecclesiæ decus ; *Gregorius*, cognomine theologus ; *Gregorius*, dulcis ille et illustris ecclesiæ fons ; *Jeannes*, prorsùs illud spiritus aureum os, unaque cum iis *Cyrillus* et *Epiphanius*, qui præclaris facinoribus gloriaque illis pares sunt.

CONSTITUTIO LXXXIX.

Ne matrimonia citra sacram benedictionem confirmentur.

Idem imperator eidem Styliano.

QUEMADMODUM adoptionem promiscuè habitam neglexit vetustas, quam tametsi sine precibus sacrisque ceremoniis peragi lege permitteret, non tamen illam se parvi-pendere putabat : ita et absolutam matrimonii constitutionem, dum id citra jam receptam benedictionem iniri sineret, neglexisse videtur. Sed veteribus istius voluntatis fortasse ratio inveniri possit : à

14

nobis verò, cùm divina gratia ad honestius multò sanctiusque vitæ institutum jam res comparatæ sint, neutrum dictorum negligi convenit. Itaque quemadmodum adhibitis sacris deprecationibus adoptionem perfici præcipimus : sic sanè etiam sacræ benedictionis testimonio matrimonia confirmari jubemus. Adeò, ut, si qui citra hanc matrimonium ineant, id ne ab initio quidem ita dici, neque illos in vitæ illa consuetudine matrimonii jure potiri velimus. Nil enim inter cælibatum et matrimonium, quod reprehendi non debeat, medium invenias. Conjugalis vitæ desiderio teneris? Conjugii leges serves necesse est. Displicent matrimonii molestiæ? Cœlebs vivas, neque matrimonium adulteres, neque falso cælibatus nomine culpam prætexas.

des anciens, nous qui, par la grace divine, avons adopté une manière de vivre plus honnête et plus sainte, nous ne pouvons pas négliger les mêmes choses. Aussi, comme nous avons ordonné qu'on joignît des prières à l'adoption, de même nous voulons que le mariage soit confirmé par la bénédiction nuptiale ; de manière que si une personne se marie sans l'avoir reçue, elle ne pourra pas se dire mariée ni jouir des droits du mariage. Il n'y a, en effet, entre le mariage et le célibat aucun milieu qui ne soit répréhensible. Désirez-vous vous marier? il est nécessaire que vous vous conformiez aux lois sur le mariage ; êtes-vous effrayé de ses devoirs? vivez célibataire, mais ne dénaturez pas le mariage et ne cachez point vos fautes sous les apparences d'un faux célibat.

CONSTITUTIO XC.

Ut qui tertium matrimonium contrahant, sacri canonis pœnæ obnoxii sint.

CONSTITUTION XC.

Que ceux qui se marieront une troisième fois seront passibles de la peine prononcée par le sacré canon.

Idem imperator eidem Styliano.

Le même empereur au même Stylianus.

OPORTEBAT nos, cùm divina manu formati menteque ac ratione præditi simus, quorumdam brutorum præstantiæ non cedere. Non enim illa imbecillitas reprehensione vacat, neque à justis vituperationibus libera est ; sed tanto obnoxior, quantùm brutali naturæ rationabilis prudentia antecellit. Oportebat, inquam, homines, cùm in aliis, tum præcipuè in castitate matrimoniali à brutis non vinci. Multa autem brutorum animantium genera, conjuge mortuo, perpetuam viduitatem amplectuntur, alterisque nuptiis priores velut congesta terra obtegere nolunt. Verùm quoniam hanc imbecillitatem turpem non esse, quanquam turpissima sit, existimans natura, primo matrimonio contenta non est, sed nullo pudore tacta ad secundum etiam procedit : quin cùm illam hic saltem sistere deberet, non tamen id facit ; et, quanquam per sacram legem non liceat, à secundo matrimonio ad tertium prorumpit, haud dubiè constitutam in tertium

IL était nécessaire que nous, qui sommes dirigés par la main de Dieu et qui avons été doués d'esprit et de raison, ne nous montrassions pas inférieurs à certains animaux. La faiblesse que je veux condamner ici n'est pas indigne de justes reproches ; elle est au contraire aussi répréhensible que l'intelligence humaine est au-dessus de l'instinct de la brute. Il fallait, dis-je, que dans le mariage, comme en toute autre chose, les hommes ne se montrassent pas moins parfaits que certains animaux. Or, il y a beaucoup d'espèces où le mâle qui a perdu sa femelle se voue à un célibat éternel et renonce à remplacer la compagne qu'il a perdue. Mais comme nos sens nous persuadent que ce n'est point une faiblesse de faire le contraire, quoique cela en soit une très-honteuse, non contens d'un premier mariage, nous en contractons sans pudeur un second ; bien plus, quand nous devrions au moins nous en tenir là, nous ne le faisons pourtant pas ; et, quoique les lois sacrées l'aient défendu, après ce second mariage nous en contractons un troisième, au mépris de la peine établie contre ce dernier, parce qu'elle n'est point appliquée, et surtout parce qu'une loi civile, je ne sais pour quelle raison, n'approuvant pas le décret du Saint-Esprit qui l'a prononcée, et lavant de tout reproche ceux qui après un mariage ne veulent pas renoncer à se remarier; nous au contraire, nous conformant à ce qu'a établi l'Esprit-Saint, nous statuons que ceux qui convoleront en troisièmes noces, seront passibles de la peine portée contr'eux dans le divin canon.

CONSTITUTION XCI.

Qu'il n'est point permis d'avoir une concubine.

Le même empereur au même Stylianus.

LA loi qui permet de vivre avec une concubine à ceux qui ne rougissent pas de ce honteux commerce, n'a pas mieux ménagé la pudeur et l'honnêteté. Or, ne voulant pas qu'une pareille erreur du législateur déshonore notre gouvernement, nous ordonnons que cette loi soit à jamais abrogée. En effet, d'après les préceptes que nous avons reçus de Dieu et qui conviennent à des chrétiens, nous ne pouvons pas profiter de ses dispositions sans outrager également la religion et la nature. Pourquoi, lorsque vous possédez une fontaine et que les lois divines vous invitent à y puiser, préférez-vous vous abreuver d'eaux bourbeuses que des eaux pures qu'elles vous offrent? Au reste, n'eussiez-vous pas cette ressource, vous ne devriez pas moins vous abstenir de celles qui sont prohibées. Mais on sait qu'il n'est pas difficile de se donner une épouse.

matrimonium pœnam, quod non exerceatur, contemptui habens : idque eo etiam magis quòd civilis lex, qua nescio de causa, Spiritus pœnam constituentis decreto non consentiat, sed hos à reprehensione porrò liberat, qui post alterum matrimoniale consortium à matrimoniis abstinere nolint : idcircò nos quæ Spiritui placent sequentes, statuimus, ut qui ad tertium matrimonium pervenerint, pœnæ quam in ipsos sacer canon promulgavit, obnoxii sint.

CONSTITUTIO XCI.

Ut concubinam habere non liceat.

Idem imperator eidem Styliano.

NEQUE minus ea lex, quæ probrosè cum concubinis immisceri non erubescentibus id permittendum judicavit, honestatem susque deque habuit. Ne ergo hoc legislatoris erratum dedecore nostram rempublicam afficere sinamus. Itaque lex illa in æternum sileto. Ab illa enim, non modò religionis, verumetiam naturæ injuria secundùm divina christianisque convenientia præcepta prohibemur. Et quidem si cùm fontem habeas, sobriè inde haurire divino præcepto moneare : qua ratione, cùm puras aquas haurire liceat, lutum tu mavis? Tum tametsi fontem non habeas, rebus tamen vetitis uti non potes. Cæterùm vitæ consortem invenire difficilè non est.

CONSTITUTIO XCII.

De pœna ejus qui aliquem dedita opera excæcavit.

Idem imperator eidem Styliano.

TAMETSI aliter quàm veteres leges sanciant, de eo qui alteri violentis manibus oculos effodisset, cum ipse judicio interesset, à nobis sententia lata sit : nunquam tamen in legem illam transformare animus fuit. Nonnihil enim misericordia moti, id quod ipsa res etiam indicat, tunc ita judicamus : quoniam oculi, ei qui illos amisisset, restitui non possent, eum qui id damni dedisset, quanquam qui idem pateretur, dignus esset, in eandem esse cæcitatem conjiciendum non putavi. Interim tamen tantam pœnam constitui, ut qui oculos eruit, ejus signa ferat ; et cui eruti sunt, in tanta calamitate adeoque profunda cæcitate ex laboribus ejus, qui illa ipsum affecit, aliquam consolationem habeat. Verum tamen, licèt ita judicatum esset, ex ea re judicata legem facere, quemadmodum dixi, non tamen animus erat. Sed quoniam qui inter sacra nostra officia relatus est (cujus ego qua ratione postulationem rejiciam ?) illam sententiam, quod mitis sit, inter leges collocari petit, quòd deinceps, si quando tale quippiam incidat, qualiter in præsenti in injurium pœna constituta est, taliter ea res dijudicetur : postulato paremus, judicialeque decretum legis auctoritate donamus. Si quis ergo cujusquam visum læserit, hunc, si unum oculum ademerit, uno similiter eodemque privari, ac talionis pœnam subire jubemus. Si verò ambobus oculis maleficas manus injecerit, quoniam hic pœnæ æqualitas, neque cui nocitum est, prosit (quæ enim in hoc cæco utilitas est, si alius etiam cæcus sit), neque pœnæ obnoxio, tametsi non immeritò, tamen acerbiùs quàm par sit (cùm cæcis nihil miseriùs sit) inferatur, jubemus, ne æquabiliter, sed diverso modo pœna procedat : ita ut et maleficus puniatur ; et qui læsus est, utilitatis quiddam sentiat. Hunc autem in modum legem concipimus. Quicunque

CONSTITUTION XCII.

Quelle doit être la peine de celui qui aveugle quelqu'un volontairement.

Le même empereur au même Stylianus.

QUOIQUE nous ayons prononcé une peine différente de celle établie par les lois anciennes à l'égard de celui qui aurait méchamment et volontairement arraché les yeux à quelqu'un, notre intention n'a pourtant jamais été de faire une loi de cette décision. C'est en effet par indulgence que nous avons ainsi jugé, comme le prouve la chose elle-même. Comme on ne pouvait pas rendre la vue à celui qui l'avait perdue, je n'ai pas cru qu'on dût aveugler celui qui la lui avait arrachée, quoiqu'il parût mériter de souffrir le même mal. J'ai cependant prononcé quelquefois cette grande peine, afin que celui qui arracherait les yeux à quelqu'un portât la marque de son crime, et que celui à qui ils auraient été arrachés trouvât dans les tourmens du coupable un adoucissement à son malheur. Mais mon dessein, comme je viens de le dire, n'a jamais été de faire une loi de ces décisions. Cependant comme le maître de de nos fonctions sacrées nous a demandé de leur donner ce caractère, à cause de leur douceur, et afin qu'à l'avenir, si la même chose arrive, elle soit jugée comme dans ce cas, nous faisons droit à sa demande, que nous n'avons aucune raison pour rejeter, et nous convertissons en loi les jugemens que nous avons rendus. Ainsi quand un individu blessera la vue d'un autre, s'il lui a arraché un œil, nous ordonnons qu'il subisse la peine du talion ; mais s'il les lui a arrachés tous deux, comme dans ce cas l'égalité de la peine ne serait d'aucun profit pour celui qui a perdu la vue (car quel avantage peut trouver un aveugle à ce qu'un autre le soit aussi ?), et que la peine du talion, quoique méritée, serait trop cruelle pour le coupable (car rien n'est aussi triste que la cécité), nous statuons qu'il ne la subira pas, et qu'il sera puni d'une autre manière capable de procurer quelque dédommagement à celui qui a été lésé. Voici comme nous concevons la loi. Quiconque aura crevé les deux yeux à un individu, en aura un d'arraché; et comme il mériterait de perdre la main qui a commis le crime, il paiera au lieu de cela une indemnité égale à la moitié de ses biens, laquelle sera donnée à celui qui a eu les yeux arrachés, comme un adoucissement à son malheur. De cette manière celui-ci sera consolé, et le coupable sera puni, d'abord en ayant un œil arraché et ensuite en perdant ses biens au lieu de sa main.

Voilà comment on procédera si le coupable est riche; mais s'il est dans la misère, et qu'il ne puisse offrir aucun dédommagement à celui dont il a fait le malheur, il sera condamné à éprouver un malheur semblable et aura les deux yeux arrachés.

S'il a eu des complices de son crime et qu'ils y aient pris une part active, ils seront punis de la même manière; mais s'ils ne l'ont pas secondé de leurs mains, et qu'ils n'aient fait que l'exciter à le commettre, ils seront seulement battus de verges, rasés et condamnés à payer une indemnité égale au tiers de leurs biens; et les auteurs du crime subiront les peines qui viennent d'être déterminées.

amborum oculorum jacturam alicui intulerit, quo sceleris sui notam ferat, ipse uno orbator : et quoniam scelerata manu mutilari ipsum æquum esset, pro manus amissione besse bonorum suorum mulctator : eumque in acerbæ vitæ consolationem, cui eruti sunt oculi, accipito. Atque sic cæcus quidem inde quod ad sustentandam vitam sumptus accipiat, modicum quodpiam calamitatis lenimentum sentito : ille verò in facinoris sui pœnam, ut dictum est, tum altero oculo, tum bonis privator, pro manuum mutilatione.

Et hunc quidem ad modum, si reus dives sit, pœna procedito. At si omninò pauper sit, atque in angustiis vitam agitet, neque quicquam illi qui ipsius violentia in miseria conjectus est, in compensationem dare possit, similis tum calamitatis et socius et particeps esto, orbatusque utroque lumine cæcus vivito.

Si qui verò in scelere malefico opem tulerint, si quidem manus rei admoverint, simulque oculos effoderint, eundem ad modum et ipsi puniuntor : at si ne una manus in oculos conjicerent, caverint, aliud autem quodpiam auxilium in facinus contulerint, his ad corporis verberationem, cute tenus tonsionem, trientisque bonorum mulctam pœna sistitor. Qui verò cæcitatis auctores sunt, prædictis pœnis subduntor.

CONSTITUTION XCIII.

Que si une femme est reconnue enceinte des œuvres d'un autre que de son mari, son mariage peut être dissous.

Le même empereur au même Stylianus.

COMME les anciens qui ont traité du mariage ne l'ont pas fait d'une manière complète (soit parce qu'ils n'ont pas voulu ranger au nombre des causes par lesquelles il se dissout, celle que nous allons établir, soit parce que le motif qui rend cette disposition nécessaire n'existait pas alors), nous allons ajouter à leurs lois ce qui leur manque sous ce rapport, et compléter leurs

CONSTITUTIO XCIII.

Ut si sponsa ex alio gravida deprehendatur, sponsalia rescindi possint.

Idem imperator eidem Styliano.

QUANDOQUIDEM veteres qui de sponsalibus tractarunt, quo nescio modo ea de re non absolutè præceperunt (sive quod hoc de quo nunc sancituri sumus, inter causas dissolvendorum sponsaliorum comprehendere noluerint, sive quod tale quiddam quale in præsentiarum exortam legis promulgationem requirit, tum nondum inciderit), nos, quod hac in parte deest, adimplentes, sponsaliorum tractatum ad justam absolutionem deducimus. Vetus autem constitutio sponsalia dirimit, aliis atque aliis de causis : ob diversam videlicet de religione opinionem, et si alter insaniæ morbo capiatur, ac insuper ob nonnullas alias, atque harum utramlibet utercunque desponsatorum haberet, sponsalia divelli jubet. Quòd verò nunc in considerationem nostram venit, sive tunc temporis, ut diximus, nondum evenerit, sive legislatores non eventurum arbitrati sint, sive qua alia causa ejus silentio prætereundi fuerit, inter dictas causas non commemorantur. Est autem istiusmodi : sponsam quandam furtivis complexibus ab alio esse gravidatam, cùm illa interim sponsalem præ se castimoniam ferret, sponsaliorum tempore compertum est. Atque hoc quidem illud est quod veteribus legibus comprehensum non est. Nos igitur quod desit adjicientes, decernimus, ut non modo propter diversitatem religionis, neque propter mentis emptionem, aut alias ob causas; verum etiam propter hoc, quo nihil magis matrimonio adversatur, quos sponsaliorum opinio, non veritas copulavit, disjungantur. Quomodo enim vera sponsalia sunt, in quibus nihil verum neque genuinum conspicitur? ubi meretricium se offert scelus, ubi causæ sunt dissidiorum et odii, ubi animorum alienatio (quæ mala acervatim omnia pariter cum peregrino, alienoque semine suscipiuntur)? quomodo ibi matrimonialis concordia, quomodo purus sponsalisque est amor? Quin ut quispiam alterius fœtum sibi subjiciat, id verò ratio non patitur. Neque item justum est, ut qui spe honestæ casti matrimonii oblectationis sponsam in domicilium suum recipere constituerit, si illa matrimonii legibus insultet, et cum aliis lasciviendo, objectationis spem evanidam sibi reddat, in meretricia illa facilitate ipsam uxorem agnoscere debeat.

dispositions. Une ancienne loi prononce la dissolution du mariage pour différentes causes, pour diversité d'opinions en matière de religion, si l'un des époux devient fou, et dans plusieurs autres cas, et il suffit que l'une des causes qu'elle établit existe dans l'un des époux, pour que le mariage soit dissous. Mais elle ne fait aucune mention de celle que nous allons établir, soit qu'elle n'existât pas alors, soit qu'on ne prévît pas qu'elle pût exister, ou qu'on ait eu d'autres motifs pour la passer sous silence. Voici quelle est cette cause. On découvre quelquefois pendant le mariage qu'une femme ayant une intrigue secrète se trouve enceinte par le fait d'un autre que de son mari. Voilà ce dont il n'est pas fait mention dans les anciennes lois. Mais nous, ajoutant à leurs dispositions ce qui leur manque à cet égard, nous décidons que le mariage sera dissous non-seulement pour diversité d'opinions religieuses, pour cause de folie ou toutes autres causes, mais encore pour celle que nous venons d'énoncer; parce que rien n'est plus contraire à l'essence du mariage, et que les époux ne sont unis alors que dans l'opinion et non dans le fait. Comment, en effet, voir un véritable mariage dans une union qui n'offre rien de naturel ni de vrai, qui est souillée par le vice, qui est une source de discorde et de haine, où les cœurs sont aliénés (malheurs qu'entraînent toujours les désordres d'une femme)? Comment trouver là l'union des cœurs et la pureté de l'amour conjugal? D'ailleurs il est contre toute raison que quelqu'un ait sous sa puissance l'enfant d'autrui. Enfin il n'est pas juste que celui qui a pris une épouse pour jouir des douceurs d'un chaste hymen, soit obligé de reconnaître pour telle celle qui trompe son attente, qui insulte aux devoirs du mariage et se livre sans pudeur aux embrassemens d'un autre.

CONSTITUTION XCIV.

Abrogation de la loi sur le consulat.

Le même empereur au même Stylianus.

COMME en réformant la législation, notre objet est d'en écarter non-seulement les lois nuisibles, mais encore celles qui, tombées dans l'oubli et ne recevant aucune application, se trouvent tout-à-fait inutiles, il est conséquent que nous rejetions du corps de droit, avec toutes les autres lois inutiles, celle sur le consulat, qui n'a aucun rapport avec la constitution actuelle de notre empire. La dignité de consul était autrefois très-éminente ; elle faisait respecter et environnait de gloire ceux qui en étaient revêtus. Aussi ceux qui obtenaient le consulat, pour se montrer reconnoissans envers la république de l'honneur qu'ils avaient reçu, faisaient de grands dons au bas peuple. D'abord même chacun put déterminer à son gré l'étendue de ces largesses, et ce ne fut que plus tard qu'on fit un décret pour leur assigner des bornes. Voilà ce qui paraît avoir été observé dans la république tant que la dignité de consul y fut conservée. Mais comme le tems, dont le cours change tout, a fait dégénérer cette dignité si élevée et si glorieuse en un titre beaucoup moins honorable, et que ceux qui le portent aujourd'hui, loin de pouvoir faire des dons, n'ont pas même toujours ce qui leur est nécessaire, nous rayons du nombre des lois, par ce décret, avec toutes celles qui sont inutiles, celle sur le consulat, qui d'ailleurs est tombée en désuétude et se trouve sans objet parmi les autres.

CONSTITUTIO XCIV.

Legis quae de consultatu agit, abrogatio.

Idem imperator eidem Styliano.

QUONIAM nostra legum repurgatio hunc sibi propositum finem habet, ut non modò illa quæ subinde rerum statum labefactant, verumetiam quæ longo tempore silentio obruta, inutilia prorsus, et tanquam propter cariem publico usu non contrectata esse videntur, è legali solo deleat : consequens est, ut et quæ de consulatu tractat legem, tanquam nihil in præsenti ad rempublicam pertinentem, cum aliis inutilibus legali corpori eximat. Olim quidem consularis dignitas veneranda erat, venerandosque qui ipsam subirent, et magnificentia præstantes efficiebat, ac idcircò quibus consulatum gerere obtingeret, pro honore quem ex dignitate perciperent, remunerari rempublicam volentes, liberalia promiscuæ plebi munera elargiebantur. Ac initio quidem, quantam munificentiam faceret, cujusque arbitrio permittebatur : postmodum autem ad certum modum decreto legali circumscribi illam placuit. Atque hoc quidem donec consularis dignitatis in republica majestas floruit, observatum esse apparet. Nunc verò, cùm qui omnia mutat, temporis cursus, hanc etiam consularem magnificentiam è pristina gloria et amplitudine in abjectam speciem transformarit : ac verò qui ad illam procedunt, interdum sibi non sufficere, nedum aliis erogare quicquam possint : illam de consulatu legem, quam propterea altum silentium occupavit, cum aliis inutilibus, ut dixi, frustrà legalibus constitutionibus immistam, decreto majestatis nostræ illinc eximimus.

CONSTITUTIO XCV.

De avulsa terrae crusta.

Idem imperator eidem Styliano.

ANTIQUIORIBUS, quæque ante natæ sunt legibus ortus causam rerum usus præbuit. Legislatores enim quæ in communem vitam incidunt, singulatim accuratè excutientes, pro illorum natura leges condunt. Quoniam ergo ex communis vitæ negotiis, quemadmodum diximus, legibus nascendi occasio existit, et verò propter novam quampiam rem, quæ ad veterem aliquam legem referri non potest, lege opus esse videmus, quo videlicet, si alias quoque istiusmodi aliquid contingat, id legitimè dijudicari possit : legem pro conditione rei in rerum naturam producimus. At quæ illa lex? Quando diversi dominii agri sibi invicem adjacent, et alter superiore loco, alter autem depresso et campestri situs est, si superioris et impendentis agri pars aliqua cum arboribus aut sine his prærupta, subjacentem agrum, qui ruinam excepit, obtegat, ne simpliciter, neque inferioris agri dominus, avulsam materiam tanquam suam vindicet : neque superioris dominus, qui avulsionem passus est, de finium qui ruinam incidentem exceperunt, dominio illi litem moveat : sed inferioris agri dominus superioris agri domino, si divulsam materiam, sive arboribus consita sit, sive illis vacet, recipere et asportare velit, id permittat : ille autem optionem habeat utrum receptam, suisque finibus restitutam materiam, quemadmodum solet obtinere : an verò, si illam asportare nolit, prorsùs tum à materia, tum à finibus qui illam exceperunt, abstinere ; neque agri qui divulsa suscepit, domino negotium facessere velit. Quemadmodum enim cùm domus sibi invicem adjacent, et alterius structura supereminet, alterius humilis et pressa est, si eminentiorem domum in humilem collabi contingat, dominus ejus, aut delapsam materiam recipere, aut, si id nolit, illa prorsùs cadere : neque domus quæ casum excepit, dominum inquietare debet, ita hic quoque eo

CONSTITUTION XCV.

Des éboulemens de terreins.

Le même empereur au même Stylianus.

C'EST l'usage des choses qui a donné lieu à la formation de toutes les lois existantes. Les législateurs, en effet, qui se trouvent dans le sein de la société, examinant chaque chose à part, font des lois sur chacune selon sa nature. Ainsi donc, puisque ce sont les relations de la société, comme nous l'avons dit, qui donnent lieu à la naissance des lois, et que lorsqu'il se présente un cas nouveau qui n'a pas été prévu par les lois anciennes, il est nécessaire d'en créer une nouvelle, afin que, s'il se représente, on puisse le juger conformément aux lois, d'après la nature du cas actuel, nous allons faire la loi suivante. Lorsque de deux champs contigus et appartenans à différens propriétaires, l'un est situé dans un lieu élevé et l'autre dans un bas fonds, s'il se détache une partie du champ supérieur, avec des arbres ou sans arbres, et qu'elle couvre le champ inférieur, le propriétaire de celui-ci ne pourra pas s'approprier purement et simplement le terrain qui s'est éboulé, ni le propriétaire de l'autre étendre les bornes de sa propriété jusqu'à l'endroit où a été son terrain ; mais le premier sera obligé de permettre au second d'emporter son terrain si cela lui convient, soit qu'il se trouve avec des arbres ou sans arbres ; de manière que celui-ci aura le choix de recouvrer son fonds, s'il veut le reporter à sa place, ou d'y renoncer s'il ne veut pas, en s'abstenant alors de toute prétention sur le champ où il se trouve, et de causer aucun préjudice au propriétaire de ce champ. De même, lorsque deux maisons sont contiguës, et que l'une est plus élevée que l'autre, si la plus haute tombe sur la plus basse, le propriétaire de la première pourra reprendre ses matériaux, et s'il ne les reprend pas ils seront perdus pour lui, sans qu'il puisse inquiéter le propriétaire de la seconde : c'est encore là ce qu'il conviendra d'observer dans ce cas.

CONSTITUTION

ad consequentiam et exemplum tracto,
idem custodiri et observari convenit.

CONSTITUTION XCVI.

De la violation des tombeaux.

Le même empereur au même Stylianus.

ON ne doit jamais pardonner, ni soustraire à la peine qui leur doit être appliquée, les délits qui sont commis par pure méchanceté d'ame, et auxquels aucune espèce de nécessité ne peut servir d'excuse. Mais si l'on veut avoir égard à la force des choses, on ne peut pas se refuser à un peu plus d'indulgence pour ceux qui ne sont pas commis par pure malice, et auxquels on a été porté par les circonstances ou par la violence du caractère. D'après cela il me semble que la loi civile et la loi sacrée, sur ceux qui fouillent les tombeaux, ne sont pas en contradiction. La loi civile, en effet, ne considérant dans ce délit que la mauvaise intention du coupable, refuse de lui faire grace, et ordonne sa punition; la loi sacrée, au contraire, n'envisageant, si je ne me trompe, que cette pauvreté qui fait le tourment de notre vie et force souvent ceux qu'elle afflige à commettre des crimes, n'a point prononcé, dans ce cas, de peine contre les coupables. Ainsi, approuvant également ces deux lois, et conciliant, autant que possible, la rigueur de l'une avec l'indulgence de l'autre, nous statuons que celui qui n'aura commis ce délit qu'une fois, sera jugé avec indulgence et douceur; mais que celui qui abuserait de notre clémence pour le commettre de nouveau, et qui ne deviendrait ni moins méchant ni plus sage, sera puni sans rémission. Sa punition alors sera d'avoir la tête rasée et d'être battu de verges.

CONSTITUTIO XCVI.

De sepulchro violato.

Idem imperator eidem Styliano.

QUÆ delicta sola animi nequitia committuntur, nullaque naturali necessitate excusari possunt, his neque venia tribuenda, neque inferendæ pœnæ effugium concedendum est. Quæ verò non omninò à malitia procedunt, sed mixtam naturæ violentiam habent, his utique ab illis, qui proposita sibi naturæ vi judicare volent, venia non denegabitur. Ex hac ergo ratione civile, sacrumque decretum, dum de sepulchrorum perscrutatoribus statuunt, sibi mutuò non contradicere conjicio. Civilis namque lex, malam voluntatem tantummodò intuens, negata prorsùs venia, id delictum punit : sacra verò (ad paupertatem, quæ humanam vitam miserè vexat, sæpeque pressos non audenda audere cogit, ni fallor, respiciens) pœnam in deprehensos non constituit. Nos itaque ad utrumque decretum nos accommodantes, ac, quoad fieri potest, pœnam atque veniam inter se conjungentes, sancimus : ut qui semel duntaxat id ausi fuerint, leni misericordique sententia feriantur ; qui verò ex clementia illa iterùm peccandi occasionem rapiunt, nec inde prudentiores facti à malitia desistunt, nullis precibus admissis pœnam sustineant. Illa autem in dorsi verberatione criniumque tonsione consistet.

CONSTITUTIO XCVII.

Ut in contestatione litis, et magistratuum initio juretur.

Idem imperator eidem Styliano.

Tametsi lex quæ in magistratuum initio, litiumque contestatione jurandum præcipit, divino jussui qui jusjurandum prorsùs evitandum præscribit, aliquo modo contradicere videatur : tamen si quis verborum mentem perspiciat, non in contrarium illam rogatam esse, sed è diverso jurisjurandi susceptione idem quod ejus prohibitione sacra lex, efficere conari deprehendat. Etenim hæc quidem, quo mendacio prorsùs viam præcludat, in universum jurare vetat ; illa verò, dum hoc ipsum vult, ad fugandum mendacium jusjurandum in auxilium assumit. Quapropter nobis non in verborum formam, sed propositum illorum finem cogitationes adigentibus, non aspernari civile decretum, tanquam cum divino et domini nostri mandato pugnet : sed tanquam eodem vergat, illi honorem conservare visum est. Cæteroquin etiam hoc sentimus, domini jussum non simpliciter ad moderanda communis vitæ negotia, sed ad constituendum illis qui ad beatam illam sublimitatem ascendere desiderant, in perfectiorem rempublicam gradum esse promulgatum. Cujus sanè generis nonnulla etiam alia sunt, ut hoc : *Ne solliciti sitis animæ vestræ quid esuri sitis, et ne reponatis thesauros in terra,* etc. quæ eodem dicta sunt. Hæc enim et similia seorsùm perfectioribus demandantur. Ea propter nos civili legi suam vim, quomodo diximus, imminutam conservantes, sancimus, ut qui magistratum ineunt, litemve contestantur, severitatem mendacio prælaturos, nec ullo modo recta via declinata, in obliquam fraudis semitam concessuros, jurejurando affirment.

CONSTITUTION XCVII.

Que les parties avant de plaider et les magistrats avant d'entrer en fonctions doivent prêter serment.

Le même empereur au même Stylianus.

Quoique la loi qui ordonne aux magistrats avant d'entrer en fonctions, et aux parties avant de plaider, de prêter serment, paraisse contraire au commandement de Dieu, qui défend de jurer ; cependant, si l'on saisit le sens de ses dispositions, on voit clairement qu'elle n'a pas été faite dans cet esprit, et qu'au contraire, en ordonnant le serment, elle a eu le même but que la loi divine en le défendant. Celle-ci, en effet, a eu pour objet de prévenir le mensonge en défendant de jurer, comme l'autre en ayant recours au serment. Aussi, ayant moins égard à la lettre qu'au sens de leurs dispositions, nous ne croyons pas qu'on doive rejeter la loi civile comme contraire à la loi divine, mais plutôt qu'on doit lui conserver toutes a force, comme tendant au même but. D'ailleurs, Dieu en défendant de jurer, n'a pas seulement eu en vue les intérêts de la société, mais encore d'offrir à ceux qui tendent à une grande perfection le moyen d'arriver à un rang plus élevé dans un monde meilleur que celui-ci ; il a donné plusieurs autres préceptes dans le même esprit, comme ceux-ci, qu'on trouve dans la même loi : *Ne soyez point tristes parce que vous êtes pauvres, et ne cachez point vos trésors au sein de la terre,* etc. Ces choses, en effet, ne sont ordonnées qu'à ceux qui tendent à la perfection. Ainsi, conservant, comme nous l'avons dit, toute sa force à la loi civile, nous ordonnons que les magistrats qui sont au moment d'entrer en fonctions, et les parties qui vont plaider, affirment par serment qu'ils préféreront la vérité au mensonge, et ne sortiront pas du droit chemin pour suivre celui de la fraude et de l'injustice.

CONSTITUTION XCVIII.

Quelle doit être la peine des eunuques qui se marient.

Le même empereur au même Stylianus.

LA formation des lois a pour objet, soit d'établir ou de conserver le bon ordre dans la société, soit quelquefois de venir au secours de la nature disgraciée. Il est donc juste de faire maintenant une loi sur la question de savoir si les eunuques peuvent se marier. Mais, avant d'élever cette question, il convient d'examiner la chose en elle-même, de voir si l'on peut appeler mariage une union de cette espèce ; enfin, si tout ce qui a lieu dans le mariage, comme les prières sacrées, le sacrifice, les jouissances des sens et tout le reste, peut avoir lieu dans ce cas. Le prêtre prononce d'abord la bénédiction sacrée à l'imitation de celle que prononça le Créateur lorsqu'il unit les deux sexes pour perpétuer l'espèce humaine. Le cœur de l'homme s'épanouit de plaisir et de joie dans les embrassemens de l'hymen, et ses jouissances augmentent quand il en envisage les suites. Les parens des époux, en songeant qu'ils verront naître des enfans de leurs enfans, et les époux eux-mêmes, en espérant donner le jour à des êtres qui leur ressemblent, éprouvent des jouissances infinies. Mais ici l'on ne voit rien de semblable. Quel plaisir, en effet, peuvent trouver des eunuques dans leur union ? Quel sacrifice peut la rendre stable ? Or, si elle est vuide de jouissances, si elle ne peut pas donner lieu au sacrifice, à la bénédiction, comment pourra-t-on lui appliquer le nom de mariage ? Comment même ne sera-t-elle pas regardée comme coupable, et en cette qualité punie d'une certaine peine ? Ainsi l'on voit que, dans le principe même, on ne peut pas la considérer comme un mariage. Mais ce qui suit en découvrira mieux toute l'indignité. Quand le Créateur unit l'homme et la femme, au commencement, il forma cette société pour l'accroissement de l'espèce humaine. Bien plus, le but de la nature, qui se prête en esclave aux desseins du

CONSTITUTIO XCVIII.

De pœna eunuchorum, si uxores ducant.

Idem imperator eidem Styliano.

LEGUM ortus, tum ut respublica rectè constituatur, hunc sibi finem proponit, tum interdum naturæ injuria affectæ auxilium offert. Justum est ergo, ut nunc etiam de hac specie, an eunuchos in matrimonium conjungi liceat, in quæstionem ducta, lex enascatur. Sed priusquam illa proponatur, rem examinare, et an istiusmodi conjunctio matrimonium appellari possit : imò an omninò quæ in matrimonium peraguntur (quæ sunt sacræ preces, sacrificium, carnalis oblectatio ac voluptas, et quæcunque in matrimonio fiunt), fas sit in illa perfici. Sacerdos igitur ad imitationem cœlestis à Conditore, qui sexus ad multiplicationem copulavit, pronuntiatæ benedictionis verba sacra effatur. Humani autem ingenii voluptas et lætitia ad geniales complexus, et utriusque sexus fœtum respiciens, progressum facit. Sponsorum enim parentes, dum se viscerum suorum visuros fœtum, et sponsi ipsi, dum se in lucem edituros generis successores sperant, multiplici voluptate perfunduntur. At hic nihil tale subest. Quali enim cum oblectatione illi conveniant : quale sacrificium eorum aggregationem stabiliat ? Cùm autem illorum conjunctio adeò omni oblectamento vacet, et consecrationis, sacrificiorum, benedictionisque adeò non capax sit, quomodo in ipsos matrimonii appellatio quadrabit ? Imò quomodo non aliqua quæ nefariis debetur, idque ex lege ipsos pœna sequetur ? Atque quòd ne ab initio quidem matrimonium vocari possit, breviter ita dictum sit. Sed magis exactiusque rei indignitatem oratio exploret. Rerum Conditor cùm initio marem et fœminam consociaret ad largum quod inde exiturum esset, incrementum respiciens, consociationem illam faciebat. Quin et naturæ (quæ tanquam famula, quantum potest, à Conditore tradita præcepta observat) ut in hoc matrimonii consuetudo ineatur, quo sobolis procreatio procedat, quoad quidem ab ipsa tale ministerium Conditor præstari velit, propositum est. Si igitur vel hic, quod naturæ Conditor, ipsaque natura voluit, apparet, quod prohibendum ducimus, ne prohibeatur : sin minus (ut certè nihil istiusmodi est, sed contraria omnia, et nulla ad implendam Domini voluntatem vis, et ejus generis, quiddam quod natura non agnoscat); quare non omnibus modis prohibebitur? Quòd si quis contentionibus gaudens, dicat, si propter sterilitatem eunuchi à conjugio secluduntur, multis etiam aliis conjugium interdici debere, cùm non omnes quicunque in conjugium coëunt fœtificos se præstent : ad contentionem in promptu est responsio, quod tametsi nullius ex iis fœtus gignatur, non tamen in hoc congregati sint, ne quam communi vitæ utilitatem conjugalis copulæ adferant : cùm potius contra procreandorum liberorum desiderio congregatos constet, quos effectum desiderio responsurum opinantes in eventu spes fefellerit : hic verò ut tale aliquid dici possit, permultum absit, cùm qui ad peregrinam illam commistionem convenerunt, liquido scientes se steriles ac ad gignendum inutiles convenire, naturæ quasi insidiati sint. Ac sanè ob hoc duntaxat odio etiam ambo digni sunt : mulier, quòd cùm conjugalis consuetudinis cupida fœcundo se jungere potuisset, infœcundum et sterilem prætulerit : eunuchus verò, quòd ut in vanum Dominus benediceret, impotentia sua effecerit. Si quis porrò fundum ex quo alius aliquis fructus metat, vastet, et incultum relinquat, an hunc tanquam malum, atque perniciosum odio habebimus, ejusque si fieri potest institutum reprimemus : illi verò qui fundum ex quo ratione præditum germen pullulet, desolat, et inutilem reddit, tanquam nihil indignitatis committat, id facere permittemus? Et sanè quid quisquam dicat? Sed Paulus, inquiunt, ait, matrimonium contrahere quàm viri satius est : quapropter naturalis fervoris contemplatione conjunctio prohiberi non debet. Sed tu qui Paulum laudas, ad Pauli verba attende. Matrimonium contrahere, inquit, id est, per matrimoniale commercium cum muliere

Créateur, est qu'on se marie pour avoir des enfans ; et, autant que Dieu le lui permet, elle fait servir son ministère à cet objet. Si donc le mariage des eunuques remplit les vues de l'auteur de la nature et de la nature elle-même, ne l'empêchons point ; mais si, au contraire, et comme cela est certain, il n'offre aucun moyen de remplir les volontés de Dieu, pourquoi ne le défendrions-nous pas d'une manière absolue? Si quelqu'un voulait contester et prétendait que si les eunuques sont exclus du mariage à cause de leur stérilité, on doit en exclure un grand nombre d'autres individus, parce que tous ceux qui se marient ne sont pas propres à la génération, nous lui répliquerions sur le champ que quand ceux-ci n'auraient point d'enfans, ils ne se sont point mariés pour ne retirer aucun fruit de leur union; qu'il est certain, au contraire, que c'est par le désir d'avoir des enfans, et que l'événement a trompé leur attente. Mais on est loin de pouvoir dire la même chose à l'égard des eunuques, qui, connaissant bien leur stérilité, se marient avec la certitude de ne pas avoir d'enfans, et, dans cette union étrange, tendent en quelque sorte un piége à la nature. Et sous ce rapport même les deux époux sont dignes de haine : la femme, pour avoir choisi un mari impuissant quand elle pouvait en prendre un qui fût capable d'engendrer si elle désirait se marier ; et le mari, pour avoir été cause par son impuissance que la bénédiction du Seigneur n'eût aucun effet. Si quelqu'un dévaste et laisse inculte un champ où un autre recueillerait beaucoup de fruits, ne sentirons-nous pas de l'animadversion pour cet homme malfaisant, et ne réprimerons-nous pas ses excès, si cela se peut? Pourquoi donc laisserions-nous agir, comme s'il ne commettait pas une indignité, celui qui désole et rend inutile le champ où germent les hommes? Pourquoi oser se plaindre si nous le réprimons? Mais, dira-t-on, saint Paul pense qu'il est plus sage de se marier que de se laisser consumer d'amour, et par conséquent, en considération des tourmens qu'il fait endurer, on ne doit pas défendre le mariage. Eh bien! vous qui louez St. Paul, faites attention au sens de ses paroles. Quand il parle ici du mariage, il entend parler du commerce charnel qu'il établit entre deux époux. Si donc votre union avec une femme est digne de la bénédiction qui est due à ceux qui se marient, appellez le mariage; mais si elle ne mérite pas la plus légère bénédiction (car comment bénir, comment consacrer un acte contraire à la loi de Dieu et qui trompe les vœux de la nature?), alors pourquoi osez-vous invoquer l'autorité de St. Paul en faveur de cette union stérile et bizarre? Quant au fait de ceux qui s'ôtent eux-mêmes le pouvoir d'engendrer, dans la vue (que Dieu condamne, et qui est une espèce de révolte contre ses desseins) de ne pouvoir plus se montrer hommes, d'être morts aux plaisirs des sens, de devenir des gardiens fidelles et à l'abri de tout soupçon du lit conjugal (ce que le son de leur voix semble garantir), comment ce fait ne les remplit-il pas d'indignation contre eux-mêmes, non-seulement parce qu'il est contraire à la nature, mais encore parce qu'ils sont les ennemis de ceux qui ont voulu les rendre utiles, par un moyen funeste à la vérité, mais cependant approuvé par eux-mêmes; enfin parce que, dans leur nouveau sexe, ils ne remplissent les vues ni de celui qu'ils avaient d'abord, ni de celui qu'ils ont adopté? C'est pourquoi nous statuons que si un eunuque est surpris procédant à un mariage, il sera passible de la peine prononcée contre le viol; et le prêtre qui aura osé profaner le saint sacrifice en bénissant une pareille union sera dépouillé de la dignité sacerdotale.

CONSTITUTION XCIX.

Que celui qui défère le serment doit jurer le premier qu'il est de bonne foi dans ses prétentions.

Le même empereur au même Stylianus.

MON objet constant est de créer toutes les lois qui peuvent assurer le bon ordre, ou conserver les bonnes mœurs, ou de remettre en vigueur les lois anciennes qui tendent au même but. Il convient donc principalement de faire revivre l'ancienne

conjungi. Si igitur tua cum muliere commistio, consociatio matrimonialis, et benedictione quæ in matrimonium coëuntibus debetur, digna est, matrimonium illam nomina, et observa uxorem : sin ne tantillæ quidem benedictionis unquam capax fueris (quæ enim aut qualis consecratio in iis, qui simul contra Conditoris decretum, simul contra naturæ legem conjunguntur, locum habeat?) quid Paulum in approbatione cœlibis tui et peregrini matrimonii pertrahere audes? Ad hoc verò, si qui ipsis naturalem et propriam marium potentiam exsecant, hoc consilio id faciant (tametsi vitiosè, ac quadam in Deum rebellione id faciant) ne amplius viros se exhibere queant, sed quantum ad libidinis stimulos attinet, prorsùs elanguescant, cubilisque fidi, et in quos suspicio non cadat, custodes sint (quod sanè ipse vocis sonus promittit), quomodo in hoc non justam adversum se indignationem cudent, quòd non solùm inimicam naturæ voluntatem capessant : verumetiam illis qui licèt malitiosè, quomodo tamen ipsis videretur, utiles illos reddere studio habuerunt, adversari deprehendantur? et cùm novum atque peregrinum sexum repræsentent, non tamen se neque initio attributæ naturæ, neque qua transformati sunt, malitiosæ arti accommodent? Proptereà sancimus, ut si quis eunuchorum ad matrimonium procedere compariatur, et ipse stupri pœnæ obnoxius sit; et qui sacerdos istiusmodi conjunctionem profanato sacrificio perficere ausus fuerit, sacerdotali dignitate denudetur.

CONSTITUTIO XCIX.

Ut qui jusjurandum defert, prior de calumnia juret.

Idem imperator eidem Styliano.

QUÆCUNQUE ad rectè cavendum spectant, quæcunque ad bonos mores pertinent, hæc et singulis et universæ reipublicæ, quæ à me adinvenienda, dummodò possim; aut ab aliis inventa in publicum usum deducenda petant et contendant, in medium pono. At idcircò supra alias hæc etiam lex, quæ eum qui aliquem ad jurandum adigit, se nullo dolo malo, neque facescendi negotii animo, sed ut rei cujus ambiguitate ratio ipsius æstuat, veritatem cognoscat, jusjurandum exigere, prius jurare jubet : cùm velut disperierit, quæ reviviscat digna visa est. Cùm enim id decretum rectè veterioribus placuisset recentiores ejus cautionem negligentes, delato jurejurando, à quo exigitur, hunc id subire volunt : qui verò exigit, de eo nihil solliciti sunt. Statuit igitur nostra majestas ut secundùm veterum legislatorum decretum juramentorum forma servetur : et qui ab adversario auferre jusjurandum conatur, quam fidem ex aliis quærit, de moribus suis prius esse præstet : quòd nempè non dolo, sed necessario et inevitabili de causa ad deferendum jusjurandum procedat. Existimo enim, cùm ambo ita ad jurandum adigentur, aut dilucidiorem in juramentis exituram veritatem, aut hos aliquo modo reprimendos, neque tam promptè alacrique gressu, atque nunc progredi videntur, ad deferendum jusjurandum prodituros.

loi, presque oubliée, qui oblige le plaideur qui défère le serment à son adversaire de jurer d'abord que ce n'est point par dol qu'il le fait, ni dans le dessein de lui nuire, mais seulement pour éclaircir les doutes dont sa raison est obscurcie : car, quoique les anciens l'eussent approuvée avec raison, on néglige aujourd'hui la sûreté qu'elle présente, et l'on oblige à jurer celui à qui le serment est déféré sans rien exiger de celui qui le défère. Nous ordonnons donc qu'on se conforme à la loi des anciens législateurs sur le serment, et que celui qui veut faire jurer, donne d'abord sur sa moralité l'assurance qu'il veut obtenir sur celle de son adversaire, et jure lui-même que ce n'est point par dol qu'il lui défère le serment, mais pour une cause nécessaire et indispensable. Je pense en effet qu'en obligeant ainsi les deux parties à jurer, il naîtra plus de lumière du serment, ou que du moins cela mettra un frein à la légéreté avec laquelle on le défère.

CONSTITUTIO C.

De servis qui liberis in matrimonium conjunguntur.

Idem imperator eidem Styliano.

LEGES, quia ex benigno judicio prognatæ sunt, bona sua ordinatione et moderamine iis etiam controversiis, quæ non admodum crebrò in res humanas incidunt, auxilium ferre instituunt. At verò cùm tantæ benignitatis sint, quomodò non longè magis eorum, quæ in hominum vita assiduè versantur, curam suscipient? Si enim medicus quispiam iis quæ minus angunt curam adhibeat, quæ verò magis angunt, negligat : id quod minus angit, non per peritiam et prudentiam curare videatur? Ea propter legum dignitati plus majestatis attribuentes, quod hactenùs ex consuetudine judicatum est, de iis nempè qui ex inæquali fortuna (libera videlicet et servili) amore instigante matrimonium con-

CONSTITUTION C.

Des esclaves qui se marient avec des personnes libres.

Le même empereur au même Stylianus.

COMME les lois sont ordinairement le fruit d'un esprit bienfaisant, leurs dispositions sages et modérées sont d'un grand secours, même dans les contestations qui n'ont lieu que rarement. Mais, si leur bienfaisance est si grande, pourquoi ne s'appliquerait-elle pas principalement aux choses ordinaires de la vie? Si un médecin néglige les maux douloureux, et ne donne ses soins qu'à des maux légers, ne sera-ce pas toujours son art et sa prudence qui opérera la guérison de ceuxci? Voulant donc ajouter à la majesté des lois, nous mettons au nombre de leurs dispositions ce que l'usage avait déterminé jusqu'alors au sujet de deux personnes qui, cédant à la force de l'amour, veulent se marier, quoiqu'étant de conditions différentes, c'est-à-dire, l'une esclave et l'autre libre; et nous statuons que si un homme libre veut se marier avec une femme esclave, il ne pourra le faire que sous la condition alternative, ou de devenir esclave comme elle, ou d'acheter sa liberté; et il devra en payer le prix à titre d'arrhes et comme une espèce de garantie du mariage disproportionné qu'il devra contracter. Nous statuons en outre que les maîtres de la femme esclave ne se mêleront pas de cette union; et si celui qui l'épouse préfère partager sa servitude, ils deviendront tous deux libres à la mort de leur maître; mais s'il ne consent pas à tomber en servitude, et qu'il n'ait pas de quoi payer sur le champ la liberté de l'esclave qu'il épouse, il perdra la sienne malgré lui. Toutefois, servant auprès du même maître, il aura droit à un salaire de deux écus d'or par an, et son esclavage ne durera que jusqu'à ce qu'il ait gagné de quoi payer le prix convenu pour la liberté de son épouse, et que son maître n'ait plus aucun juste motif pour la retenir en servitude.

jungi contendunt, in legem includimus : ac sancimus, ut si homo liber servilis personæ nuptias sectetur, sub duplici hac conditione matrimonium ineatur, ut is, aut æqualem cum servili persona, cui per amorem associatur, fortunam suscipiat, aut pretium, quò illa servitute liberata in libertatem perveniat, solvere promittat. Atque hoc quidem, tanquam inæqualis matrimonii arrham quandam, eum qui consuetudinis societatem cum servili persona init, persolvere oportebit. Statuimus verò etiam, ne domini hac in re se inhumanius gerant; et, si persona quæ servum in matrimonium delegit, servire malit, utriusque servitus domini morte terminetur, eaque ubi inciderit, cum liberis, si quos ipsis matrimonium largitum est, dimittantur liberi : sin in servitutem non consentiat, neque in promptu habeat, undè pretium plenè persolvat, libertate per vim mulctetur. Sed serviens apud eundem dominum, mercede quotannis binis solidis æstimanda, servitutem quot annis duret, quo pacto pretio in plenam summam deducto dominum satis pro servo accepisse, neque justam causam ad detinendum amplius habere, sunt ostensuri.

CONSTITUTION CI.

Des époux esclaves, dont l'un reçoit la liberté.

Le même empereur au même Stylianus.

Ce n'est pas seulement lorsqu'une personne libre épouse un esclave, qu'il s'élève des doutes et des discussions parce que la loi est muette, mais encore dans le cas où deux personnes s'étant mariées esclaves, et l'une d'elles ayant reçu la liberté, leur condition est devenue différente. Or, comme il serait convenable qu'il existât une loi qui réglât les choses à cet égard, nous avons fait celle-ci dans cette vue. Mais quelles en sont les dispositions? Nous y statuons que si, de deux époux esclaves, l'un vient à recevoir sa liberté et qu'il veuille rester uni à celui qui est encore en servitude, son mariage ne continuera d'exister que conformément aux dispositions de la loi sur le

CONSTITUTIO CI.

De servis conjugibus, si alter illorum libertate donetur.

Idem imperator eidem Styliano.

Non solùm quod inter personam liberam et servilem ab initio contrahitur matrimonium, sed quod communiter in servitute degentes in pari fortuna contraxerunt, hoc etiam, altero illorum fortè à domino libertate donato, altero verò in servitute retento, ad inæqualitatem redactum est, ex istiusmodi causa valdè contentiosas ambiguitates et quæstiones, eo quod lege dijudicatum non sit, persæpè exsuscitare conspicitur. Cùm itaque hoc quoque à nostra majestate lege conceptum, convenienter distingui deberet, hanc per quam rectè dijudicetur legem accepit. At verò quæ illa lex? Jubemus, ut si servitute liberata persona conjunctioni ejus, quæ in servitute relicta est, acquiescat, secundùm formam de personis liberis et servilibus matrimonio conjungendis lege comprehensam matrimonium indisruptum maneat. Oportet enim, ut aut datam sibi libertatem non usurpet, et æqualiter cum altera libertate non donata servitutis jugum subeat, donec extremus vitæ dies domino obveniat : aut, si quidem libertatis dignitatem exuere nolit, pro adjuncta sibi persona pretium se soluturam promittat. Cæterùm si hoc negliget, et ex libertate sua occasione arrepta, in servitute relictam personam in vitæ suæ statum abripere conetur, non solùm non hac arrogantia quicquam efficiat, neque alteri libertatem donandi potestatem habeat : verùm etiam ipsa quam libertatem nacta est, hac excidat, rursumque servitutis jugo collum subdat : utpotè quæ ingrato animo benignæ domini sui ac beneficæ voluntati injuriam intulerit, ejusque judicium, quod reverteri et venerari debebat, tanquam per rebellionem contemnere cogitarit.

mariage des personnes libres avec des personnes esclaves. Il sera obligé, en effet, ou de renoncer à la liberté qui lui est accordée et de rester sous le joug de la servitude avec son conjoint jusqu'à la mort de leur maître commun, ou, s'il ne veut pas renoncer à la liberté, de s'engager à payer le prix de celle de son conjoint. Et s'il néglige de le payer, et que profitant de sa liberté il tente d'en faire jouir l'époux resté en servitude, non-seulement cette tentative impudente n'aura aucun effet et ne procurera pas la liberté à l'époux esclave ; mais encore il perdra lui-même la sienne et retombera en servitude, pour avoir manqué de reconnaissance envers son maître, avoir blessé sa générosité, et au lieu de respecter ses intentions, avoir tenté de se révolter contre elles.

CONSTITUTIO CII.

De prædiis maritimis ad remoras piscatorias constituendas seorsùm non sufficientibus : et ut invitus etiam ad societatem adigatur.

Idem imperator eidem Styliano.

Multa cumulatim bona mortalium vitæ confert prudenter, et cum ratione instituta rerum communio. Etenim qui viribus valet, si cum altero, qui similiter viribus valeat, communicet, longè præstantiores atque utiliores ejus vires fuerint : et divites, si divitias communes faciant, majorem ex divitiis voluptatem capiant : denique si paupertas premat, operarum communio consolatione, qua paupertatis acerbitas mitigetur, non indigebit. Verùm quum adeò commodata atque utilis in communi vita communio et societas sit, mirabilis quædam hominum animos subieus pravitas, nedum aliis ad utilitatem impedimento est, verumetiam qui ipsam fovent, ut rebus suis noceri, quàm ut inita cùm vicinis so-

CONSTITUTION CII.

Que si un propriétaire de fonds maritimes n'en a pas assez pour tendre des filets séparés, il sera obligé de se mettre en société avec ses voisins.

Le même empereur au même Stylianus.

Une communauté de biens établie avec sagesse et prudence est une source de grands avantages dans la vie. Si un homme vigoureux unit ses forces à celles d'un autre qui l'est également, leurs forces réunies seront beaucoup plus grandes et plus utiles pour eux ; et si des hommes riches confondent leurs richesses, elles leur procureront un bien plus grand nombre de jouissances ; enfin ceux qu'afflige la pauvreté peuvent en adoucir les rigueurs en se communiquant mutuellement leurs peines. Mais quelque avantageux qu'il soit de se mettre en société, une méchanceté d'esprit qu'on ne saurait comprendre, non - seulement rend les hommes ennemis de l'intérêt d'autrui, mais leur fait même préférer de nuire

à

à leurs affaires, plutôt que de faire quelque profit en le partageant avec leurs voisins. C'est une chose qu'on nous a assurée à l'égard de beaucoup de personnes qui, propriétaires de fonds maritimes qui ne produisent presque rien par eux-mêmes, et qui seraient d'un grand revenu si elles les réunissaient avec ceux de leurs voisins, ne veulent point, par méchanceté, les mettre en commun, seul moyen d'en retirer quelque profit, et préfèrent souffrir un dommage réel, pourvu qu'elles puissent nuire à leurs voisins. Mais, quoiqu'elles ne veuillent pas reconnaître le tort qu'elles se font, qu'elles gèrent mal leurs affaires, négligent, par malice, leur utilité et ne cherchent qu'à nuire à leurs voisins, nous ne souffrirons pas que cet esprit de méchanceté se soutienne dans la société ; et quelqu'indignes que soient ces personnes de nos soins, nous ne laisserons pas que de venir à leur secours. Ainsi, portant notre attention sur elles, nous statuons que si les fonds maritimes qu'elles possèdent n'ont pas des limites assez étendues, du côté de la mer, pour qu'elles aient le droit d'y tendre des filets, elles seront obligées de les mettre en commun avec ceux de leurs voisins, pour acquérir ce droit et retirer, par ce moyen, quelqu'avantage de leurs possessions ; et si l'un des propriétaires ne voulait pas faire entrer les siennes dans cette communauté, il y sera contraint malgré lui ; car forcer quelqu'un à prendre part à un bienfait, c'est, je crois, faire un acte de bonté. Or, il y a certainement beaucoup de bonté dans une loi qui fait jouir un individu d'un avantage qu'il méconnait, et qui le fait sentir en même tems à celui qui en était injustement privé.

CONSTITUTION CIII.

De ceux qui mettent en commun leurs fonds maritimes pour pouvoir tendre des filets.

Il est de principe, dans les sociétés, que celui qui met une mise plus forte doit prendre une part plus grande dans le profit ; et l'on peut très-bien convenir que cela sera ainsi. Cependant dans la société que for-

cietate ipsis aliquid lucri accedat, permittere malint, persuadet. Ac tale quiddam certè de nonnullis audivimus, qui quum maritima prædia habeant, quæ per se non ita multùm lucri adferant, cum vicino autem et adjacente prædio communicatione conjuncta, uberiorem utilitatem reddant : societatem inire, neque illa cum vicinis prædiis commiscere (qua ratione ambo aliquid lucrari possent) per malignitatem nolunt : sed contra seipsos etiam damno afficere malunt, dummodò vicino nocumento sint. Verùm enim verò tametsi damnum suum tales agnoscere nolint, suaque malè administrantes, utilitatem per improbitatem negligant, tanquam immanes belluæ, ut propinquos lædant, in sua vulnera proruentes : non tamen istiusmodi malignitatem in communi vita imperatoria nostra majestas insolescere patitur : neque quia illi utili cura digni non sunt, auxilio vacuos relicturi sumus. Quare ex parte aliqua ipsis, præcipuè verò vicino, quem ista inhumanitas malè torquet, prospicientes, sancimus, ut si istiusmodi prædia mare versus non adeò singula lata sint, ut septi remoratorii constituendi jus habeant, ejus juris consequendi causa communione conjungantur : quò per istiusmodi communionem domini ex suis possessionibus utilitatem sentire possint : et si dominorum alter communionem facere nolit, ad illam invitus etiam compellatur. Quum enim quamvis invitus aliquis beneficii particeps sit, id benignitatem etiam esse persuasum habemus. Hic autem longè major se exerit benignitas, ubi non solùm qui beneficium non agnoscit, illo tamen afficitur : verumetiam qui illo iniquè privabitur, id sentit et percipit.

CONSTITUTIO CIII.

De iis qui de maritimis prædiis ad constituendas remoras piscatorias societatem ineunt.

In societatibus usitatum est, ut ferè qui plus contulit, idem plus lucri sentiat. Et rectè sanè negotium instituunt, inter quos ita convenit. Verumtamen de maritimis prædiis societate inita, non ideò rectè,

ment des propriétaires de fonds maritimes, il ne serait pas juste que celui dont le fonds est plus étendu eût plus de profit que celui dont le fonds est plus resserré. Ainsi, par exemple, si le fonds de l'un a cent pas de rivage, et que celui de l'autre en ait beaucoup moins, il est conforme à la raison que chacun prenne une part égale dans le profit, sans avoir égard à l'étendue de son rivage. Pourquoi cela? Parce que dans la société ordinaire, soit qu'on mette en commun de l'argent, des troupeaux, ou même des propriétés foncières, le fonds de chacun peut à lui seul produire un certain revenu, et qu'il n'en est pas ainsi des fonds maritimes; car une certaine quantité de ces fonds, considérée en elle-même, ne peut pas produire un revenu particulier, le poisson n'attend pas toujours le pêcheur dans un même endroit; d'ailleurs le rivage plus étendu se trouve inutile s'il n'est pas réuni au plus resserré : car comment se servir et quelle utilité retirer d'une chose imparfaite? Or, si cette imperfection cesse par la réunion du petit rivage au plus grand, et si le premier rend utile le second, tandis qu'il ne pouvait rien produire par lui-même, il est conforme à la raison que chacun des propriétaires prenne une part égale dans les profits. C'est pourquoi nous faisons une loi qui doit à l'avenir régler cela avec justice, et nous statuons que si des fonds maritimes, dont l'un est plus étendu et l'autre plus resserré, sont mis en commun pour pouvoir tendre des filets, les propriétaires partageront entre eux les profits par portions égales.

cujus prædium latius est , eo cujus arctius est, majus lucrum auferat. Exempli gratia, hujus prædium centum passus latum sit, illius verò longè angustius, si hæc conjungens communio inde utilitatem suppeditet, ut æqualiter, non autem secundùm cujusque portionem, proventus, inter socios dividatur, rationi consentaneum est. Quid ita? Quia in aliis negotiis (in collatione pecuniarum nempè, aut pecorum, aut etiam, si quis ita velit, terrestrium locorum) unaquæque res quæ in communionem coiit, per se domino, quantùm ejus natura fert, utilis esse possit: in maritimis verò prædiis id similiter se non habeat. Nam non quemadmodùm illa, sic quoque maritimi juris portio in se considerata, peculiare lucrum habet. Non enim præda ibidem semper loci consistit, tanquam venatores expectans. Alioqui verò, etiam quod major portio, propter minoris defectum inutilis sit. Quis enim ex re imperfecta usus aut utilitas? Additio autem minoris quum imperfectionem expleat, quodque per se ad nihil conducat, utile reddat, rationi consentaneum sit, ut utilitatis ex majore portione, quæ citra accessionem minoris nihil emolumenti adferat, provenientis æqualem partem domino suppeditet. Proptereà igitur legem etiam quæ deinceps justè hoc gubernet, imperatoria nostra majestas profert. Statuimus verò, ut si duarum maritimarum portionum, quarum altera major, altera verò minor sit, ad constituendas remoras piscatorias in communionem conjunctio fiat, utriusque portionis domini ex æquo inter se lucrum dividant.

CONSTITUTION CIV.

Des filets entre lesquels il n'y a pas l'intervalle requis.

Le même empereur au même Stylianus.

Quand il n'y a pas entre les filets l'intervalle requis, cela donne souvent lieu à des contestations et à des procès. Nous statuons à cet égard, que si celui contre qui la plainte est formée, est condamné, il sera obligé, si l'espace le lui permet, de porter ses filets assez loin pour qu'on ne

CONSTITUTIO CIV.

De piscatoriis remoris inter quas legitimum interstitium non est.

Idem imperator eidem Styliano.

Quandoquidem sæpè usu venit, ut quùm legitimo intervallo vicinæ inter se remoræ piscatoriæ non distent, contentiones atque lites exsuscitentur : de iis etiam controversiis statuimus, ut reus ubi legitimè convictus fuerit, si loci spatium patiatur, eò remoras transferat, ubi tanquam

puisse plus l'actionner légitimement. Mais s'il manque d'espace pour les reculer, il faudra voir depuis quel tems ils sont fixés à l'endroit litigieux ; et si, le demandeur étant présent et n'ayant fait aucune réclamation, il s'est écoulé dix ans depuis qu'ils sont là, ils resteront fixés à la même place ; mais si le demandeur a été absent, il ne suffira pas du laps de dix ans pour qu'ils ne soient pas déplacés, il faudra qu'il se soit écoulé vingt ans. Voilà ce qui aura lieu entre particuliers ; mais comme la prescription contre les églises, les monastères et autres maisons vénérables, ainsi que le fisc, ne s'acquiert que par quarante ans, ils pourront demander le déplacement des filets pendant tout ce tems. Toutefois, en établissant ces dispositions, nous statuons que le demandeur ne sera point privé du produit de son rivage, parce qu'on n'aurait point admis sa réclamation, à cause du laps du tems.

legis præscriptum despiciat, litem subiturus non est : si verò quò transferat locus non sit, annorum curriculum observetur, quot in litigioso loco remorarum septum fixum fuerit ; et si actore præsente, nullamque protestationem interponente decem annos constiterit, immotum eodem in loco permaneat ; at si actor peregrè sit, ut septum non moveatur, decennium non sufficiat, sed alterum annumerari oporteat, ut anni omnes viginti sint. Atque hoc quidem præscriptum in prophanis obtineat. Ecclesiæ verò et monasteria, et si qua alia venerabilis domus, tùm denique quæcunque ad fiscum referuntur, quam ipsis ad annum quadragesimum jura conservcntur, dictum tempus despicient. Ac sic quidem de remorarum statione, quæ propter temporis longitudinem moveri non possint sancientes, jubemus, ne actor maritimæ oræ emolumento privetur ; tametsi quod tempus elapsum sit, obtinere litem non potuerit.

CONSTITUTION CV.

Du magistrat convaincu d'avoir volé le fisc.

LE châtiment qu'on inflige aux coupables est une chose louable et légitime, parce qu'il corrige les inclinations vicieuses et retient ceux qui seraient tentés de se livrer au crime. C'est une chose louable, dis-je, pourvu que la loi qui l'inflige n'excède pas les bornes d'une juste sévérité, et ne se montre pas cruelle sous le prétexte de mieux réprimer. Le père qui châtie son fils, et qui le fait avec douceur, mérite qu'on loue sa prudence en même tems que sa sévérité ; mais personne ne saurait approuver la cruauté de celui qui, repoussant tout sentiment paternel, au lieu de corriger son fils comme un père doit le faire, lui inflige une peine atroce. Or, si le législateur est le père de l'état, comme cela est véritable, il convient donc qu'il prononce des peines proportionnées aux délits, et nullement des peines cruelles et hors de toute proportion avec les crimes. Comment, en effet, si l'on punit de mort celui qui n'est pas convaincu de l'avoir donnée, pourra-t-on considérer cela com-

CONSTITUTION CV.

Si magistratus aliquis res fiscales furatus esse deprehensus sit.

LAUDABILIS res est legitima castigatio et pœna, quod incomposita emendet : et ad mala propensos, ne in illa proruant, vel invitos restringat. Laudabilis est, inquam, quando legibus convenientem servat clementiam, neque hanc excedere argui potest, neque verò castigandi prætextu crudeliorem se exhibet. Quando et pater donec benignè delinquentem filium castigat, simul prudentiæ, simul castigationis nomine laudandus est : ubi verò, paterno affectu abjecto, non ut patrem decet, sed atrocem in modum pœnam filio infligit, non paterno more castigat, neque quisquam atrocitatem approbat. Ac sanè si leges revera reipublicæ parentes sunt (quemadmodùm sunt profectò), requiritur omninò, ut pro ratione delictorum pœnas etiam constituant ; nequaquam verò immanem aliquam, multoque quàm pro delicti modo graviorem pœnam imponant. Nam quomodo id legitimæ est correptionis, quomodo indè manantis medicationis, si qui cuiquam mortem intulisse convictus non

sit, morte puniatur? Medici sanè quidem non præcisè integra membra secari jubent, et lex quum medicorum commiseratione infinito majorem præ se ferat commiserationem (si quidem corpora tantummodo spectat medicinæ beneficium, leges verò tam animo, quàm corpori beneficia præstant) tantam crudelitatem in eos quibus mederi vult, exeret? Hæc itaque quum hunc ad modum sese habeant, placuit nostræ majestati, uti quæ lex mortem decernit in magistratum, qui res fiscales furatus esse deprehensus sit, neque verò in hunc solum, sed in illos etiam qui hac in re illi socii fuerint : hæc tanquam ab humano legalique ingenio aliena, non ampliùs in legalibus constitutionibus locum habeat, neque nominetur quidem, et velut supervacanea extra rempublicam projiciatur. Dehinc verò istiusmodi magistratus pro fiscalis rei furto dignitate expellantur : quæque surripuerint, hæc in duplum dependant. Qui autem in hoc communicarunt, si divites sint, eidem pœnæ subdantur; sin pauperes, flagris cæsi ignominioseque tonsi exulare jubeantur.

me une juste répression et un remède au crime? Un médecin n'ordonne pas précisément qu'on coupe au malade un membre sain; et la loi, qui a beaucoup plus de commisération pour nos maux que les médecins (car les bienfaits de la médecine ne sont sensibles qu'au corps, et ceux de la loi le sont à la fois au corps et à l'ame), montrerait tant de cruauté pour ceux qu'elle veut guérir? D'après ces considérations, nous ordonnons que la loi qui prononce la peine de mort contre le magistrat reconnu coupable d'avoir volé le fisc, ainsi que contre ses complices, ne soit plus comptée au nombre de nos lois, ne soit pas même citée, et soit bannie de l'empire comme inutile et aussi contraire à la raison qu'à l'esprit des lois. A l'avenir, les magistrats convaincus d'avoir volé le fisc, seront destitués de leur charge et paieront le double de ce qu'ils auront volé. Quant à leurs complices, s'ils sont riches, ils subiront la même peine; et s'ils sont pauvres, ils seront ignominieusement fouettés, rasés et déportés.

CONSTITUTIO CVI.

De indotatis mulieribus quantùm maritis mortuis ex ipsorum bonis lucrentur.

CONSTITUTION CVI.

De ce qu'il est permis aux femmes qui n'ont point porté de dot, de prendre sur les biens de leurs maris après leur décès.

Si rem quæ modo aliquo absurda, æquitatique esse dissentanea apparet, lata de illa lege ad decentem constitutionem deducamus, operæ pretium nos facturos videmur. At quæ illa tandem est? Quod quæ mulieres inopes (id quod non rarum est) locupletibus viris matrimonio junguntur, hæ illis defunctis provenientem ex ipsorum bonis portionem (provenit autem, si pauciores quatuor liberi sint, cognominis isti numero portio, quadrans nempe; sin tot aut plures, quantùm quisque illorum habet) non in perpetuum dominium, neque ut de illa testari possint : sed ad vitam in usumfructum tantummodo, et, ut indè vitam sustentent, accipiant : et ipsis mortuis in liberos hujus portionis dominium transferatur; neque illis rebus suis utendi

Nous croyons faire une chose utile et convenable en corrigeant une disposition absurde en quelque sorte, et qui parait contraire à l'équité. Mais d'abord quelle est cette disposition? Les femmes pauvres (ce qui n'est pas rare) qui sont mariées à des hommes riches, ne reçoivent la part qu'elles ont droit de prendre sur leurs biens après leur décès (et qui est du quart si elles ont moins de quatre enfans, et égale à une part d'enfant, si elles en ont quatre ou un plus grand nombre), qu'à titre d'usufruit et d'alimens, et non en toute propriété et avec la faculté d'en disposer par testament; après leur mort cette portion revient à leurs enfans, et pendant leur vie elles n'ont pas le droit de s'en servir comme il leur convient : de plus, si elles n'ont pas d'enfans, ce malheur est un titre pour qu'elles aient cette portion en toute propriété ; en sorte que je ne sais pas si une femme préférera avoir des enfans, ou si elle n'aura pas plutôt l'indignité de demander au ciel de ne pas lui en donner pour avoir en toute propriété la portion qui lui revient sur la succession de son mari. Corrigeant donc une pareille absurdité, nous statuons que la femme ne sera point privée de la propriété de cette portion, qu'elle pourra en disposer à son gré, et que les enfans n'auront droit qu'à ce qui leur est accordé par la loi Falcidie. Toutefois elle ne devra point oublier ses premiers liens et déshonorer le lit de son époux en y en introduisant un nouveau ; car si cela arrivait, elle perdrait la propriété que lui accorde cette loi, et qui reviendrait alors aux enfans.

quomodo velint potestas concedatur, extrà quam si nulli liberi supersint, quod infortunium illas rerum dominio beet: ut haud sciam utrum mulier ex se fructum videre præoptet, an verò ne nascatur aliquis, quo devolvendæ ad ipsam portionis domina fiat, execrabunda precetur. Hanc verò absurditatem imperatoria nostra majestas corrigens, sancit, ne istius portionis dominium mulieri auferatur, utique ipsa quomodo visum sit, de illo statuat, et nihil aliud liberis quàm quod ex Falcidia ipsis competit, debeatur : tamen, ut priorum nuptiarum illa non obliviscatur, neque inducto altero marito prioris toro contumeliam inferat ; quod si contingat, à nobis attributo dominio prorsùs excidet : illaque fato functa liberi rerum domini fient.

CONSTITUTION CVII.

Que le demandeur, avant de plaider, devra, en présentant sa requête au juge, lui prouver qu'il est de bonne foi.

CONSTITUTIO CVII.

Ut actor ante litis contestationem porrecto libello judici fidem suam probet.

Si ce qui est honnête et avantageux à l'homme ne vieillissait jamais et ne cessait point d'être utile, ce serait une chose bien heureuse. Aussi, quoiqu'il arrive souvent qu'on n'en ressente plus l'utilité parce qu'on le néglige, ceux qui sont chargés de veiller au bonheur de la société doivent avoir soin de le rétablir. C'est pourquoi, remettant en vigueur une loi autrefois très-utile et tombée depuis en désuétude, nous faisons cesser les inconvéniens de son ancienneté, et jouir de nouveau l'état de son utilité. Elle est relative à ceux qui intentent une action, et elle statue qu'avant de plaider, ils devront prouver au juge leur bonne foi, en attestant par écrit qu'ils ne veulent point faire une mauvaise chicane à leur adversaire, qu'il n'existe aucun jugement qui les ait condamnés, qu'ils ne savent pas qu'il leur soit défendu de paraître en justice, qu'ils n'ont pas le dessein de nuire et qu'ils n'altéreront point la vérité. Ce sont là ses dispositions ; elles sont sages, et elle prononçait une peine contre celui qui les violerait : de plus, elles étaient

Si quicquid honestum vitæque humanæ utile est, à senio liberum ac semper vernans permaneret, neque unquam ejus utilitas deficeret : id verò longè præstantissimum foret. Quamobrem etiamsi contingat (ut sanè persæpè contingere solet) ut eo neglecto utilitas depereat, quorum curæ communis vitæ bona incumbunt : hi certè, ut ne id quod de se multùm utilitatis in commune diffundat, restituere negligant, sanè quàm conveniens est. Eapropter et nostra majestas legem quandam rebus humanis multò quondam utilissimam, nunc verò velut senio confectam, et ne prorsùs inutilis fiat periclitantem, ad pristinum robur reducens, senii incommodum quasi abradit, et ad primitivum ipsius usum, reique publicæ utilitatem renovat. Lex autem de illis qui actionem movent, agit, ut hi priusquam ad rei disquisitionem deveniatur, de suo instituto judici fidem faciant, scripto complexi, se nullo dolo malo adversarium inquietare, neque alio judicio condemnatos esse, neque in præsens scire se nullum ad tribunal aditum habere, et maligno consilio negotium facessere, neque denique mendaciis veritatem intervertere conaturos esse. Atque hæc quidem legis præscripta sunt : quæ sanè rectè sese habent, eaque qui transgrederetur, huic pœna infligebatur. Neque verò huic soli, sed causarum etiam patronos iisdem dicta lex adjudicabat. Itaque hanc, quemadmodum dixi, ceu deperditam, prorsusque inutilem redditam, imperatoria nostra majestas, tum ad pristinas vires reducit, tum in rempublicam reditu donat. Ac verò sancimus, ut qui dehinc in judicium procedere volent, ante introitum, quæ à lege præscribuntur, exhibeant.

faites non-seulement pour les plaideurs, mais encore pour les patrons des causes. En conséquence nous remettons en vigueur et replaçons au nombre des lois de l'empire, comme nous l'avons dit, cette loi tombée en désuétude et devenue inutile ; et nous statuons qu'à l'avenir ceux qui voudront plaider devront se conformer à ses dispositions avant que de commencer la procédure.

CONSTITUTIO CVIII.

De eo qui ad primam denuntiationem judicio se non sistit.

NEQUE verò hoc, tametsi neglectum bactenùs contemptuique habitum sit, incorrectum relinqui fas est, potiùsque ut convenienti auxilio potiatur, convenit : utpote quod humanis rebus multam de se utilitatem præbeat. Nos itaque, quemadmodum is tractatus, qui litem instituere volentibus formam præscribit, innovatus est, ad consimilem etiam modum hoc innovantes, sancimus, ut qui semel judiciali citatione in jus vocatus, neque ipse apparet, neque alium qui pro ipso in judicio se offerat, mittit, iterùm judicii denuntiatione impetatur : cui si similiter non obtemperet, neque tertia denuntiatione indignus censeatur ; et si quidem, quum tam patienter judicialis clementia ipsum expectet, ipse nihilominus tertiam citationem contemnens (quum nulla justa causa comparationem ejus impediat), neque per se, neque per alium judicio sistat : tunc omninò etiam absens condemnetur, et nequaquam deinceps, vel quæstionem movere, vel condemnationem subterfugere ipsi permittatur. Atque hoc in utrumque litigatorem decernimus, sive quis in jus vocatus comparere negligat ; sive quis actione instituta, adversarioque in judicium producto, deinde ipsi molestias protelationesque litis machinans ab intenta actione dolo malo desistat. Etenim hic quoque, ubi ter à judice citatus

CONSTITUTION CVIII.

De la partie qui ne comparaît pas à la première citation.

C'EST encore ici une disposition qu'on ne doit point négliger, quoique tombée dans l'oubli et le mépris, et qu'il convient beaucoup mieux de corriger et de rétablir, comme offrant une très-grande utilité. Aussi renouvelant cette disposition, comme nous avons renouvelé la loi qui prescrit à ceux qui veulent plaider la forme qu'ils doivent suivre, nous statuons que celui qui ne comparaît pas à une première citation, par lui-même ou par un fondé de pouvoir, devra être cité une seconde fois ; et s'il ne se présente pas encore, on le citera une troisième ; mais si, après l'avoir attendu avec tant de patience, au mépris de cette troisième citation, et sans en être empêché par aucun juste motif, il ne comparaît pas encore, par lui-même ou par un autre, il sera condamné, quoiqu'absent, sans qu'il lui soit permis ensuite de renouveler le procès, ou de se soustraire à la condamnation. Ces dispositions sont communes aux deux parties, soit que ce soit le défendeur qui néglige de comparaître, soit que le demandeur, après avoir intenté l'action, et son adversaire ayant comparu, se désiste de ses poursuites pour le molester et prolonger le procès. En conséquence, si après trois citations il n'a pas comparu, il sera condamné, quoiqu'absent, pourvu cependant, comme je l'ai dit, qu'il n'ait en aucun juste motif qui soit capable de justifier sa non-comparution.

•

CONSTITUTION CIX.

Qu'on ne peut faire de promesse de mariage avant sept ans, et que les garçons sont obligés d'attendre jusqu'à quinze ans, et les filles jusqu'à treize pour se marier.

CHAQUE chose a son tems, dit le sage, c'est une maxime que tout homme sensé embrasse et approuve. Ainsi, dans toutes nos actions, il est très-bien de choisir le moment convenable ; et s'il est des choses au sujet desquelles on puisse négliger cette précaution, ce n'est certainement pas le mariage : car plus cet acte est important pour la société, plus il doit être fait avec prudence. C'est pourquoi nous statuons, d'après les anciens, qui ont fait à cet égard une loi fort sage, qu'on ne pourra d'aucune manière faire des promesses de mariage avant sept ans, et qu'on ne pourra consommer le mariage, les filles avant douze ans, et les garçons avant quatorze. Ce sera là la loi de l'état. Mais si l'empereur, comme cela arrive souvent, formant une nouvelle famille, permet aux futurs époux de fiancer et de se marier avant l'âge prescrit, ce ne sera point une violation de la loi ; car il est très-permis à ceux à qui le ciel a confié la surveillance du monde, comme d'une grande famille, de former des mariages sans se soumettre aux lois qui gouvernent leurs sujets à cet égard.

non paruerit, absens condemnabitur : ita tamen, quemadmodum dixi, si nulla causa, quæ illum qui se in judicio non obtulit, verisimiliter purget, ad justam excusationem subsit.

CONSTITUTIO CIX.

Ne intra septimum ætatis annum sponsalia ineantur, neque ante decimumquintum maribus, aut decimumtertium fœminis matrimonium consecretur.

QUUM suum cuique rei tempus esse sapiens tradat, idque communis omnium, qui modò mentis compotes sunt, sententia tum amplectatur, tum probet : in omni actione tempus observare, longè pulcherrimum fuerit. Quod si fortasse alibi, in contrahendis certè matrimoniis negligi non debet. Oportet enim, ut quò ea res in communi vita magis necessaria est, eò prudentius cautiusque ad illam procedatur. Quam sanè nos ob causam secundùm veteres qui rectè hac de re lege lata statuerunt, sancimus, ne quo modo ante septimum ætatis annum sponsalia constituantur, neque matrimonium, sponsa duodecim, sponso verò quatuordecim annis minore, sacris ceremoniis confirmetur. Atque hoc quidem, quantùm ad communem publicumque reipublicæ usum attinet, ita vetitum sit. Verùm si imperator, ut sæpe accidit, novam familiam conficiens, et sponsalia, et consecratione peragendam conjunctionem intra præstitutos annos desponsandis decreto permittat, id nihil legi adversabitur. Licitum enim est, ut quibus Deus universi terrarum orbis, tanquam familiæ cujuspiam administrationem demandavit, hi secus quàm lex quæ subditos devincit, præscribat, familias cogant.

CONSTITUTIO CX.

Ut mulier, soluto matrimonio, dotem suam propterque nuptias donationem, et reliquam omnem mariti substantiam in commentarium conscribat, ac eo prolato resarciri sibi postulet, si quid damni in rebus suis à marito se passam dicat; citra commentarium autem evidentemve probationem nihil petat, aut petendo accipiat.

QUUM præter alia, quæ sanctè à veteribus de matrimonii rebus tractata sunt, huic quoque tractatui satis prospectum sit: ut nempe mulier, soluto matrimonio, non quoquo modo res maritales percipiendas et detinendas vendicet; sed si de illis controversia moveatur, confectum post mortem mariti de dote sua et donatione propter nuptias, reliquisque maritalibus facultatibus commentarium publicè priùs exhibeat: et si quid ex dote à marito consumptum esse appareat, id ex ipsius bonis repetat; quum hoc, inquam, quomodo jus atque æquitas postulat, à veteribus constitutum sit, ac verò nunc ejus nulla ratio habeatur: quoniam veterum prudentiæ utilitatem conservandam ducimus, illorum sanctionem renovantes, statuimus, ut dehinc omnibus modis de dote, propterque nuptias donatione, et aliis quibuscunque maritalibus rebus à mulieribus commentarius conficiatur, quò si quando ad istiusmodi controversiæ speciem adigantur, et ad res maritales, pro eo quantùm ipsarum res deteriores redditæ sunt, procedere velint, ex eo commentario aut probatione petitionis æquitas cognoscatur, utrum rectè res maritorum vendicent, quando commentario comprehensa ab illis insumpta esse constabit. Citra commentarii autem testimonium, neque petitio locum inveniat, neque illa contentiosè petentes aut audiantur, aut quicquam eorum quæ petunt, consequantur. Porrò commentarii conficiendi tempus statuimus, ut intra tres menses fiat; et cujusmodi mulcta à veteribus in tutores constituta est, talis etiam hic procedat.

CONSTITUTION CX.

Que la femme, après la dissolution du mariage; devra faire inventaire de sa dot, de la donation à cause de noces et de tous les biens de son mari, et qu'en présentant cet inventaire elle pourra se faire indemniser des pertes qu'il lui aurait fait éprouver dans ses biens; mais qu'à défaut de cet inventaire ou de preuves évidentes, elle ne pourra rien demander ni recevoir.

PARMI beaucoup de dispositions fort sages sur le mariage, les anciens ont fait toutes celles qu'il convenait sur ce qui suit; savoir, que la femme, après la dissolution du mariage, ne peut pas prendre et garder arbitrairement les biens de son mari; mais que s'il s'élève des contestations sur ces biens, elle doit commencer par rendre public l'inventaire de sa dot, de la donation à cause de noces et de tous les biens du mari, fait après la mort de celui-ci, et qu'alors s'il est prouvé qu'il a consumé une partie de sadite dot, elle pourra la répéter sur ses biens: tout cela, dis-je, a été sagement et équitablement décidé par les anciens; mais leurs dispositions à cet égard ne sont plus en vigueur; et comme notre intention est de profiter de leur sagesse, nous leur rendons toute leur force, et nous statuons qu'à l'avenir la femme survivante devra faire inventaire de sa dot, de la donation à cause de noces et de tous les biens de son mari, afin que si on lui fait un procès à l'occasion de ces biens, et qu'elle veuille être indemnisée là-dessus des pertes qu'elle a éprouvées, ou puisse trouver dans cet inventaire la preuve de la justice de sa réclamation, et qu'elle soit autorisée à retenir les biens de son mari s'il est prouvé qu'il a fait les dépenses portées audit inventaire, au défaut duquel elle ne pourra former aucune demande ni rien obtenir de ce qu'elle demandera. Nous statuons enfin que cet inventaire devra être fait dans trois mois, et nous établissons ici l'amende prononcée par les anciens contre les tuteurs.

CONSTITUTION CXI.

*Que si une femme tombe en démence
sans aucun dol de la part de son
mari, et sans qu'un autre, lui le
sachant, en ait été cause par ses
maléfices, et que cet état dure plus
de trois ans, le mariage pourra
être dissous et le mari choisir une
autre femme.*

Le même empereur au même Stylianus.

RIEN n'est aussi nécessaire pour la conservation de l'espèce humaine que le mariage, ainsi que le Créateur nous l'ensei-
gne et que la nature l'atteste. Or, puisque
cela est ainsi, il était juste et convenable
de faire une loi sur le mariage qui assurât
le bonheur des époux pendant toute leur
vie, qui fût d'accord avec le but qu'on se
propose en se mariant, et ne fît pas de l'u-
nion conjugale une source d'affliction et de
regrets éternels. Donc, s'il faut que cela soit
ainsi, comme certainement il le faut, je
ne crois pas devoir admettre la loi qui fait
au mari l'obligation de garder toujours la
femme qui tombe en démence, et de supporter ses accès de fureur. Où approuvera-
t-on, en effet, où trouvera-t-on raisonnable et digne des sollicitudes du mariage,
qu'un mari soit lié pour toujours à une
femme insensée et doive être victime de
ses turpitudes ? S'il n'est point d'homme
assez cruel pour en enfermer un autre, un
seul instant, avec des bêtes féroces, comment la loi qui doit respirer la bienfaisance
pourra-t-elle ordonner au mari de passer
sa vie avec une femme que la fureur égare-
re ? Mais, dira-t-on, les deux époux par le
mariage ne forment plus qu'un seul corps,
et chacun des membres doit être affecté
des maux que l'autre éprouve ; d'ailleurs
la loi divine a dit : on ne séparera point
ce que Dieu a uni. C'est sans doute une
grande autorité que la parole de Dieu ;
mais on en fait ici une application fausse
et contraire à ses vues. Si le mariage était
toujours tel qu'il s'était annoncé d'abord,
on serait certainement condamnable de sé-

Novelles de Léon.

CONSTITUTIO CXI.

*Ut si uxor mente capiatur, idque
neque dolo mariti, neque ipso
conscio, aliorum maleficio fiat, et
ultra tres annos id malum duret:
matrimonium dirimatur, alteram-
que uxorem ducere marito liceat.*

Idem imperator eidem Styliano.

NIHIL adeo ad conservandum genus hu-
manum esse necessarium, atque quod é costa
viro attributum est subsidium, cùm artifex
ille qui istud condidit, docet, tùm ipsa natura divino documento attestatur. Quod
cùm ita sit, par atque conveniens erat,
legis providentiam, et si qua aliundè cura
mortalium rebus succurrit, istiusmodi de
re illa commentari et statuere, quæ per
omnem vitam illis qui conjugii nexu uniti
sunt, auxilio gaudioque sint : quæ initio
propositum conjugii finem confirment, non
verò contrà affligant, et miseriam perpe-
tuumque mœrorem adferant. Si ergo conjugium tale esse oporteat (quemadmodum
certé oportet), non sané suscipienda mihi
illa lex videtur, quæ si post initum matrimonium furore uxor corripiatur, maritum
illam perpetuò retinere, et furoris incommodum semper ferre cogat. Ubi enim approbetur, ubi rationi consentaneum, aut
matrimonialis convictus sollicitudine dignum videatur, ut per totam vitam maritus
insanienti uxori alligetur, ejusque fœdita-
tibus conficiatur ? Si enim nullus adeò
truculentus est, ut vel momento quem-
quam cum feris in eundem locum includere
sustineat, quomodo legis benignitate prædita illa lex est, quæ perpetuò efferatæ
furore conjugi cohabitare maritum jubet ?
Sed per conjugium, inquiunt, in unum
corpus coierunt, oportetque membrum
alterum alterius morbos perpeti : et divinum præceptum est, quos Deus junxerit,
ne separentur. Præclara quidem hæc et
divina, utpote quæ à Deo pronuntiata sint :
verùm non rectè, neque secundùm divi-

num propositum hic in medium adferentur. Si enim matrimonium talem statum conservaret, qualem ejus in principio pronuba exhibuisset, quisquis separaret, improbus profectò esset, neque reprehensionem effugeret. Jam verò quum præ furore ne vocem quidem humanam à muliere audias, nedum aliud quidquam eorum, quæ ad oblectamentum et hilaritatem matrimonium largitur, ab illa obtineas, quis adeò acerbum horrendumque matrimonium dirimere nolit? Ea propter sancimus, ut si quando post initum matrimonium mulier in furorem incidat, ad tres annos infortunium maritus ferat, mœstitiamque toleret, et nisi interea temporis ab isto malo illa liberetur, neque ad mentem redeat, tunc matrimonium divellatur, maritusque ab intolerabili illa calamitate exoneretur. Cur sanctioni hoc adjicimus, ut furoris causa investigetur, in eamque inquiratur, num fortè mariti, aut ipso conscio familiarum ejus, aliorumve quorumlibet technis atque dolo sit conflatus. Quòd si sic esse deprehendatur, et quidem maritus maleficii arguatur: ut hic in monachum transformatus, nolensque volens monasterio inclusus, nequitiæ suæ pœnas luat, manantique ex sacris canonibus animæ curationi subjectus sit, decernimus. At si à cognatis ipsius, aut aliunde ipso conscio noxa orta sit......

parer les deux époux, et celui qui le ferait ne saurait échapper au blâme; mais quand la femme, tombée en fureur, n'a rien conservé d'humain, pas même la voix, et qu'elle ne fait jouir son mari d'aucun des plaisirs attachés au mariage, qui ne s'empresserait de dissoudre cette affreuse et cruelle union? Aussi nous statuons que si une femme tombe en démence pendant le mariage, le mari devra supporter ce malheur pendant trois ans; mais que si elle ne recouvre pas la raison et ne guérit pas dans cet intervalle, alors le mariage sera dissous et le mari délivré de ce malheur insupportable. Nous ajoutons à cette disposition qu'on devra rechercher la cause de la démence de la femme, et s'assurer si le mari, par lui-même ou par le ministère de ses parens, n'aurait pas usé de maléfices et de dol pour la faire tomber dans cet état; et si l'on découvrait que cela fût, et que le mari fût accusé lui-même de maléfice, nous ordonnons qu'il soit transformé en moine, et enfermé, bon gré malgré, dans un couvent, pour expier sa faute et user des remèdes offerts par les divins canons, pour purifier son ame. Mais si le mal a été fait par ses parens ou d'autres personnes, et lui le sachant......

CONSTITUTIO CXII.

Ut si maritus per matrimonii tempus in furorem incidat, intrà quinquennium matrimonium solvi nequeat: eo autem elapso, si furor eum adhuc occupet, solvi possit.

VETERUM jurisconsultorum sententiam, qua furorem matrimonium impedire, jam initum autem non infirmare constituitur, neque convellere, neque reprehendere est animus: illosque ipsos ad judicium suum, quo ad id decernendum commoti sunt, expendendum remitto: ut tamen illam aut approbem aut confirmem, quod id mihi approbatione indignum videatur, induci nequeo. Nam quum matrimonium, si furor

CONSTITUTION CXII.

Que si le mari tombe en fureur pendant le mariage, le mariage ne pourra pas être dissous avant cinq ans; mais qu'il pourra l'être au bout de ce tems, s'il n'a pas recouvré sa raison.

NOUS ne voulons ni critiquer ni abroger la loi par laquelle les anciens ont établi que la fureur serait un empêchement au mariage, mais non une cause de dissolution après qu'il aurait été contracté; je me borne à leur demander par quel motif ils ont décidé cela? Mais je ne peux ni approuver ni confirmer leur décision, parce qu'elle m'en paraît indigne. Comment approuver, en effet, que la fureur soit un

empêchement au mariage avant sa célébration, et qu'elle ne puisse plus lui porter aucune atteinte quand il est une fois
contracté? S'il est nécessaire que le mariage soit contracté pour l'avantage des
deux époux, comment celui qui ne veut
pas qu'il soit contracté parce qu'il serait
funeste à l'un d'eux, ne voudra-t-il pas
qu'il soit dissous, quand la même raison
existe? Faut-il seulement prendre des pré-
cautions pour préserver quelqu'un d'un
malheur, et s'il vient à l'éprouver, devra-
t-on lui refuser tout secours et n'avoir aucune pitié de ses maux? C'est comme si
un médecin donnait des remèdes pour prévenir la maladie et laissait mourir sans
secours quand le mal est venu. Au reste,
je ne dis rien de tout cela dans la vue de
critiquer les anciens jurisconsultes ; mais
je suis loin en même tems de partager leur
avis, surtout quand je vois qu'ils ont établi beaucoup d'autres causes pour lesquelles on peut demander la dissolution du
mariage, dont aucune ne peut être com-
parée à l'état de fureur. Comment, en effet, la prodigalité du mari, son état d'impuissance, la différence de religion, ou
toute autre cause capable d'opérer la dissolution du mariage, telles que si la femme
est de condition servile, si elle ne peut pas
payer tout ce qui a été promis dans le pacte
de noces ; comment, dis-je, ces causes et
autres semblables auxquelles la loi a donné
l'effet de dissoudre le mariage, peuvent-
elles être comparées à l'état de fureur?
Nous statuons donc que si le mari tombe
dans cet état, le mariage sera cinq ans sans
pouvoir être dissous ; car si nous trouvons
qu'il serait cruel de décider qu'il ne pourra
jamais l'être, quand même l'état de fureur
durerait toujours, il nous parait nécessaire
néanmoins qu'on attende cinq ans sans qu'il
le soit. Mais si, après un si long intervalle,
cet état ne cesse pas et que le furieux ne
revienne pas à résipiscence, le mariage
sera dissous, que cela soit ou ne soit pas
avantageux à l'un des époux. Et nous ne
statuons pas cela pour détracter les anciens
législateurs, mais pour faire ce que nous
devons pour le bien de nos sujets. Si la
fureur se manifeste le jour du mariage,
rien ne s'oppose à ce qu'il soit aussitôt dis-

præveniat, impediatur ; at verò si inito
jam matrimonio furor superveniat, illud
nihil lædi dicatur, quomodo hinc ad com-
probandum illectemur? Si enim hoc in matrimonio spectatur, ut cum utriusque conjugis commodo contrahatur : quomodo,
qui ne id ab initio tanquam inutile consistat, suadet, si postquam initum erit,
eadem calamitas existat, non idem ejus
compagem tanquam inutilem dissuadebit?
An operam dari oportet, ne quis omninò
in mali cujusquam periculum incidat : qui
verò jam inciderit, hic sine omni ope re-
linquendus, ipsiusque calamitatum non
miserescendum est? Quod perinde fit, atque si quis, priusquam morbo quispiam
corripiatur, adhibendum remedium exis-
timet, aut jam correptum negato remedio
mori sinat. Veruntamen, id quod dixi,
reprehendere jurisconsultos non est animus : ut tamen ipsis adstipuler, permultum
abest, præsertim verò quum multi alii
modi ad solvendum matrimonium consti-
tuti sint, quorum nullus cum furoris malo
conferri rectè possit. Quomodo namque
mariti prodigalitas, aut religionis diver-
sitas, aut in naturali consuetudine impotentia et imbecillitas, aut si quid aliud his
connumeratur, quod ad dissolvendum matrimonium valeat (cujusmodi est, si servilis conditionis conjugem esse appareat,
et si quæ in pactionibus nuptialibus promissa sunt, propter paupertatem plenè
præstari nequeant), hæc, inquam, et similia, quibus matrimonia dissolvere lege tributum est, quomodo tandem cum furoris
calamitate comparari possunt? Nos itaque
sancimus, ut si furor post initum matrimonium superveniat, ne intrà quinque
annos conjuges disjungantur. Etenim quemadmodum quando per omnem vitam
furor duraret, nec tamen matrimonium
dirimi posset, id durum et acerbum esse
visum est : ita tanto tempore expectare et
perseverare necesse est. At si, postquam
tantùm temporis decurrerit, malum se non
remiserit, neque furiosus resipuerit : cùm
neutrius commodo aut incommodo conjugium dirimatur. Atque hæc quidem statuimus, non quo superioribus legislatoribus obtrectemus : sed ut quam subditis curam debemus, adimpleamus. Jam verò si

furor ipse nuptiarum die animadvertatur, quominus confestim matrimonium, tametsi sacro ritu confirmatum sit, dissolvatur, nihil obstiterit : perindeque ac si ante nuptias furor animadversus esset, matrimonium in irritum recidet, atque distrahetur. Sed quòd post consecrationem disjungendos esse conjuges dicitur, fortasse id nonnullis recto judicio destitui videbitur : quasi, posteaquam sacrificio juncti in unum corpus coierunt, non dirimi illos, sed unitos sini oporteat. Et præsertim quidem quum præstantius membrum, adeoque caput maritus sit : neque præcipua corporis membra, si morbo aliquo occupentur, amputari soleant. Atqui hæc ratio, dum à conjunctione stare, atque illam defendere se putat, quid sibi benedictio velit ignorare videtur. Hæc enim præstantissima quæque connubio largiri cogitans, pudicitiam indissolubilisque quodam amoris vinculo conjuges devinciens, propagationem generis, et si quid aliud matrimonium jucundum reddit, consecrat. At furori, quæso, quomodo cum hoc sacrificii proposito conveniat ? Ubi enim pudicitiæ integritas, quando mens seipsam non novit, miserabilisque ignorantiæ infortunio premitur ? Undè verò propagatio generis speretur, quum furor spectaculum solo aspectu horrendum miseræ uxori miseriorem maritum exhibet, nedum ipsi cum illo consuetudinem habere permittit ? Quali porrò amoris vinculo colligentur, quum morbus universum hominem auferat, et ut quidvis potiùs quàm homo videatur, efficit ? Ac profectò si fortè ex tam infortunato connubio fœtus in lucem prodeat, quum natura fructus rebus ut plurimum assimilare soleat : quomodo non hic ipse fœtus humano generi commune detrimentum adferet ? Mihi igitur propter hæc etiam, matrimonium post furoris correptionem solvendum esse constituere, justum rationique esse consentaneum, neque ad reprobationem matrimonialis benedictionis, neque ad aliud quodpiam crimen vergere visum est. Quòd si quis sanctionem à crimine non liberet, hic apud se furiosi matrimonii utilitate expensa, quantum momenti judicium suum habeat, cognoscet.

sous, quand même il aurait été confirmé par le sacrement ; de même que si elle se fût manifestée avant le mariage, elle eût été un empêchement à sa célébration. Quelques personnes trouveront peut-être contraire à la raison que le mariage puisse être dissous après la consécration, parce que le sacrement unissant les deux époux en un seul corps, il n'est plus possible de les séparer ; d'ailleurs le mari est la tête, le membre principal de ce nouveau corps, et quand les membres principaux sont affectés de quelque mal, il n'est pas d'usage de les couper. Mais celui qui tire cette objection de l'union étroite des époux et qui prétend la soutenir, me paraît ignorer quel est l'objet de la bénédiction nuptiale ; c'est dans l'idée que le mariage sera une source de biens qu'elle unit les époux d'un nœud en quelque sorte indissoluble, et qu'elle sanctifie les plaisirs du mariage et la reproduction du genre humain. Mais, je le demande, comment l'état de fureur peut-il s'accorder avec ces vues ? Comment conserver la pudeur quand on ne jouit pas de la raison et qu'elle est étouffée sous le poids d'une misérable ignorance ? Comment espérer qu'il naîtra des enfans d'une union où une femme malheureuse ne voit dans l'état de son mari, plus malheureux encore, qu'un spectacle horrible, ne peut avoir aucun rapport particulier avec lui ? Enfin comment dire que les époux sont unis par l'amour, quand le mari est égaré par la fureur et ne conserve pas même la figure d'un homme ? Certes s'il naissait des enfans d'une semblable union, comme la nature assimile toujours les fruits à ce qui les produit, ce serait un véritable malheur pour l'espèce humaine. D'après toutes ces considérations, il me paraît juste et conforme à la raison d'établir que la fureur sera une cause de dissolution du mariage, sans que cette décision puisse paraître contraire à la bénédiction nuptiale, ni avoir aucune apparence de crime. Cependant, si quelqu'un la trouvait répréhensible, qu'il fasse l'expérience des douceurs d'un semblable mariage, et il reconnaîtra combien son opinion est fondée.

CONSTITUTION CXIII.

Que les promenades en forme de terrasse, vulgairement appelées balcons, doivent être bâties à dix pieds de l'édifice voisin, comme les lois l'ont établi pour toute autre espèce de constructions.

Tout ce que les anciens ont établi sur la construction des maisons et autres édifices, est extrêmement sage, et ils ont eu raison d'ordonner qu'on laisserait un espace de dix pieds entre les bâtimens voisins. Mais comme leurs lois à cet égard ne font aucune mention des promenades en terrasse ou balcons, ainsi qu'on les a appelés, qui avaient été imaginés dans la seule vue de se mettre à l'abri du vent, et qui ont reçu leur nom du soleil, car on les appelle promenades solaires, et qu'il n'est rien statué à leur égard, pour prévenir les procès auxquels elles ne pourraient manquer de donner lieu, nous avons cru nécessaire de rendre le présent décret. Nous statuons donc qu'entre ces constructions comme entre toutes les autres, on laissera un intervalle de dix pieds ; car si on a fixé cette distance entre les bâtimens pour ne pas être exposé à la vue, on a la même raison pour l'établir entre ces constructions, et cette raison semble même être d'autant plus forte à leur égard, qu'elles sont plus exposées à la vue. Il est certain, en effet, que celui qui est assis ou qui travaille dans l'intérieur de sa maison peut facilement se dérober aux regards des voisins, parce qu'il existe entre eux des murs de séparation ; tandis que les terrasses dont il s'agit ici, ou balcons, comme quelques-uns aiment mieux les appeler, sont exposées à la vue de tous les côtés. C'est pourquoi nous statuons que personne ne pourra bâtir de ces promenades qu'à une distance de dix pieds des bâtimens voisins ; et nous ajoutons à cette disposition que celui qui voudrait changer la façade de sa maison et la revêtir de marbres, ne pourra le faire qu'autant qu'il resterait toujours un espace de dix pieds entre lui et le voisin ; à moins qu'il n'ait un

CONSTITUTIO CXIII.

Ut quemadmodum in aliis structuris lege cautum est : ita etiam subdialium ambulacrorum structuræ, quæ solaria appellantur, decem pedibus à vicinorum ædificiis distent.

Quæ veteres de domuum et alioqui parietum structuris tractavere, perbellè illa se habent, et vicina ædificia decem inter se pedibus distare debere, ab iisdem rectè constitutum est. Verùm quoniam de subdialibus deambulationibus, et quomodo aliquis fortasse vocet, prosceniis spectatoriis, quæ ad apricandi usum, et eum quidem solum excogitata sunt, atque à sole nomen acceperunt (solaria enim appellantur) in lege nulla mentio facta, nihilque constitutum est : decreto quod de illis statuat, quæque subinde, ut verisimile est, de iisdem contentiones emergunt, dirimat, opus est. Decernimus igitur, ut et in his structuris solariorum nempe, inter vicinos tantùm interstitium servetur, quantùm in aliis constitutum est. Etenim quemadmodum in illis conspectus prohibendi causa decem pedum interstitium statutum est : ita hic quoque meritò idem spatium eadem de causa præscribetur : præsertim verò, cùm conspectus majorem etiam distantiam hic requirere videatur. Nam si ne se invicem vicini conspiciant, inter alia ædificia decem pedum intercapedo relinquitur : hic tantò id magis fieri debet, quantò hujusmodi structuræ conspectui magis sunt expositæ. Constat enim sedentem quippiamve facientem in ædibus aliquem, quod multa septorum obstacula intersint, non ita facilè posse conspici. In prosceniorum verò de quibus agitur operibus, aut (quomodo multi dicere malint) menianis, quominus in quamcumque partem circunspectus nihil obstet. Ea propter sancimus, ne aliter cuiquam talem structuram fabricari liceat, quam si decem pedibus à vicinorum structuris abstineat. Similiter si quis ædium suarum fastigium mutans, marmoreas crustas obducat : hic etiam non aliter id faciat, quàm si dictum decem pedum interstitium inter se et vicinum relinquat ***, aut alius quispiam modus auxilium ferat: longi temporis præscriptio , nempe si ex quo opus coustitit, à legibus præfinitum tempus decurrerit, aut pactum asservetur, ex quo quis facultate accepta ad ædificandum accesserit : jubemus, ut in suo statu structura maneat, tametsi à vicini structura decem pedibus non distet.

droit coutraire ; car si depuis que l'ouvrage est fait il s'est écoulé le tems fixé par la loi pour acquérir le prescription de long tems, ou s'il a bâti en vertu d'un accord, sa maison restera dans le même état , quoiqu'elle ne soit pas à dix pieds de distance du bâtiment voisin.

Fin des Constitutions de l'empereur Léon Auguste.

TABLE

DES NOUVELLES CONSTITUTIONS

DE

L'EMPEREUR LÉON AUGUSTE.

Fin de la Table.